ET LE CHOLÉRA S'ABATTIT SUR PARIS, 1832

DU MÊME AUTEUR

La Médecine égyptienne au temps des pharaons
Éditions Roger Dacosta, 1971

Les Momies
Éditions Hachette, 1976

Histoire de la médecine
ouvrage collectif, tome I, chapitre IV
Éditions Albin Michel, Laffont, Tchou, 1978.

ANGE-PIERRE LECA

Et le choléra s'abattit sur Paris 1832

Albin Michel

22, rue Huyghens, 75014 Paris

ISBN 2-226-01549-3

Pour Yvonne
à qui l'auteur et ce livre
doivent tant.

Introduction

Si la France historique avait déjà subi de nombreuses calamités, guerres, émeutes, pestes, grippes, famines, toutes porteuses d'une immense épouvante et soldées par des hécatombes, il lui fallut attendre 1832 pour voir de près cette nouveauté : le choléra. Depuis quelques mois, même les moins prévenus savaient qu'il ravageait l'Europe mais, par une sorte d'inconscience, le gouvernement prit des mesures préventives insuffisantes et la population refusa tout d'abord d'y croire. Mis à part quelques cas isolés, c'est dans la capitale que l'épidémie éclata, jetant la terreur, dès qu'ils en eurent compris l'importance, parmi les Parisiens de toutes catégories sociales. L'objet de cet ouvrage est, en premier lieu, de décrire tout simplement l'évolution de cette épidémie et les comportements qu'elle engendra chez le plus riche comme chez le plus misérable. Toutes les attitudes, toutes les passions s'y font jour : courage, lâcheté, orgueil, abdication, délation, vindicte. En cette période difficile du début de la monarchie de Juillet, qui faillit d'ailleurs tourner court, on verra comment le drame épidémique aura catalysé les mécontentements et fait se lever émeutes et révoltes. Ce sera également l'occasion d'entrevoir un Paris moins élégant et moins salubre qu'on ne l'imagine d'ordinaire et de constater que les gouvernements ne savent pas toujours tirer la leçon des pires épreuves.

Hésitations politiques, insuffisances médicales — encore qu'une pensée scientifique commence à naître en ce domaine — réactions violentes du peuple, tout concourt à rendre le choléra encore plus terrifiant qu'il ne l'est déjà.

Mais lorsque, un à deux ans plus tard, ils feront le bilan de la morbidité et de la mortalité cholériques, les hygiénistes et les démographes devront avouer leur surprise devant les chiffres qui surgissent des statistiques. Le quartier, l'arrondissement, la rue même, ne peuvent guère être tenus en compte et c'est au niveau de l'immeuble, du logement, qu'on trouvera la véritable raison de la surmortalité : la densité de population au mètre carré en aura été le facteur le plus important.

D'autres épidémies de choléra ravageront encore la capitale, aussi meurtrières, mais aucune ne suscitera autant d'angoisse et autant de bouleversements que ce premier assaut.

1.

Paris en 1832

Arrondissements et quartiers

1832 entame sa carrière. Qui désire visiter Paris doit se hâter car, dans quelques semaines, avec l'arrivée du printemps, il n'y fera plus bon vivre.

On n'a que l'embarras du choix pour entrer dans la capitale : le mur d'enceinte qui l'entoure est percé de 58 portes, dont 45 sont ornementées de pavillons bâtis à l'imitation de l'antique par l'architecte Claude Nicolas Ledoux. Murailles et barrières n'avaient pas été élevées pour le plaisir des yeux mais afin de rendre plus efficace le fonctionnement de l'octroi, et ce mur, dit des « Fermiers généraux », construit dès 1784 sur l'ordre de Louis XVI, n'a rien perdu de son impopularité. Boisson, viande, bois de chauffage, tout doit acquitter une taxe à l'entrée dans la ville et, le 24 août 1832, malgré les terribles épreuves subies par la population, on pourra lire, dans les journaux gouvernementaux, la note suivante : « Puisque toutes les denrées qui entrent à Paris viennent d'être assujetties, par l'ordonnance royale du 17 de ce mois, à une augmentation du droit d'octroi... » Jusqu'au poussier, combustible du pauvre, qui n'est pas ménagé par la taxe *. Bien entendu, les entrées fluviales de la Râpée et des Invalides ne sont pas moins surveillées : la resquille est très difficile tout le long des 26 551 mètres de la muraille (tel est le périmètre de Paris à cette époque **, sur la ligne des boulevards extérieurs). L'enceinte des Fermiers généraux, reportée sur une carte du Paris moderne, commence-

* Le Moniteur, 23 août.

** Il mesure 10 kilomètres de plus en 1980.

rait sur la rive gauche, à l'ex-barrière de la Lunette, parcourrait les boulevards de Grenelle, Garibaldi, Vaugirard, Edgar-Quinet, Raspail, au bout duquel subsistent encore les pavillons de Denfert-Rochereau, puis les boulevards Saint-Jacques, Auguste-Blanqui et Vincent-Auriol pour se terminer au pont de Bercy, à l'ancienne barrière de la Gare. Sur la rive droite, beaucoup plus longue, partant de la barrière de la Rapée, on en suivrait le tracé en empruntant les boulevards de Bercy, Reuilly, Picpus, pour découvrir encore les deux imposants pavillons de la barrière du Trône, puis les boulevards de Charonne, Ménilmontant, Belleville, la Villette où se dresse une élégante rotonde, les boulevards de La Chapelle, Rochechouart, Clichy, de Courcelles ; là, dans le parc Monceau, s'élève un charmant bâtiment à dôme et colonnade, le pavillon de Chartres ; la place de l'Etoile où l'érection de l'Arc de Triomphe se fera au détriment d'un autre pavillon de Ledoux et l'avenue Kléber ; la dernière barrière, dite des Bonshommes, surveille la Seine sur la future avenue du Président-Kennedy. Dans ces limites, les Parisiens disposent de 3 440 hectares * pour respirer, travailler, comploter, décapiter un roi, acclamer une république puis un empereur, restaurer la royauté, renverser à nouveau un trône et le redresser pour y installer, un beau jour de juillet, une autre monarchie. C'est encore dans ces 3 440 hectares que vont se mêler étroitement, pendant quelques mois, les émeutes et les drames de l'épidémie.

Au-delà du mur, c'est la campagne avec ses vignes, ses herbages, ses petits terrains de chasse. A l'intérieur, l'habitat est très inégalement réparti : extrêmement dense dans le cœur historique de la capitale étouffé entre d'une part les grands boulevards et, de l'autre, une ligne allant approximativement des Invalides au boulevard de Port-Royal, c'est-à-dire à peu près le Paris de Louis XIII ; clairsemé à la périphérie avec de larges zones non construites (65 **).

La ville s'enorgueillit de près de 200 établissements publics : 37 églises, 7 temples consacrés à différents cultes, une banque, une bourse de commerce, un mont-de-piété, 34 marchés, 7 halles, 27 théâtres, 7 collèges, 42 casernes (il les faudra), 27 hôpitaux et hospices (ils ne seront pas de trop), 13 prisons (beaucoup seront pleines), 3 cimetières (on y œuvrera ferme), et 5 abattoirs (5).

* Le tiers du Paris actuel, 10 540 hectares.

** Les chiffres entre parenthèses font référence à la bibliographie qui se trouve en fin de volume.

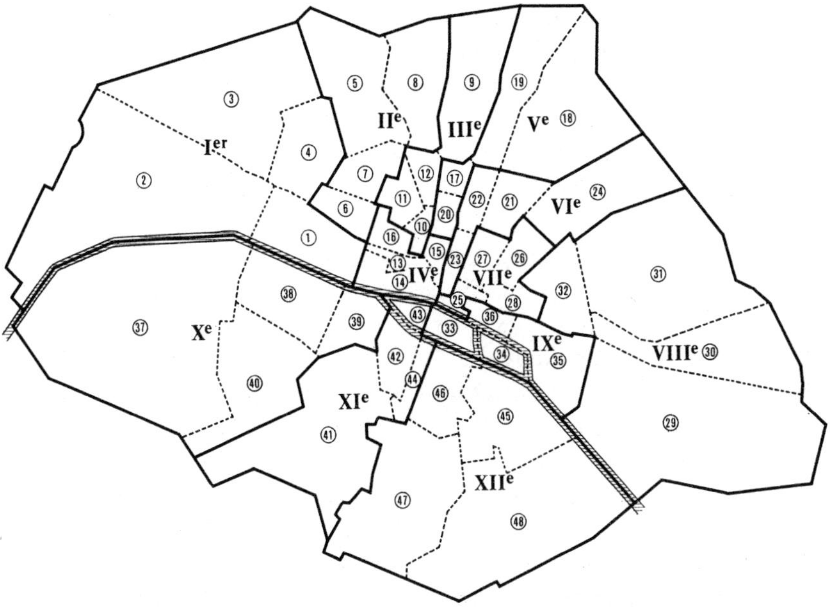

Ier 1 Tuileries
2 Champs-Élysées
3 Roule
4 Place Vendôme

IIe 5 Chaussée-d'Antin
6 Palais-Royal
7 Feydeau
8 Faubourg Montmartre

IIIe 9 Faubourg Poissonnière
10 St-Eustache
11 Montmartre
12 Mail

IVe 13 St-Honoré
14 Louvre
15 Marché
16 Banque de France

Ve 17 Bonne-Nouvelle
18 Porte St-Martin
19 St-Denis
20 Montorgueil

VIe 21 Temple
22 Porte St-Denis
23 Lombards
24 St-Martin-des-Champs

VIIe 25 Arcis
26 Mont-de-Piété
27 St-Avoye
28 Marché St-Jean

VIIIe 29 Quinze-Vingts
30 Faubourg St-Antoine
31 Popincourt
32 Marais

IXe 33 Cité
34 Ile St-Louis
35 Arsenal
36 Hôtel de Ville

Xe 37 Invalides
38 St-Thomas-d'Aquin
39 Monnaie
40 St-Gervais

XIe 41 Luxembourg
42 École de Médecine
43 Palais de Justice
44 Sorbonne

XIIe 45 Jardin-du-Roi
46 St-Jacques
47 Observatoire
48 St-Marcel

Arrondissements et quartiers en 1832

En 1795, une décision administrative avait divisé Paris en 12 arrondissements, eux-mêmes subdivisés en 4 quartiers.

Nous verrons que l'implantation des dispositifs de prévention et de traitement du choléra sera établi selon ce quadrillage. Chacun reconnaîtra, à l'énoncé de ces localités, où prédominait le luxe et où la misère. Ier arrondissement : 1, Tuileries ; 2, Champs-Élysées ; 3, Roule ; 4, Place Vendôme. IIe arrondissement : 5, Chaussée-d'Antin ; 6, Palais-Royal ; 7, Feydeau ; 8, Faubourg Montmartre. IIIe arrondissement : 9, Faubourg Poissonnière ; 10, Saint-Eustache ; 11, Montmartre ; 12, Mail. IVe arrondissement : 13, Saint-Honoré : 14, Louvre ; 15, Marchés ; 16, Banque de France. Ve arrondissement : 17, Bonne-Nouvelle ; 18, Porte Saint-Martin ; 19, Fau bourg Saint-Denis ; 20, Montorgueil. VIe arrondissement : 21, Temple ; 22, Porte Saint-Denis ; 23, Lombards ; 24, Saint-Martin-des-Champs. VIIe arrondissement : 25, Arcis ; 26, Mont-de-Piété ; 27, Sainte-Avoye ; 28, Marché-Saint-Jean. VIIIe arrondissement : 29, Quinze-Vingts ; 30, Faubourg Saint-Antoine ; 31, Popincourt ; 32, Marais. IXe arrondissement : 33, Cité ; 34, Ile Saint-Louis ; 35, arsenal ; 36, Hôtel-de-Ville. Xe arrondissement : 37, Invalides ; 38, Saint-Thomas-d'Aquin ; 39, Monnaie ; 40, Faubourg Saint-Germain. XIe arrondissement : 41, Luxembourg ; 42, École de Médecine ; 43, Palais de justice ; 44, Sorbonne. XIIe arrondissement : 45, Jardin du roi ; 46, Saint-Jacques ; 47, Observatoire ; 48, Saint-Marcel.

La sécheresse d'une énumération officielle ne vaut pas une flânerie dans Paris, mais une promenade en calèche dans les seuls endroits élégants donnerait une idée fausse de cette cité que les étrangers considèrent comme la plus belle du monde ; les dessous sordides y sont nombreux. En suivant un itinéraire logique à travers quelque 1 800 rues, ruelles et passages (65), le curieux verra surgir les exemples les plus frappants des différents types d'habitation.

Au centre, les pieds dans l'eau, les trois îles : Louviers, la première, au débouché de la rue du Petit-Musc, une infection envasée, puis l'île Saint-Louis et, enfin, l'île de la Cité. Dans celle-ci, outre Notre-Dame et le palais de l'archevêché, la préfecture de police, implantée par Napoléon, tolère paradoxalement, tout autour d'elle, un lacis de venelles mal famées telles les rues de la Lanterne, de la Juiverie et, surtout, l'ignoble rue aux Fèves.

En fuyant cette île malsaine par la branche nord du Pont-Neuf en direction de Saint-Germain l'Auxerrois, on arrive sur la majestueuse colonnade de Perrault qui ferme le Louvre à l'est. Si l'on suit la Seine en direction des Tuileries, on longe la Grande Galerie du bord de l'eau que Napoléon avait jetée pour réunir les deux palais.

En pénétrant dans la cour du Carrousel, on s'étonne qu'aucun souverain n'ait encore fait raser, entre Tuileries et Louvre, ou plus exactement, entre la grille de l'arc de triomphe qui ferme la cour du Carrousel et le Louvre, ce dédale inextricable de ruelles qui délimite des îlots infâmes. « Lorsqu'on passe en cabriolet le long de ce demi-quartier mort et que le regard s'engage dans la rue du Doyenné, l'âme a froid et l'on se demande qui peut demeurer là, ce qui doit s'y passer le soir à l'heure où cette ruelle se change en coupe-gorge et où les vices de Paris, enveloppés du manteau de la nuit, se donnent pleine carrière » (23). Encore Balzac ne cite-t-il qu'une rue mais d'autres passages aussi sombres et malsains isolent des hôtels délabrés (d'Elbeuf, de Longueville), des masures, des blocs de maisons en démolition. Louis-Philippe et Marie-Amélie n'aimaient guère cette promiscuité et il fallut plusieurs mois pour les persuader que le roi ne pouvait résider qu'aux Tuileries. C'est à regret qu'il a quitté son domaine personnel, le Palais-Royal voisin. Seules l'en séparent la rue de Rivoli, nouvellement percée mais pas encore construite, et la rue Saint-Honoré qui le borde.

26 ponts dont 4 suspendus relient les îles et les rives droite et gauche de la Seine. Paris en est fier, sans être parvenu, toutefois, à supprimer l'inégalité sociale entre nord et sud qui règne depuis des siècles. Comme si le fleuve avait empêché l'osmose des populations, le nord possède la richesse tandis que le sud est dans la gêne. On s'est aperçu qu'une autre frontière sépare encore chacune des deux moitiés de Paris : à l'ouest, l'opulence, à l'est, l'indigence (87). Cette frontière suit la rue du Faubourg-Saint-Denis et la rue Saint-Denis sur la rive droite, traverse l'île de la Cité par la rue de la Barillerie et divise la rive gauche de part et d'autre de la rue Saint-Jacques. La rigueur de ce schéma doit évidemment être atténuée : ainsi, au nord de Paris, la courbe des boulevards enclôt entre elle et la Seine une zone où la misère est parfois grande mais, dans cette région même, une ligne tracée de la porte Saint-Denis à l'arc du Carrousel délimite un secteur privilégié centré autour du quartier de la Banque. La même démarcation rejette, dans la crasse des Halles, la pointe de Saint-Eustache. Au milieu du Ier arrondissement, dans le brillant quartier du Roule, fleurit aussi la tache lépreuse de la Petite-Pologne, repaire des chiffonniers. Adeline Daumard (45) introduit encore des nuances plus subtiles car

si « chaque arrondissement, chaque quartier même se caractérisait par une tendance dominante qui lui donnait leur physionomie particulière... partout des sortes d'isolats subsistaient dans un entourage contrastant, soit par sa richesse et son activité, soit au contraire par sa misère : de riches propriétaires logeaient à proximité des garnis infects de la Montagne Sainte-Geneviève et inversement des « rues infâmes », telle « la rue Traversière Saint-Honoré... [avec ses] méchantes petites maisons à deux croisées » (Balzac, *Ferragus*) étaient cachées derrière la façade des rues commerçantes et élégantes.

La parure de la rive droite, ce sont les boulevards : boulevard de la Madeleine, des Capucines, des Italiens, Montmartre, Poissonnière, Bonne-Nouvelle, Saint-Denis, Saint-Martin, du Temple, des Filles-du-Calvaire, Beaumarchais. Les grands boulevards méritent bien leur nom.

Balzac dit : « le boulevard » (33). « Ses trois mille boutiques scintillent et le grand poème de l'étalage chante ses strophes de couleur depuis la Madeleine jusqu'à la porte Saint-Denis. » Il oublie le boulevard du Temple, plus populaire, où les théâtres allaient éclore. On avait pu voir large : dès Louis XIV, il avait suffi de combler l'enceinte de Louis XIII pour obtenir une promenade agréable, bordée d'arbres, que les Parisiens adoptèrent vite. En 1832, cette végétation a disparu, sacrifiée par les révolutionnaires de 1830 (16) mais le boulevard des Italiens reste le lieu de prédilection des dandys, un des endroits où il est bon de se montrer. Rendez-vous mondains ou galants, des rencontres s'organisent entre deux et cinq heures, des rangées de chaises alignées attendent et les cafés, profitant de l'engouement, se sont multipliés : Tortoni, le Café Anglais, le Café de Paris, la Maison dorée...

Paris pousse au nord-ouest dans les arrondissements à la mode. Entre la Restauration et la révolution de 1848, la population du Ier aura progressé de 58 % : des immeubles surgissent aux Champs-Élysées où il y a peu, paissaient les troupeaux. Dans le IIe, plaine Monceau, elle va croître de 54 % ; dans le IIIe, Chaussée-d'Antin, de 45 % (13). La haute bourgeoisie se toque de cette Chaussée-d'Antin où, sous l'impulsion de la nouvelle élite, financiers importants comme le baron Laffitte ou gros industriels, près de cinq cents hôtels particuliers ont été construits sous Louis XVIII et Charles X (45) : habiter un de ces hôtels classe son homme. La spéculation attire l'argent dans ces parages et Dosne, futur beau-père de Thiers, lance le quartier Saint-Georges. La Restauration offrait ainsi aux Parisiens de nouveaux secteurs où se loger : l'Europe, le nouveau Poissonnière,

François-Ier, Beaujon seraient prêts à les accueillir. Mais cette politique d'urbanisation s'adresse essentiellement à la bourgeoisie montante. Le Paris du peuple, dont l'immigration ne cesse de gonfler les effectifs, était chassé par les grands travaux : il se resserre d'une part à l'est, entre la ligne des boulevards et la Seine, et d'autre part sur presque toute la rive gauche.

Le « Rapport sur la marche et les effets du choléra... » est, à ce sujet, particulièrement éloquent. Parlant des ouvriers, on peut lire : « On a abattu leurs anciennes demeures parce qu'elles gênaient des alignements nouveaux ou des embellissements projetés. Qu'en est-il arrivé ? Que ces classes ont été refoulées dans le quartier des Arcis, de la Grève, de la Cité, Saint-Louis, Saint-Martin, Popincourt ; dans les faubourgs Saint-Marceau, Saint-Victor, dont les maisons sales, étroites, humides, sans cour, sans air, ont reçu, dans leurs réduits obscurs, ces nouveaux hôtes qui sont venus s'y entasser à côté des habitants déjà trop nombreux de ces quartiers malsains » (5).

Un nanti, logé dans les beaux arrondissements, dispose en moyenne d'une surface habitable de 73 mètres carrés ; qu'on en fasse un déshérité, qu'on le transporte dans l'infâme quartier des Arcis et il ne lui reste que 7 mètres carrés, « un peu plus de trois fois l'espace qu'il occupera un jour sous la terre » (5).

Les Halles, dont Napoléon avait voulu qu'elles fussent « le Louvre du peuple », n'ont gagné à cette velléité que la grande rotonde de la halle aux blés ; pour le reste, il subsiste dans cette partie du IVe de nombreux vestiges du Moyen Age avec des maisons sur piliers, des ruelles étroites qui font communiquer entre eux les alentours de Saint-Eustache, le marché des Innocents, celui aux poissons, aux œufs, la halle à la viande et celle aux draps et le récent marché des Prouvaires. Les saignées des rues Saint-Denis et Saint-Martin constituent l'axe de circulation nord-sud de l'est de Paris. Autour de l'église Saint-Merri, un enchevêtrement de rues si étroites que l'on a peine à les baptiser de ce nom, tente de séparer les uns des autres des pâtés de quelques masures. Bon nombre d'entre elles vont s'illustrer tristement au cours de l'épidémie et des émeutes. Leur nom sonne encore comme un glas : rue du Cloître-Saint-Merri, rue de la Verrerie, rue Aubry-le-Boucher, rue Saint-Avoye... Non moins étroites et non moins redoutables, le moment venu, seront, aux abords de l'Hôtel de Ville ou de la place de Grève, la rue de la Vannerie, la rue de la Tannerie, du Martroi et, surtout, l'épouvantable rue de la Mortellerie. Voilà le Paris de la misère !

Dans le Marais, déserté par la noblesse, la petite bourgeoisie avait pris la place.

Sur la rive gauche, à l'ouest de la rue Saint-Jacques, le faubourg Saint-Germain, centré par Saint-Thomas-d'Aquin, est le refuge des nostalgiques de l'Ancien Régime. Toute la noblesse qui a pu le faire a réoccupé ses hôtels ; ceux qui demeuraient libres ont été disputés par les députés ou les hauts fonctionnaires, installés ainsi à pied d'œuvre (65). Le quartier des Invalides renferme de nombreux îlots de pauvreté, dont le Gros-Caillou, en bordure de Seine, fief des blanchisseuses. Mais c'est à l'est de la rue Saint-Jacques que l'on rencontre surtout la misère, vers le Jardin des plantes, vers le faubourg Saint-Marcel ou la médiocrité, comme dans la rue Mouffetard. Celle-ci « [est] considérée comme l'artère principale du XIIe arrondissement »... Elle [est] avant tout la rue populaire par excellence : « pour la population parisienne » son nom est, en quelque sorte... le type de l'image du quartier le plus pauvre et le plus mal habité de la capitale (45).

Cette distinction entre les quartiers ne sera peut-être pas directement corrélée avec la mortalité cholérique mais elle a, cependant, des conséquences biologiques tout à fait étonnantes, facteurs peut-être favorisants de l'extension de l'épidémie.

Villermé ne s'est-il pas avisé, par exemple, après des études statistiques fines, que la taille des conscrits est inversement proportionnelle au nombre des locations non imposées parce que trop humbles : plus pauvre est l'arrondissement, moins grands sont les enfants. « La stature des hommes est en raison inverse de la fatigue ou mieux en raison inverse des peines, fatigues, privations éprouvées dans l'enfance et la jeunesse. » C'est dans ces mêmes arrondissements que l'on réforme le plus pour défaut de taille (118).

En 1846, une moyenne sur dix ans de la mortalité annuelle sera dressée par les statisticiens. Elle donne aussi une idée de la fragilité de l'individu devant la maladie en fonction de sa condition sociale. Pour 1 000 habitants, il en meurt, en une année : 32,95 dans le XIIe ; 24,64 dans le Xe ; 22,82 dans le IVe ; 28,95 dans le IXe ; 24,05 dans le VIIe ; 19,32 dans le IIIe ; 28,68 dans le VIIIe ; 24,61 dans le VIe ; 19,14 dans le Ier ; 24,85 dans le XIe ; 23,68 dans le Ve ; 13,70 dans le IIe ; soit, pour la capitale entière, une moyenne de 23,90.

Si celle-ci est calculée sur les trois arrondissements les plus pauvres (XIIe, IXe et VIIIe), elle est de 30 ; sur les trois arrondissements les plus riches (Ier, IIe et IIIe), elle tombe à 17. On voit donc que la proportion est presque du simple au double (103). Indigence et mortalité vont de pair en temps normal ; qu'en sera-t-il en période d'épidémie ?

Bien des occasions se présenteront de revoir la rue, ici large, claire, aérée — elle est celle qui glorifie la capitale — là, plus souvent noire, humide, boueuse — elle est celle sur laquelle on fait le silence —. Il est important maintenant de pénétrer dans les immeubles car leurs caractéristiques joueront peut-être un rôle dans la diffusion du choléra.

Palais et taudis

Le long des rues, boulevards, avenues, jardins, ruelles s'alignent environ 29 000 maisons de tout genre.

A tout seigneur, tout honneur ! Le palais des Tuileries où, dans les derniers mois de 1831, le roi des Français est venu élire domicile, accompagné de toute sa famille. Louis-Philippe et Marie-Amélie sont à l'aise dans leurs appartements entre le pavillon de Flore et le pavillon de l'Horloge. Les enfants se partagent le pavillon de Marsan et la galerie en retour sur la rue de Rivoli (16). Quant à Malame Adélaïde, la sœur, elle dispose, elle aussi, d'appartements somptueux au rez-de-chaussée du pavillon de Flore. Voici donc des gens bien protégés pour qui nous n'aurons guère de souci encore que le choléra viendra montrer le bout de son nez jusqu'en ces lieux confortables.

Le Palais-Royal, abandonné par ses hôtes, retiendra moins l'attention que le grand jardin qui le flanque, entouré d'une galerie marchande. Philippe-Égalité, père de l'actuel roi, avait le sens des affaires et n'avait pas craint de faire construire, contre ses murs, ce quadrilatère de pavillons qu'il louait fort cher et qui continue d'enrichir la famille royale. Bien sûr, il faut fermer les yeux sur les nombreuses maisons de jeu, les tripots et le commerce de la galanterie. Il circule, sous les verrières, un monde très mêlé de demi-solde, de joueurs professionnels et de gogos, de curieux en quête d'aventure et de catins, de policiers et d'indicateurs. Cette promiscuité est sans doute fâcheuse mais quelle rente !

Les grands hôtels, surtout dans le Marais, sont en voie de disparition. On n'a plus le goût de les habiter ni les moyens de les entretenir. Aussi voit-on un hôtel de Sens défiguré par des locaux commerciaux (une blanchisserie, une fabrique de conserves et la confiturerie Saint-James !) ; la place laissée par ces industries est morcelée en petits logements (13). « La spéculation... d'année en année, abaisse les étages, découpe un appartement dans l'espace qu'occupait un salon détruit » (23) (Balzac, *Les Petits Bourgeois*).

On construit sous Louis-Philippe et surtout on construira à partir de 1835. La petite bourgeoisie trouve à s'abriter dans les « maisons de produit » que Victor Hugo compare à des commodes et qu'on appellera plus pompeusement un jour « immeubles de rapport ».

Les plus riches sont bâtis en pierre de taille, les plus modestes en moellons enduits de plâtre ; les fenêtres sont encadrées de bandeaux et soulignées de corniches à denticules *. Le rez-de-chaussée est occupé par la boutique d'un commerçant ; les appartements sont souvent bas de plafond car les propriétaires n'hésitent pas à entresoler les étages intermédiaires pour augmenter leurs revenus. Une couverture, en effet, revient toujours au même prix quel que soit le niveau auquel on la pose et les maisons ne cessent de gagner de la hauteur et des étages. La loi limite l'élévation des immeubles en façade mais ne prévoit rien pour les constructions en retrait ; les cours sont escamotées ou réduites à des puits où le jour ne parvient pas ; on gagne encore de la place en ajoutant une à deux rangées de mansardes. Déjà, en 1823, le comte de Chabrol, préfet de la Seine, avertissait le conseil général du département : « Le défaut de proportion entre la largeur des rues et la hauteur des édifices, la multiplicité des rues étroites et non alignées, ont pour effet nécessaire de rendre les habitations humides et malsaines en les privant de l'exposition au soleil et du renouvellement continuel de l'air. L'influence des causes que l'on vient d'indiquer deviendrait funeste si des maladies épidémiques ou contagieuses se développaient dans la capitale » (5). Quelle prémonition !

Comme un impôt frappe les « portes et fenêtres », portes cochères ou portes de magasin, portes et fenêtres ordinaires et jusqu'aux lucarnes, les propriétaires ne sont pas enclins à accroître le nombre des ouvertures. Ainsi s'explique l'aspect de beaucoup de maisons de la rue Mouffetard dont « les façades [sont] presque toutes entièrement occupées par des boutiques... ; pour pénétrer dans les maisons, il [faut] le plus souvent emprunter des portes d'allées qui, par d'étroits couloirs, mènent à l'escalier. Parfois même, cette commodité n'existe pas : pour entrer dans la maison portant le numéro 22, par exemple, les huit locataires doivent traverser la boutique... » (45).

Les loges des portiers — lesquels paieront un lourd tribut au

* D'un coup d'œil, on les reconnaît encore aujourd'hui.

choléra — sont réduites au minimum car c'est un espace non rentable. Les abus deviennent tels que la « Commission », dans son rapport de 1834, sera obligée de rappeler que « l'homme a besoin, pour respirer avec aisance, d'une certaine quantité d'air donnée (8 mètres cubes par heure) et qu'il y a plus que de l'insouciance à la lui refuser ».

Au 23 de la rue Blondel, « la loge du concierge adossée à la pompe, présente une surface de 5 à 6 mètres. Cette loge, d'une hauteur d'environ 4 à 5 mètres, est divisée en rez-de-chaussée et chambre à coucher au-dessus. Dans cet étroit réduit qui n'a qu'un espace de 2 mètres sur 3, compris la montée d'une échelle, logent quatre personnes et deux lits. Un vieillard âgé, une femme, une jeune fille de 18 ans et une petite fille de 5 ans. Une petite fenêtre fournit un peu d'air dans le jour, mais un gros tuyau de poêle qui, du bas, vient passer dans cette espèce de niche au-dessus du lit principal, détruit tout le bienfait du peu d'air qui s'y introduit quelquefois » (13).

Mais on ne saurait plaindre les boutiquiers s'ils sacrifient leur logement à leur magasin et à l'appât du gain, se contentant souvent, même parmi les plus riches, d'une arrière-boutique sans lumière et sans air et d'une ou deux misérables chambres à l'entresol (44).

Dans beaucoup d'immeubles de qualité moyenne, la cohabitation des classes sociales est fréquente. Au premier étage, un seul appartement de grandes dimensions avec une porte à deux battants est habité par des gens riches qui font coucher assez souvent leur domestique chez eux et ne lui ménagent guère une place confortable : « presque toujours les bonnes n'ont qu'un réduit obscur où il y a juste la place d'un étroit lit de fer. Ce cabinet noir n'a qu'une lucarne qui donne sur une cuisine ou sur un corridor ; il est à 1,50 mètre du sol, encombré de rayons, car on s'en sert encore comme débarras, l'on y met tous les rebuts possibles. D'autres logent leur servante dans une alcôve ; d'autres encore font dérouler, chaque soir, un lit pliant que, le jour, on recouvre d'une housse... D'autres enfin ne lui donnent même pas un lit mais un simple matelas que l'on étale dans ces grands placards placés entre deux murs... » (58). Au fur et à mesure que l'on monte, l'étage se subdivise en deux ou trois appartements plus modestes pour accueillir la petite bourgeoisie ou des petits salariés ; les portes n'ont plus qu'un battant, le cordon de sonnette en soie fait place au cordon en laine ; au sixième, où l'on accède par un simple escalier de bois sans fioriture, l'ouvrier va trouver l'abri d'une chambre mansardée. En fait, dans les quartiers élégants, il en va tout autrement et les habitants aisés ne tiennent pas à se compromettre avec les pauvres : d'ailleurs, ils ont besoin des étages supérieurs pour leur domesticité. Dans les quartiers ouvriers l'homogénéité règne aussi, mais à un autre niveau : l'ensemble d'une maison, magasin mis à part, est réservé aux humbles. Toutefois, certains négociants, même d'importance, n'hésitent pas à s'installer dans une rue assez populaire comme la rue Saint-Denis afin de se trouver — aux bons étages bien sûr — tout près de leurs fournisseurs, les artisans des soupentes (45).

Paris compte, en plus des hôtels, appartements particuliers et maisons de produit *, 3 171 garnis pour recevoir 35 à 40 000 personnes. 102 hôtels garnis de première catégorie ont des tarifs de nature à sélectionner la fine fleur des visiteurs étrangers et des voyageurs fortunés. Il ne faut pas non plus être dans la misère pour passer quelques journées dans un des 227 hôtels de deuxième classe. Maisons meublées et auberges, c'est-à-dire la troisième catégorie, accueillent les étudiants, les employés, les rentiers moins fortunés.

A la classe inférieure, on n'offre plus de chambre mais des dortoirs où, à bon compte, viennent dormir surtout des journaliers montés de leur province pour une ou deux saisons. Il y a 954 bâtiments de ce genre.

Léonard, ancien garçon maçon, n'a pas oublié que « dans cette chambre, il y avait six lits et douze locataires. On y était tellement entassés les uns sur les autres qu'il ne restait qu'un passage de cinquante centimètres pour servir de couloir... » (82). Au numéro 10 de la rue de la Vannerie, près de l'Hôtel de Ville, se tient « un garni de maçons, où, moyennant vingt centimes, on possédait, pendant une nuit, le droit de s'étendre sur la paille qui tapissait le plancher d'une chambre où vingt limousins ronflaient à briser les vitres » (34).

C'est à peine si l'on ose évoquer la dernière catégorie des logeurs à la nuit, tenanciers d'asiles au nombre de 256 dont les revenus proviennent des quelques sous qu'ils extorquent aux plus déshérités, bien aises de pouvoir abriter leur dénuement dans ces taudis. En 1831, au terme de son enquête, une Commission sanitaire du quartier des Plantes peut écrire, encore sous le coup de la consternation : « ... les vitraux, dans la plupart des croisées, sont remplacés par du papier ; les locataires, en grand nombre, sont entièrement dépourvus de meubles ; un peu de paille quelquefois enveloppée de mauvaise toile, mais souvent le plancher est le seul lit sur lequel toute une famille se couche : nous avons compté jusqu'à quatre enfants, le père et la mère sur un pareil grabat ; fort heureux encore quand ils peu-

* De nos jours, maisons de rapport.

vent y ajouter une mauvaise couverture ; aussi n'est-il pas besoin de dire qu'ils ne prennent pas la peine de se déshabiller, et presque toujours ce sont les vêtements qui les quittent » (3). Au 57 de la rue Galande, derrière Saint-Julien-le-Pauvre, l'auberge du Château-Rouge accueille clochards, mendiants, vagabonds de toute sorte dans ses dortoirs baptisés le « sénat » et la « salle des morts ». On y dort à même le carrelage, ses souliers sous la tête. Un coin réservé aux femmes atteste un reste de pudeur. La nuit ici se termine à deux heures du matin, après quoi il faut décaniller (13). Il est vrai qu'il ne vous en coûtera que deux sous : impossible de trouver moins cher dans tout Paris. Une chambre de huit pieds carrés pour une petite famille avec, pour tout mobilier, un seul lit garni de toile d'emballage revient à dix francs par mois. Les dortoirs pour célibataires où l'on s'entasse à trente ou quarante avec une armoire pour chacun sont déjà plus abordables : six francs mais la nuitée seule est comptée à cinquante ou soixante centimes.

La rue de Jérusalem, entendez la police, tient ces garnis à l'œil : hôtes de passage, ouvriers journaliers ou escarpes n'échappent pas à sa surveillance et font l'objet de rapports quotidiens, témoin ce *Bulletin de Paris* du 1er janvier 1832 : « Ouvriers ; d'après le relevé fait le 31 décembre, il existe dans les maisons garnies 15 602 ouvriers dont : 12 676 ayant de l'occupation ; 2 926 sans ouvrage. Maisons garnies : mouvement du 31 décembre : Français : entrés : 564 ; sortis : 516. Étrangers : entrés : 78 ; sortis : 57. Étrangers de distinction dont les noms figurent sur les feuilles des hôtels garnis : MM. Jeffereys, colonel anglais ; Lauré, colonel du génie au service de la Russie » (111). On admire la précision et l'efficacité du ministre de l'Intérieur de Louis-Philippe.

Le contrôle, s'il est plus discret, est plus sévère encore dans les tapis-francs, bouges mal famés qu'évite même l'ouvrier en chômage, repaires de la pègre, rendez-vous des malfaiteurs, lieux de recel. Un bel exemple, fidèlement reproduit dans *Les Mystères de Paris*, est le cabaret du Lapin blanc : « Il est situé vers le milieu de la rue aux Fèves... C'est une vaste salle basse au plafond enfumé, rayé de solives noires, éclairé par la lumière rougeâtre d'un mauvais quinquet. Les murs, recrépis à la chaux, sont couverts, çà et là, de dessins grossiers ou de sentences en termes d'argot.

« Le sol battu, salpêtré, est imprégné de boue ; une brassée de paille est déposée, en guise de tapis, au pied du comptoir de l'ogresse, situé à droite de la porte et au-dessous du quinquet.

« De chaque côté de cette salle, il y a six tables ; d'un bout, elles sont scellées au mur ainsi que les bancs qui les accompagnent. Au fond, une porte donne dans une cuisine ; à droite, près du comptoir existe une sortie sur l'allée qui conduit aux taudis où l'on couche à trois sous la nuit » (107).

Dans ces garnis, ces asiles de nuit, ces gîtes de mauvais aloi, dans ces refuges où la promiscuité n'est que de misère et d'insalubrité, au centre et à l'est de Paris, dans les IXe, IVe, VIIe et VIIIe arrondissements, le choléra va frapper rudement.

Bourgeois et prolétaires.

Ces ouvriers de passage, ces étrangers, ces divers types de Parisiens, de souche ou d'adoption, qui peuplent la capitale méritent une plus ample présentation.

Paris compte, en cette année maudite, 785 862 habitants. C'est la plus grosse ville de France : aucune autre n'atteint 200 000. La répartition en est inégale : dans les 28 quartiers du centre, taillés petits sur le cadastre, 383 876 sujets, près de la moitié de la population, se partagent seulement un cinquième de la superficie. Dans cette zone, où la surpression démographique est déjà menaçante, arrivent sans cesse, surtout des départements du Nord, des ouvriers en quête d'ouvrage. Les uns, saisonniers, constituent une population fluctuante difficile à évaluer, d'autres font souche. « En 1833, sur 100 Parisiens décédés, 50 seulement sont nés à Paris, 41 dans les départements, 5 à l'étranger, 4 dans la Seine » (103).

La noblesse est retirée sur ses terres ; elle boude le nouveau régime ou complote contre lui. Quand elle monte à Paris, elle rejoint ceux qui tiennent bon dans le faubourg Saint-Germain et remâchent avec regret les souvenirs des fastes de leur passé. La haute bourgeoisie ne recherche même plus pour ses filles un blason à redorer. On se marie entre soi : l'argent va à l'argent et ce ne sont plus les nobles qui le détiennent ou, du moins, plus seuls.

Les plus grosses fortunes de France sont entre les mains d'un baron Seillière (baron de fraîche date) qui dispose de la bagatelle d'une dizaine de millions. On chiffre à quatre millions environ les biens mobiliers et immobiliers d'un fondeur de caractères d'imprimerie, d'un maître de forges et de Benjamin Delessert, banquier et industriel du sucre. Laffitte, avec sa banque, n'est pas loin derrière. Casimir

Perier, passionné de politique, tient ce goût ainsi qu'une richesse confortable de ses ancêtres. Encore un banquier parmi d'autres, James de Rothschild, qui fait bâtir un hôtel magnifique à la Chaussée-d'Antin ! Voilà des gens qui travailleront jusque sur leur lit de mort, soucieux, avant tout, de voir prospérer leurs affaires : ce sont les grands bourgeois.

Ils ont de l'estime pour les bons bourgeois qui se recrutent parmi « les membres de l'Institut, les professeurs en Sorbonne, les écrivains notoires, les magistrats des cours parisiennnes, les avocats et médecins réputés, les propriétaires de grandes maisons de commerce, d'importants négociants et des représentants de l'armée ainsi que de la marine » (37).

Un certain décalage se manifeste avec la moyenne bourgeoisie pourtant encore aisée où se côtoient des négociants, des membres des professions libérales sans notoriété particulière, de petits industriels. Ils vivent néanmoins sur un pied fort convenable : « Un avoué du Marais, décédé en [cette même année] 1832, réunissait tout ce qu'il fallait pour être une personnalité de son quartier : sa qualité de chevalier de la Légion d'honneur, sa profession qui le mettait en relation avec une clientèle nombreuse, un cens supérieur à 1 000 francs, symbole d'une fortune tangible (notamment deux maisons héritées de ses parents...), un logement spacieux, deux étages entre cour et jardin loués 2 500 francs par an... Sa fortune de 450 000 francs lui permettait de vivre avec un certain luxe... » (44).

En bas de l'échelle, avant le prolétaire, encore cravaté mais respirant moins l'aisance, le petit bourgeois, volontiers artisan ou boutiquier. Il est souvent venu de sa province pour créer un humble commerce ou, modeste employé, il a épousé la fille de son patron.

Prenant pour base un tableau des professions portées sur les actes de décès de 1831, « en rattachant au milieu populaire les ouvriers, les garçons et filles de boutique, les petits métiers des rues et les trois quarts des défunts relevant des professions mécaniques », A. Daumard trouve les proportions suivantes (44) :

Propriétaires rentiers	8 %
Professions libérales et employés	7 %
Professions commerciales	8 %
Professions mécaniques	11 %
Milieux populaires	56 %
Militaires	10 %

Elle en déduit que la bourgeoisie, toutes catégories mêlées, représente, en 1832, environ 20 à 25 % de la population parisienne.

Le cens nécessaire pour être électeur a été abaissé à 200 francs et, pour être éligible, à 500 francs. Malgré cela, on ne trouve, en France, pour élire les députés, que 200 000 citoyens sur 33 millions. Deux cent mille ! On voit bien où ils se recrutent. La bourgeoisie domine le pays légal et *Le Journal des débats* ose écrire : « La société confère le droit exclusif de plaider, de guérir, d'enseigner. Si vous ne pouvez pas, avec ce monopole, vous faire la petite fortune qu'il faut pour arriver au cens électoral, c'est que vous ne savez pas conduire vos affaires... le meilleur gage de la capacité, dans notre société, c'est le succès et ce qui constate le succès, c'est le gain. »

Dans ces conditions, la bourgeoisie, encore que divisée, est le meilleur soutien du pouvoir : les uns, derrière Casimir Perier, Guizot, le duc de Broglie, considèrent la révolution de 1830 comme ayant atteint son but ; ils sont le parti de la résistance ; les autres, derrière Jacques Laffitte, Dupont de l'Eure, Odilon Barrot, pensent qu'il faut aller plus loin dans les réformes ; ils sont le parti du mouvement.

Entre l'aristocratie de race ou d'argent et le peuple, les bourgeois tiennent les leviers du pouvoir politique, concentrent les moyens du pouvoir économique et leurs 20 à 25 % pèsent lourd dans la balance financière. Mais leur masse est singulièrement floue. Par le haut, il lui arrive de s'insinuer dans la catégorie la plus élevée tandis que par le bas, elle confine au prolétariat. Combien de rentiers sont dans la gêne, combien de commerçants au bord de la faillite, combien d'entrepreneurs gagnent moins que leur personnel tandis que certains salariés, des artisans à façon, des ouvriers, se hissent, au moins par leurs revenus, jusqu'au rang de la petite bourgeoisie ?

Qui sont ces ouvriers ? Lorsque, en janvier 1832, au procès de la Société des Amis du peuple, d'opinion républicaine, le président Pasquier, vieil amant de Mme de Boigne, demande à Blanqui : « Quel est votre état ? — Prolétaire ! lui répond-il. — Ce n'est pas un état. — Comment ! ce n'est pas un état ! C'est l'état de 30 millions de Français qui vivent de leur travail et qui sont privés de leurs droits politiques » (77). Cette définition est une assez bonne approche de la condition ouvrière en 1832, meilleure en tout cas que la cauteleuse version de l'hypocrite préfet de police Gisquet : « La quatrième classe (les ouvriers) se trouve, en quelque sorte, dans les mêmes conditions que la précédente [la bourgeoisie] ; sans jouir des mêmes avantages, elle a un égal besoin d'ordre et de confiance ; elle professe un même attachement pour les institutions qui garantissent son avenir, qui ouvrent une libre carrière aux hommes intelligents et laborieux. » On n'ose en croire ses yeux... et le discours n'est pas terminé : « Les ouvriers voient tous les jours sortir de leurs rangs ceux qui, par leur mérite, parviennent dans les régions les plus élevées. Ils comprennent que la stabilité de l'état des choses qui nous régit peut favoriser des chances de succès et assurer la juste récompense due à leurs travaux ; mais ils n'ont pas, comme les classes aisées de la bourgeoisie, la crainte de compromettre, par une plus large expansion des principes libéraux, une fortune toute faite, une position heureuse ; ils pensent, au contraire, que plus ils auront de chances de concourir à la discussion des intérêts publics, et plus ils verront s'effacer la ligne de démarcation entre eux et la classe moyenne » (53). On ne saurait dire d'une façon plus enrobée que les ouvriers ont bien envie de se débarrasser du nouveau régime mais qu'ils ont intérêt à se tenir tranquilles. Ce tableau idyllique de l'honnête travailleur promis à une brillante carrière grâce à une ascension sociale méritoire est une contrevérité. Si certains petits bourgeois sont issus du prolétariat des travailleurs, la plupart de ceux-ci restent pour toujours dans une misère noire.

Certes, l'ouvrier des villes gagne mieux sa vie que celui des campagnes, à condition de trouver de l'embauche. En contrepartie, « dans les grandes villes, [il] paie tout plus cher que dans les campagnes, il est obligé d'acquitter les octrois sur tout ce qu'il consomme, qui pèsent lourd sur les prix urbains et d'acheter chèrement du bois pour se chauffer et faire cuire ses aliments. Son loyer est plus cher : le petit jardin, la vache ou la chèvre de l'habitant des campagnes ne peuvent venir à leur secours ; le pain qu'il mange, pétri par le boulanger, est plus dispendieux que le pain pétri par la ménagère ». On penserait qu'avec tous ces handicaps évoqués par le baron de Morogues (115), il est déjà suffisamment accablé. Eh bien, non ! La société de consommation commence à poindre dans cette phrase en forme de conclusion et déjà on rend le travailleur responsable de son infortune : « L'habitation continuelle avec des gens qui vivent mieux que lui, en accroissant ses désirs, rend ses besoins plus considérables. »

Ceux qui œuvrent dans le bâtiment sont de beaucoup les plus nombreux et, pour la plupart, venus de leur province, qui en vue d'un travail saisonnier, qui d'une installation définitive : maçons, couvreurs, plombiers, peintres. Combien d'entre eux se contentent de pain sec pour tout repas de midi sur le chantier ! En usine — on dit plutôt en manufacture —, la durée du travail quotidien est de treize heures mais, si les besoins de la fabrique l'exigent, on donnera, certains jours, un coup de collier au-delà de l'heure de la fermeture. Il faut encore, après le labeur, rentrer chez soi, à pied, bien entendu, au besoin en traversant tout Paris car on accepte l'emploi où il se trouve.

Si le Limousin envoie ses maçons, les porteurs d'eau viennent d'Auvergne et, noirs de suie, les petits ramoneurs de Savoie ; les raccommodeurs de faïence, les cordonniers, les portefaix arrivent d'un peu partout. Tous ces journaliers travaillent quelques mois puis s'en retournent au pays ; on les retrouvera l'an prochain, poussés par le besoin.

Ouvriers et ouvrières vont le plus souvent vêtus de hardes rapiécées mais il est des exceptions. Par tradition, certains « métiers hautement qualifiés, les imprimeurs ou les tailleurs de pierre, les selliers ou les charpentiers ont des salaires qui correspondent à quatre, cinq, voire dix fois celui d'un manœuvre voisin » (115). Ceux-là peuvent porter l'habit et le haut-de-forme mais ils sont peu.

Certaines professions recrutent parmi la pègre : le Chourineur des *Mystères de Paris*, qui fait du débardage sur le quai Saint-Paul, est un criminel. Eugène Sue lui attribue 35 sous par jour mais un de ses lecteurs, mieux informé, lui écrira qu'un tel homme, avec sa force, devait bien se faire dans les 7 à 8 francs par journée (13). Dans les ateliers de fabrication de blanc de céruse, on embauche parmi les forçats libérés qui, au risque de saturnisme *, ne répugnent pas à accepter des emplois très dangereux, faute de pouvoir se reclasser ailleurs. Sellier (103) énumère les professions à risque élevé : le tremblement et la stomatite mercuriels menacent les doreurs sur métaux, les miroitiers, les fabricants d'amorce et de poudre au fulminate, les chapeliers qui font sécréter les peaux ; des ulcérations rongent les doigts des peaussiers du bord de la Bièvre ; la fièvre du zinc frappe les fondeurs de laiton ; la colique du cuivre n'est pas meilleure ; quant aux aiguiseurs, rémouleurs, affûteurs, la silicose les guette qui fait le lit de la tuberculose.

Au ban de la société, les chiffonniers que nous verrons bientôt se révolter.

Que d'activités devons-nous laisser dans l'ombre ! Les domestiques au nombre de 65 000 : nous connaissons déjà leur condition. Le clergé : il est au plus bas de sa cote en cette période d'anticléricalisme

* Intoxication par le plomb caractérisée par des coliques, des manifestations neurologiques et de l'anémie.

mais l'épidémie lui donnera l'occasion de regagner du terrain. Les militaires : 7 à 10 % de la population. Ils seront fin prêts les jours d'émeute. Ajoutons pour faire bon poids 1 600 repris de justice et 6 000 voleurs et vagabonds qui sauront s'agiter le moment venu.

Si le prolétariat ne nage pas dans l'opulence, il y a des degrés dans la pauvreté même, dans l'état de « cette classe indigente qui commence à partir du dernier petit bourgeois gêné et qui se prolonge, de misère en misère, dans les bas-fonds de la société, jusqu'à ces deux êtres auxquels toutes les choses matérielles de la civilisation viennent aboutir, l'égoutier qui balaye la boue et le chiffonnier qui ramasse les guenilles * ».

On pourrait qualifier de « nécessiteux » les Parisiens entièrement pris en charge par la collectivité, journaliers à qui l'âge ou la maladie a ôté ces instruments de travail que sont leurs bras, ouvriers en chômage, tâcherons des petits métiers parvenus au bout de leurs forces, modestes rentiers aux revenus plus maigres qu'une aumône. Ils fourmillent tout naturellement dans les XIIe, VIIIe et IXe arrondissements où ils représentent un sixième à un huitième de la population ; il faut les chercher, en revanche dans les Ier, IIe et IIIe, à raison de 1 pour 18 à 1 pour 28 habitants. Les simples « pauvres » sont moins pauvres que ceux-là : ils ne reçoivent aucun subside mais ils sont exonérés de la contribution mobilière. A quelques erreurs près, on a pu déduire d'une étude des Contributions directes que, sur 224 000 ménages, 168 000 sont dans la pauvreté, soit 75 % des familles.

Les malheureux bénéficient aussi, faveur ultime, de l'inhumation gratuite. Si l'on veut bien voir, au-delà des nombres, ce qu'elles signifient comme épreuves et privations, les statistiques sont moins arides qu'on ne le croit. Par exemple, de 1821 à 1830, « sur 261 360 décès, 17 % seulement ont donné lieu à un enterrement payant, ce qui représente 83 % d'indigents [ou de pauvres]... Pas un d'entre eux n'a donc de quoi vivre le lendemain, puisqu'il ne laisse pas les 15 francs nécessaires pour se faire enterrer » (44). Il faut alors que la fosse commune soit bien grande.

Afin de recevoir le plus tard possible cette gracieuse largesse de la municipalité, on se débrouille pour survivre. La mendicité se répand. « Les mendiants poursuivent les passants dans les rues, assiègent les portes des églises, pénètrent dans les habitations, rançonnent les mar-

* Victor Hugo, *Les Misérables.*

chands, partout enfin présentent le contraste choquant d'une misère abjecte au sein des richesses et de l'abondance... » C'est *Le Journal des débats* du 27 novembre 1828 qui dit cela. Dans le numéro du 22 mai 1832, on descend plus loin dans l'horrible : « ... Des commissaires se présentèrent dans le grenier d'une pauvre femme. Frappés de l'odeur nauséabonde dont ils demandent vainement la cause, ils finissent par découvrir la porte conduisant à un autre grenier rempli de cadavres de chiens que cette malheureuse faisait sécher pour brûler l'hiver en place de bois qu'elle ne pouvait acheter. Qu'après cela on s'étonne de voir éclater dans Paris des maladies dont la cause paraît inconnue. »

L'ineffable baron de Morogues a une solution toute simple pour assainir la capitale : « Éloignons le pauvre des villes où, élevé dans la fainéantise, il se pervertit dans la débauche quand il a de l'ouvrage, et où il se corrompt par la mendicité et la rapine quand il est inocuppé » (115).

Le baron oublie qu'il est un autre débouché quand la faim se fait trop pressante : la prostitution. Trois mille filles publiques gagnent ainsi leur vie à Paris. La plupart sont d'origine provinciale et beaucoup sont nées de parents pauvres. S'il en est qui ont décidé d'emblée de faire carrière dans la honte, un grand nombre ont d'abord exercé un métier honnête mais peu rémunérateur : couturières, lingères, ravaudeuses, modistes, enlumineuses, brocheuses, etc.

En haut de l'échelle, les lionnes, richement entretenues par des aristocrates ; les biches qui se vendent fort cher et n'ont pas d'amant attitré ; puis viennent les lorettes qui vivent sur un plus petit pied. Au-dessous commence la vraie prostitution, celle des filles qui habitent une maison de tolérance et travaillent sous la direction d'une dame de maison, des catins qui gardent leurs bénéfices ou les donnent à leur souteneur, occupent une chambre ou un taudis, professionnelles en numéro ou en carte. Tout en bas, la lie de la société, les pierreuses qui guettent leurs clients les nuits sans lune et dont les lits d'amour sont l'herbe d'un chantier ou les planches d'une maison en construction : les tarifs ne sont pas les mêmes et, leur soirée terminée, elles vont s'endormir dans un garni à quelques sous.

Quant à la prostitution masculine, elle est essentiellement représentée par ces jeunes gens qui racolent au passage des Panoramas ou dans les galeries du Palais-Royal, adolescents efféminés et provocants que l'on appelle des « persilleuses » et dont Canler, chef du service de la Sûreté donne une description écœurante : « Les persilleuses... apportent au-dehors une propreté extraordinaire, une sorte de coquetterie féminine, tandis que dans leur intérieur, elles sont d'une saleté repoussante. On ne peut se figurer la négligence qu'elles apportent dans ces simples soins de toilette que demande la propreté la plus ordinaire... Ces mains qui paraissent blanches, douces et bien soignées, font injure à des bras plus sales que ceux d'un ramoneur... » (34).

Tenir en main une ville aussi disparate où la misère représente un danger, où le mécontentement grandit de tous côtés, où les oppositions légitimiste, républicaine et bonapartiste s'affirment un peu plus chaque jour, est une entreprise ardue : sept préfets de police s'y sont usés en moins de quinze mois, du 31 juillet 1830 au 15 octobre 1831, date à laquelle Gisquet va imposer son autorité intraitable et parfois maladroite.

Disette et abondance

Des plus aisés aux plus misérables, les Parisiens ont leurs façons de vivre, différentes selon les milieux, et qui orienteront, du moins en partie, l'extension de l'épidémie qui approche. Les conditions d'hygiène doivent, à présent, être prises en compte.

En 1832, Paris est plongé dans la misère. Six années consécutives de disette ont affaibli la population ouvrière. Les travailleurs ne mangent pas souvent à leur faim et leurs repas sont maigres : l'orge, le seigle, la bouillie de sarrasin, les châtaignes, les légumes secs et une médiocre quantité de pommes de terre en sont la base. Mais l'aliment principal est le pain dont le prix règle la survie. En 1827, un préfet de police clairvoyant écrivait : « Il faudrait veiller que le prix du pain n'excédât pas trois sous la livre. » Or nous en sommes au pain de quatre livres à quinze sous, trois sous de trop qui comptent dans le budget d'une famille déjà mal nourrie, et ce n'est qu'un début.

La viande est un luxe que l'ouvrier s'offre les jours de paye, c'est-à-dire deux fois par mois. Encore doit-il avoir un bon salaire. Il peut alors se fournir chez l'un des quatre cents bouchers de la capitale à moins qu'il n'aille chercher, dans les gargotes qui entourent les barrières, des morceaux cuits qui n'ont pas payé l'octroi. Il peut aussi s'acoquiner avec des passeurs qui introduisent la viande en fraude en empruntant « les souterrains qui unissent certaines caves de la capitale avec des galeries de carrières à Montmartre ou Gentilly » (115).

Moins fortuné, il se contentera de triperie, achetée à bas prix chez des revendeurs ambulants, ou de viande de porc, moins chère que celle du bœuf ou du mouton. Dans l'indigence, il mangera du cheval dont la consommation, autorisée seulement depuis 1825, n'est pas vraiment entrée dans les mœurs ; les bouchers en vendent cependant, provenant d'animaux sains. Quand le besoin grandit, il se trouve toujours des profiteurs prêts à tous les abus : en février 1831, visitant une maison de prostitution, la commission sanitaire découvrit une importante quantité de viande de cheval amassée pour les habitants du quartier. Mais que la faim le tenaille et il n'est plus d'obstacle à l'avilissement de l'homme : la misère le pousse alors jusqu'au chantier d'équarrissage de Montfaucon où, bête parmi les bêtes, il dispute aux chiens errants et aux rats les carcasses des chevaux morts de maladie (88).

Dans le XIIe arrondissement, le commissaire de police du Jardin du roi écrit, le 30 mars 1831 : « J'ai vu de malheureux pères de famille sans pain au milieu de quatre et cinq enfants et ne sachant où trouver de quoi les soutenir pour le lendemain. Pour comble d'affliction, la distribution des soupes économiques faite dans la rue Mouffetard, par ordre du maire du XIIe arrondissement, cesse vendredi, en même temps que le secours supplémentaire de pain que nous avions été autorisés à faire, de sorte que si une nouvelle distribution de ces soupes n'est pas ordonnée pour ce jour-là, la moitié de ces malheureux passera la journée sans manger » (41). Cela est un rapport officiel.

On meurt de faim à Paris. Henri Heine, même si l'on tient compte de l'outrance romantique, s'en fait le témoin : « Près de la porte Saint-Martin gisait, sur le pavé humide, un homme pâle comme la mort et en proie à un râlement affreux : les badauds qui l'entouraient prétendaient qu'il mourait de faim. Mais mon compagnon m'assura que cet homme mourait de faim tous les jours dans une autre rue, que c'était son gagne-pain... Il y a cela de particulier dans cette mort de la faim, qu'on verrait ici tous les jours plusieurs milliers d'hommes dans cet état s'ils pouvaient le supporter plus longtemps. Mais d'ordinaire, après trois jours passés sans nourriture, les pauvres gens trépassent ; on les enterre en silence, à peine les remarque-t-on » (61).

Est-ce le besoin d'oublier sa triste condition qui conduit si souvent l'ouvrier à l'alcoolisme ? « Les débardeurs du port aux vins de Bercy, par exemple, préfèrent le vin blanc dans la proportion de cinq à six litres par jour » (103).

La pègre fréquente le cabaret de Paul Niquet dans la rue aux Fèves où, pour cinq centimes, on vous sert, dans un grand verre, l'eau-de-vie maison, « le fil en quatre, le tord-boyau, le casse-poitrine ou le sirop de crapule » (15). Mais le choix est grand parmi les 200 débits de boisson de la capitale et les sous qu'on y laisse sur le comptoir pour le vin rouge ou l'alcool frelaté feront défaut chez le boulanger *.

Les ouvriers célibataires, ceux qui travaillent bien, fréquentent le restaurant. Peut-on nommer ainsi cette salle de la rue de la Mortellerie, au sol boueux où, dès l'entrée, deux bonnes transvasent, de la marmite dans une écuelle de fer, une seringuée de bouillon et un morceau de pain ? Quand « l'assiette » est vide, on y jette un morceau de bœuf que l'on pique avec « une fourchette en fer en public dégraissée sur les lèvres de la servante » (20). Et c'est tout de même un repas à quarante-cinq centimes ! On peut dîner à moins, mais la viande sera plus dure. A sept sous, on trouve seulement de quoi se remplir l'estomac d'une « soupe épaisse, de pommes de terre frites, d'eau et de pain à gogo » (20). Pour trois sous — il est inutile de chercher un traiteur moins cher — la mère Bidoche, près de la fontaine des Innocents, donne encore de quoi tromper sa faim, mais s'il n'y a pas de place à table, il faudra s'installer sur les marches de la fontaine, quel que soit le temps. Que l'on apporte sa miche et son couteau et l'on pourra se nourrir d'un semblant de soupe où nagent quelques choux, puis d'un morceau de bœuf aux haricots noirs. Ce n'est pas si mal pour le prix (16).

Pour un jour de folie, l'ouvrier aisé peut s'offrir un repas chez Katcomb, rue Neuve-des-Petits-Champs. Là, pas de carte, on entre, on paie ses vingt sous et l'on attend patiemment qu'une femme dresse, sur la table où restent les miettes du repas précédent, le couvert, un pichet de bière et un morceau de pain. Au fond de la salle officie l'énorme Katcomb qui coupe sans cesse, dans de grosses pièces de viande, des tranches de bœuf et de mouton qu'il sert avec des pommes de terre. Il ne faut rien exiger d'autre, il n'y a que cela, mais quelle viande ! Et c'est aussi l'occasion d'entrevoir du beau monde qui vient s'encanailler dans un restaurant à prix réduit car, curieusement, Katcomb est à la mode (16).

Le bourgeois de la monarchie de Juillet dîne assez peu au-dehors mais si l'envie lui prend de délaisser pour un soir la salle à manger familiale, il n'a que l'embarras du choix. Dans la rue Montorgueil, en

* Dans une intéressante étude, J.-P. Aron s'est penché sur les restaurants de Paris au XIXe siècle. Nous lui ferons ici quelques emprunts.

plein marché de la marée, le célèbre Rocher de Cancale accueille la fine fleur de la diplomatie et des étrangers de passage : les huîtres y sont exquises et l'addition salée. Il y a encore beaucoup d'autres restaurants dans les Halles que les bourgeois gagnent en frissonnant délicieusement de peur par les ruelles mal famées. On vient se frotter au prolétariat qui, lui, reste dans la rue, car il faut de l'argent pour s'asseoir à ces tables. Nerval le sait et le dit : « ... L'usage est d'y demander des huîtres d'Ostende avec un petit ragoût d'échalotes découpées dans du vinaigre et poivrées, dont on arrose légèrement lesdites huîtres. Ensuite, c'est la soupe à l'oignon qui s'exécute admirablement à la Halle et dans laquelle les raffinés servent du parmesan râpé. Ajoutez à cela un perdreau ou quelque poisson qu'on obtient naturellement de première main, du bordeaux, du dessert de fruit premier choix, et vous conviendrez qu'on soupe fort bien à la Halle. C'est une affaire de sept francs par personne environ » (20). Sept francs alors que le manœuvre gagne à peine un franc cinquante pour une journée de travail épuisant.

Dans les quartiers plus élégants lancés par la mode et la spéculation immobilière, les restaurants se sont groupés ; il n'y a que quelques pas à faire au sortir d'un déjeuner au café Hardy, rue Lafitte, pour dîner au café Riche rue Le Peletier. Les jours suivants, si l'on a encore bourse pleine, rien n'empêche de faire bombance au café de Paris rue Taitbout ou au café Anglais rue de Marivaux.

En flânant le long des boulevards, on a l'eau à la bouche rien que de passer devant le restaurant lyonnais, le Cadran bleu et surtout Chevet, le grand Chevet, qui ne résistera pas à l'épidémie.

Le Palais-Royal, autrefois si recherché, a perdu de sa réputation et de sa qualité mais les Frères Provençaux restent un des hauts lieux de la gastronomie de même que Véfour qui maintient ses mérites et ses prix.

La bourgeoisie louis-philipparde a un bon coup de fourchette et s'empiffre même volontiers. Mais le repas le plus extravagant, véritable insulte aux pauvres gens, fut celui que commanda le vicomte de Viel-Castel. Il « paria d'expédier en cent vingt minutes un dîner de cinq cents francs (revenu annuel d'un travailleur moyen). Au café de Paris, à sept heures précises, on lui servit d'abord deux douzaines d'huîtres d'Ostende, si vite avalées qu'il en reprit autant, décontracté, arrosant l'ensemble d'une bouteille de Johannisberg. Les huîtres ne comptent pas. Le dîner commence avec le potage : ici de nids d'hirondelles. Entraîné par sa fougue, en extra, le vicomte commanda un bifteck aux pommes de terre qu'il dévora. Ensuite le menu déroula son cortège ordinaire : une splendide féra du lac de Genève, qu'il mangea jusqu'aux arêtes ; un énorme faisan bourré de truffes ; un salmis de dix ortolans dont il ne fit que dix bouchées ; des asperges, des petits pois. Les desserts furent simples : un ananas et des fraises. Avec le relevé et l'entrée, Viel-Castel but deux bouteilles de bordeaux ; une bouteille de constance avec le rôt et de xérès avec les desserts. Naturellement, des liqueurs après le café. Il paya 518,50 francs, dépassant à peine ses prévisions, et, frais comme une rose, à neuf heures, s'en alla » (20).

Il y a loin de ce festin à la soupe aux choux de la mère Bidoche.

Mis à part une petite fraction de privilégiés, Paris est donc sous-alimenté et les conditions biologiques de ses habitants sont telles qu'il est mal armé pour faire face à une épidémie.

Qu'en est-il de l'eau, véhicule de tant de maladies ?

L'eau qui s'en vient

« Je voudrais faire quelque chose pour les Parisiens — Donnez-leur de l'eau. » Tel est le bref dialogue qui se serait échangé naguère entre Napoléon et son ministre de l'Intérieur Chaptal. Les ministres se suivent et l'idée demeure. En avril 1806, c'est Cretet qui est à l'Intérieur et qui reçoit cette lettre signée de la main de l'Empereur : « Monsieur Cretet, le but auquel je veux arriver est que les 56 fontaines de Paris coulent nuit et jour et que chacun puisse en prendre autant qu'il en veut ; que les autres fontaines qui existent à Paris soient le plus tôt possible mises en état de fournir l'eau » (85). Elles le seront en moins de trois mois.

Un an plus tard, Napoléon s'en prend au préfet de la Seine Frochot : « Nous donnons 18 000 muids d'eau, est-ce le maximum ? — On peut porter la distribution à 24 000 muids. — Qu'en coûterait-il par jour ? — Deux cents francs. — Je veux 24 000 muids. — Votre Majesté fixe pour les donner une date ? — Ce soir. » Or 24 000 muids, c'est-à-dire 6 432 000 litres, cela représentait, en estimant la population à 600 000 habitants, 10,72 litres par personne et par jour *.

* En 1980, en estimant la population parisienne à 4 000 000, habitants ou hôtes de passage, en additionnant les eaux potables et non potables, les services techniques des eaux de la ville de Paris fournissent environ 307 litres par personne.

En 1832, la population a augmenté et, malgré de nouvelles adductions, pour la plupart d'origine impériale, le Parisien n'a plus, en moyenne, que 7 litres quotidiens.

Il boit l'eau du canal de l'Ourcq ou du bassin de la Villette, l'eau de la Seine et l'eau des puits.

Le canal de l'Ourcq, qui prend les eaux de cette rivière à Port-aux-Perches, les amène, après un trajet navigable de 107 kilomètres, jalonné de 15 écluses, dans la bassin de la Villette. Celui-ci, épanouissement du canal, s'étend sur 800 mètres de long et 80 mètres de large. C'est de là que, au milieu des bateaux, des péniches, des barques à joutes, des résidus de guinguettes, prennent naissance deux canalisations en fonte : l'aqueduc de ceinture et la galerie Saint-Antoine. L'aqueduc de ceinture longe le nord de Paris jusqu'au réservoir de Monceau et envoie trois galeries qui, par subdivision, alimentent une grande partie des bornes-fontaines ; la galerie Saint-Antoine descend le long du faubourg du même nom, passe sous le pont d'Austerlitz et se termine au réservoir Saint-Victor.

Tout ce réseau intra-muros qui fournit à Paris les quatre cinquièmes de son eau ne mesure pas plus de 39 kilomètres. Cependant, la commission de 1834 dans son « Rapport sur la marche et les effets du choléra morbus » semblera satisfaite de « ces conduits souterrains dont les rameaux nombreux viennent alimenter les nouvelles fontaines construites depuis vingt ans sur les places et dans les marchés et celles, en plus grand nombre, qui sont placées de distance en distance sur la voie publique... » (5). En plus grand nombre ! 217 bornes-fontaines, pas une de plus, au débit irrégulier, souvent insuffisant, pour les quatre cinquièmes de Paris, en gros pour 600 000 habitants. Il est vrai que l'eau de l'Ourcq monte jusqu'aux étages inférieurs dans quelques quartiers mais beaucoup d'immeubles ne sont pas encore dotés de l'eau à domicile. La plupart des gens sont obligés d'attendre leur tour devant le mince filet qui ne coule même pas dans toutes les rues. L'eau de l'Ourcq est gratuite et, cependant, le Parisien s'en méfie. « Ça boit de l'eau de l'Ourcq aux tuyaux de la ville, parce que l'eau de la Seine est trop chère... », écrira Balzac dans *La Cousine Bette* (23).

Il y a un préjugé contre cette eau nouvelle et la population préfère souvent se servir dans la bonne vieille Seine. C'est évidemment la solution la plus simple pour ceux qui habitent dans ses environs. Ils semblent oublier que soixante égouts s'y déversent durant la traversée de Paris. Cela fait longtemps déjà que l'homme s'est ingénié à y puiser à l'aide d'étranges engins. Depuis 1671, sous la troisième arche du pont Notre-Dame, un groupe de machines appelé la pompe Notre-Dame aspire encore, malgré son grand âge, ses 900 mètres cubes par jour. Heureusement l'Hôtel-Dieu a ses propres pompes comme s'il fallait une boisson spéciale pour les malades : elles sont établies sur le petit bras à un endroit où s'abouchent quatre égouts et où se déversent les latrines de l'hôpital. Parent-Duchatelet écrit que « l'eau qui vient aux robinets de l'Hôtel-Dieu a une odeur de vase, une couleur noirâtre et une saveur repoussante. Lorsque les grands orages de l'été remuent l'eau, la Seine devient absolument noire et reste trouble jusqu'à Saint-Denis » (103).

Une machine à vapeur — c'est le progrès — la « pompe à feu » de Chaillot, fait monter l'eau de la Seine jusqu'au sommet de la colline pour la répartir du riche faubourg Saint-Honoré au faubourg Saint-Antoine. Hélas, la prise, au milieu du fleuve, a été installée à cinquante mètres de la sortie du grand égout qui dessert presque toute la rive droite. Mais on n'y regarde pas de si près. L'entreprise privée, créée par les frères Perier et cautionnée par Beaumarchais, fit de confortables bénéfices grâce à sa distribution dans les immeubles, chez les particuliers et à des bornes-fontaines réservées à certains porteurs d'eau moyennant abonnement.

On ne pouvait oublier la rive gauche où l'on monta, quelques années plus tard, la pompe à feu du Gros-Caillou. Puisque tout le monde semblait satisfait des services rendus par la précédente baptisée Augustine, on installa la cadette, Constantine, en face de son aînée afin qu'elle pût s'alimenter à la même source. Ainsi tout Paris profita-t-il de ses égouts (26).

En ces débuts de la monarchie de Juillet, ils sont 1 200 Auvergnats, Savoyards ou Piémontais à être montés à Paris pour exercer le métier faiblement lucratif de porteur d'eau. Le porteur à la sangle tient ses deux seaux par une bretelle qui passe sur la nuque ou une sorte de joug et ces seaux sont maintenus écartés des jambes par une espèce de cerceau. Le prix du matériel ne coûte que dix francs et chacun peut se faire une pratique dans la mesure où la corporation, bien organisée, l'admet : une clientèle vaut dans les cinquante francs (11). La contenance des deux seaux, de vingt à vingt-cinq litres, se vend six liards au particulier, c'est-à-dire un sou et demi : il ne faut pas traîner pour gagner sa vie. Le porteur au tonneau, mieux équipé, peut élargir le champ de ses abonnés mais il lui faut diverses autorisations du commissariat et de la préfecture qui ne sont délivrées que moyennant finances. La tonne elle-même dépasse cent francs à l'achat et, si elle est tirée par un cheval, l'investissement devient lourd (11). A la sangle ou au tonneau, l'homme doit monter ses seaux dans les étages. Une robuste nature est nécessaire pour exercer ce métier ; être fort en gueule, de surcroît, ne nuit pas car la concurrence est rude aux fontaines et il est rare que le professionnel attende patiemment qu'un bourgeois ou un domestique ait rempli son broc. Il faut, selon le règlement, que l'eau de la Seine soit prise claire : en effet, pour les autorités, sa limpidité sans dépôts organiques ou minéraux est le garant de sa qualité. Les porteurs à la tonne ne s'en soucient guère : ils entrent dans le fleuve avec cheval, baquet et tonneau en brassant la vase et remplissent leur récipient. Ils feignent d'ignorer, de même, l'interdiction de prélèvement les jours d'orage où la Seine est épaisse et ceux où l'on cure un égout (26).

Qui penserait trouver mieux au fond des puits se tromperait. On en a foré de vingt-cinq à trente mille dans la capitale au long des siècles. Par malheur, ceux de la rive droite trouvent l'eau à quatre ou cinq mètres et ceux de la rive gauche à six ou dix mètres ; ce n'est que la nappe superficielle d'infiltration de la Seine. Ajoutons qu'elle est encore polluée par les boues noires du pavé, les fuites des fosses d'aisances et les souillures des cimetières. « Vers la fin du Second Empire, on [s'apercevra] que les puits situés au voisinage des cimetières étaient contaminés. Au Père-Lachaise, dit l'ingénieur Belgrand, les morts étaient enterrés dans la nappe d'eau des marnes vertes avant les travaux de drainage effectués vers 1862. A cette époque, la fosse commune se remplissait, pendant la nuit, d'une eau chargée de matières grasses facilement reconnaissables aux irisations qui couvraient toute la surface du liquide qu'on épuisait pour faire les inhumations de jour. Lourdes et denses, les eaux malsaines des puits de Paris étaient impropres à la cuisson des légumes et au savonnage... » (67). Il est vrai que le Père-Lachaise est hors des barrières en 1832 et que ce sont les banlieusards qui bénéficient de ces agréments.

Voilà pour les eaux de table ! Qu'en est-il de l'hygiène du corps ?

Les Parisiens peuvent se laver dans l'une des 2 374 baignoires fixes que leur offrent 78 établissements de bains alimentés par l'Ourcq. 58 d'entre eux livrent aussi à domicile des baignoires de cuivre et de l'eau chaude : il en coûte évidemment plus cher. Ce procédé a été critiqué comme ne convenant « ni aux gens aisés ni à ceux qui ne le sont pas. Les premiers se servent toujours de baignoires de cuivre et font chauffer l'eau de leur appartement ; les autres se passent fort bien de baignoires de cuivre dont le prix n'est pas toujours à leur portée. D'ailleurs, ajoute Cabanès, la propreté n'y est pas toujours observée et le drap qui doit garnir la baignoire manque souvent aux personnes peu favorisées par la fortune » (33).

D'autres entreprises, les bains sur bateaux, utilisent l'eau de la Seine : 45 baignoires aux bains Poithevin sur le quai d'Orsay, 118 au-dessus du pont Royal, 108 contre le terre-plein du Pont-Neuf, 54 au-dessous du pont Marie pour les habitants de l'île Saint-Louis et 10 au débouché du pont au Change affectées spécialement à l'usage des israélites. Enfin l'hôpital Saint-Louis réserve 72 baignoires pour les malades et les indigents.

Pour les bains froids, 22 établissements couverts (16 pour les hommes, 6 pour les femmes) et 3 écoles de natation jalonnent le fleuve (52).

Un bain chaud coûte au moins soixante-quinze centimes, parfois un franc et, pour qui recherche le luxe, trois maisons le proposent jusqu'à deux francs. Il convient de rappeler, par référence, le prix du pain de quatre livres déjà si cher pour l'ouvrier : quinze sous !

Lorsque l'agaçante Mme Trollope, Anglaise de passage à Paris, écrit qu'à Londres l'eau monte jusqu'au troisième étage, elle a raison, mais on voit bien qu'elle n'est pas dans la gêne lorsqu'elle signale, dans notre capitale, le « bon marché des bains publics et la facilité avec laquelle on y arrive » (110). Le Parisien, avec ses sept litres d'eau par jour, fait piètre figure à côté du Londonien qui dispose de soixante-deux litres. Cette inégalité expliquera peut-être partiellement la différence de gravité de l'épidémie entre les deux villes.

L'eau qui s'en va

Paris est acceptable quand il fait soleil, mais le mauvais temps le transforme en bourbier. Et il pleut souvent, surtout depuis trois ans ! Aurait-on déjà oublié qu'en 1829, 1830 et 1831, il y eut quatre cent soixante-dix-huit jours de pluie, presque un jour sur deux, ce qui représenta 184 centimètres de précipitation ? L'an dernier, il est même « tombé quatre litres par mètre et par jour pendant vingt et quarante jours » (5). Ces années humides ne sont pas de bon augure pour l'épidémie qui s'annonce.

Quand il pleut sur les toits de Paris, l'eau tombe en rideau devant les façades de bien des immeubles vétustes. Les gouttières et tuyaux de descente ne se voient que sur les bâtiments de construction récente. Parfois, comme dans la rue de Castiglione, les chéneaux crachent sur les passants, au travers des gargouilles : « Le chéneau est ce canal de pierre qui, dans ce temps [1575], se trouvait au bas des toits pour recevoir les eaux et, percé de distance en distance par ces longues gouttières taillées en forme d'animaux fantastiques à gueules béantes » (23, *Sur Catherine de Médicis*). Le préfet de police Gisquet vient de rendre obligatoire par une ordonnance du 30 novembre 1831, la pose de gouttières et descentes sur toutes les maisons (53). Les propriétaires tardant à engager les frais, Gisquet finira par leur accorder un délai jusqu'au 1er décembre 1832.

La rue est mal pavée : de grosses pierres bossues, insuffisamment jointes, laissent, dans les interstices, apparaître la terre à laquelle se mélangent toutes les immondices que la voirie ne peut enlever. L'averse transforme la chaussée en un lac de boue noirâtre qui, dans les rues étroites, va stagner, entretenant une humidité perpétuelle. Les gens de qualité, sans souci pour ceux qui vont à pied, font jeter, devant leur demeure, de la paille qui atténue les bruits de la circulation, mais vient épaissir la gadoue (95).

Paradoxalement, les fontaines apportent aussi leur contribution à cette saleté : « A dix pieds de la porte Saint-Denis, on laisse, depuis cinquante ans, une fontaine uniquement destinée à vendre de l'eau. C'est un affreux marais, infranchissable par tous les temps, qui fait de la crotte à vingt mètres à la ronde et qui déshonore ce coin » (23 *Histoire et physiologie des boulevards de Paris*).

Les trottoirs sont rares (16 kilomètres pour 720 kilomètres de rues) et le piéton n'est protégé que par des bornes qui, de loin en loin, écartent les voitures des façades. Rasant les murs, douché par l'eau des toitures, pataugeant dans une fange fétide, ainsi va, envié par la terre entière, l'habitant de la plus belle ville du monde ! Il lui reste, heureusement, les passages, créés surtout du côté des Boulevards où, sur un sol propre, sans risque de se faire écraser, abrité des intempéries par une verrière, il peut flâner à son aise devant des boutiques de luxe (65).

La chaussée est concave, parcourue dans son mitan par un caniveau axial qui recueille les eaux fluviales et les eaux ménagères, réunion des ruisseaux des cours et des allées d'immeubles. Ce caniveau, baptisé « ruisseau de Paris », déverse son contenu dans l'égout au travers de bouches grillées de fer qui s'ouvrent à intervalles sur son trajet ; pièges redoutables pour les sabots des chevaux qui y dérapent souvent. Le mince filet des jours d'été gonfle après les orages, s'enfle encore du reflux des égouts insuffisants et il faut, pour le traverser, les épaules solides d'un homme de peine ou la planche que le débrouillard installe pour gagner quelques sous.

La Seine aussi quitte son lit par mauvais temps. « On la voit encore quand elle s'élève à cinq mètres au-dessus de zéro du pont de la Tournelle, se répandre sur le port au blé, pénétrer dans les maisons de la rue de la Mortellerie, et forcer leurs malheureux habitants à se réfugier dans les étages supérieurs » (5).

Il en va de même pour les places et Mme Trollope — encore elle — en bonne Londonnienne qui ne craint pas les intempéries, est à l'affût de toutes les carences de la ville : « La semaine dernière, après une heure ou deux d'une très forte pluie, la partie de la place Louis-XV * qui est près des Champs-Élysées demeura couverte d'eau ; la direction de la petite voirie, après avoir attendu un jour ou deux pour voir ce qui arriverait, s'étant aperçue que la boueuse mare ne disparaissait point, fit appeler vingt-six hommes vigoureux qui se mirent à creuser une rigole, comme celle que les petits garçons s'amusent à faire près d'un vivier. Grâce à cette manœuvre si heureusement imaginée, l'eau stagnante fut enfin conduite à l'égout le plus voisin ; après quoi les travailleurs se retirèrent, leurs bêches sur l'épaule et le canal, boueux mais sec, resta pour orner cette place magnifique... ».

Si l'on veut voir encore de l'eau dans la capitale, il suffit de suivre la Bièvre ! La rivière naît près d'un petit village qui porte son nom, aux environs de Versailles, puis elle fait un long et joli détour par les villages de Buc, Jouy, Verrières, Antony, Fresnes. Son cours est paisible, riant, bordé de saules. Son murmure fait place à un ruissellement plus fort vers Bourg-la-Reine puis Cachan, Arcueil et Gentilly car elle se grossit de petits affluents et elle s'épanouit avant le mur des Fermiers généraux qu'elle traverse entre les barrières de la Glacière et de la Santé. Calme et propre, elle a fait tourner quelques moulins et les blanchisseuses ont lavé leur linge sur ses rives. Mais voici qu'elle entre dans Paris : dès lors, c'en est fini du frais ruisseau qui, sur 8 kilomètres de long, va devenir un cloaque pestilentiel. La commission de salubrité du XIIe arrondissement a même déclaré que parmi « des enfants qui y sont tombés et quoique retirés à l'instant, plusieurs sont morts empoisonnés par la vase infecte qui les couvrait » (1). On ne s'en étonne plus quand on sait de quels résidus de fabri-

* Devenue, en 1830, place de la Concorde.

ques ou autres établissements elle hérite sur son parcours. Voici ce que Janin écrira bientôt sur la Bièvre — la citation est un peu longue mais ne saurait être résumée : « D'abord, à Croulebarbe, une fonderie et une féculerie ; arrivent ensuite la manufacture des Gobelins, deux tanneries, un atelier de teinture, des voiries de chaque côté des deux rives, des lavoirs et des baquets de blanchisseuses ; voici encore un tanneur ; à côté du tanneur, un hongroyeur ; le moulin Fidèle broie les couleurs ; sans compter un mégissier, un amidonnier et quatre autres mégissiers. Mais comment vous dire tout le travail de cet infatigable filet d'eau et toutes les fortunes qu'il représente ? Fabrique de carton, filature, papeterie, fabrique de mottes, bois de teinture, blanchisseuses, quatre mégissiers, trois tanneurs ; voilà seulement pour la rive gauche. » Abrégeons car il y a plus d'industries encore sur la rive droite avec, en supplément, cinq hôpitaux, quatre casernes, et la prison Sainte-Pélagie. Et pour ajouter encore à tout cela, arrive l'égout de l'abattoir de Ville-Juif, et ce qui vous donnera une idée très juste de cet égout, qu'on appelle Bièvre, c'est que l'eau de l'égout de l'abattoir de Ville-Juif contribue à l'épurer... La rivière de Bièvre nous conduit, par la pente même de son onde empestée, à un autre foyer d'infection ; il s'agit cette fois des salles de dissection, espèces de voiries scientifiques dont le nom seul est une terreur... « Actuellement, on est arrivé aux amphithéâtres réglés de la Pitié, de la faculté de médecine, de Bicêtre, de la Salpêtrière, de Saint-Louis, de Beaujon, de Saint-Antoine, de la Charité, des Enfants et de la Maternité ; la faculté de l'École de médecine dissèque par an trente mille cadavres, la Pitié en consomme quatorze cents ! » (69).

L'eau qui s'en va, ce sont aussi les égouts. Pour les 29 000 demeures qui s'alignent au long des 720 kilomètres de rues centrées par le petit ruisseau axial, pour les 785 862 habitants de la capitale, il a été créé, jusqu'à ce jour, 40 kilomètres et 302 mètres d'égouts *. Les avertissements n'ont pas manqué cependant. Déjà, en 1824, Parent-Duchatelet lançait un cri d'alarme dans un ouvrage intitulé *Essai sur les cloaques ou égouts de la ville de Paris* : « Paris, par sa position dans une vallée presque horizontale qui permet avec peine l'écoulement des eaux, avait plus besoin qu'une autre ville d'un système d'égouts bien entendu. L'accroissement prodigieux de la population en fit successivement construire dont le hasard, plutôt que le calcul, indiqua la direction » (41).

* A titre indicatif, la longueur du réseau, en 1980, est de 2 100 kilomètres.

Or de 1824 à 1832, 11 kilomètres seulement ont été creusés. Pour ceux-ci, du moins, on sait où ils se trouvent ; pour les plus anciens, le tracé en est si incertain que de grandes difficultés apparaissent quand il s'agit de les curer : Paris n'en possède pas de plan.

Sur la rive droite, le grand égout de ceinture emprunte le lit du ru de Ménilmontant qui coule rue Richer et rue de Provence ; il reçoit quelques ruisselets des buttes de Belleville et de Ménilmontant et se jette dans la Seine à l'Alma ; il draine les eaux usées de la partie comprise entre le mur des Fermiers généraux et la rue de Rivoli. Vingt-et-un autres égouts nettoient encore la rive droite et aboutissent aussi à la Seine : les principaux sont celui de l'abattoir de Popincourt, celui du Petit-Musc, celui de la Grève, de la rue de la Tannerie, l'égout Traversière qui coule à ciel ouvert dans le faubourg Saint-Antoine et surtout l'abominable égout Amelot.

Sur la rive gauche, 24 collecteurs pour les Xe et XIe arrondissements ; quant au XIIe, c'est la Bièvre qui pourvoit à son assainissement.

Chacun a ses particularités et ses odeurs. L'odeur tout simplement fade est celle des égouts propres, bien tenus ; celui qui traverse la Salpêtrière a une odeur ammoniacale très forte qui évoque les fosses d'aisances ; la Bièvre sent le tan déversé sur son parcours ; ceux qui sentent l'hydrogène sulfuré sont les plus mal entretenus et les ouvriers qui y travaillent courent de réels dangers ; d'autres ont une odeur putride après avoir traversé les abattoirs ; enfin l'égout Amelot exhale une senteur de vacherie et d'urine captée chez les nourrisseurs du quartier. Parmi toutes ces fragrances, la palme revient au grand égout de ceinture, ce qui se comprend sans peine lorsqu'on visite la voirie de Montfaucon (69).

Leur pente est trop faible ; le courant d'eau n'est donc pas suffisant pour chasser les vases qui s'accumulent sur le radier. Le curage finit par s'imposer ; c'est une tâche pénible pour le malheureux qui, armé d'une planche au bout d'un long manche, doit repousser toute cette boue fétide jusqu'au déversoir. L'opération est relativement aisée pour les conduits surveillés mais elle peut devenir périlleuse lorsque l'entretien a été négligé depuis longtemps. Ce fut le cas de l'égout Amelot qu'on avait renoncé à dégorger après que plusieurs ouvriers y eurent péri par asphyxie. Le quartier en était empuanti mais on ne se décida à prendre des mesures efficaces que lorsque les eaux nauséabondes montèrent et envahirent les maisons du voisinage. En 1826, le nettoyage du grand égout dura six mois : on en retira 6 430 tombereaux de matières molles ou solides.

Ces opérations, pour nécessaires qu'elle soient, ne sont pas toujours du goût du public. Un bon moyen pour éliminer les vases est d'établir, de distance en distance, des barrages qui retiennent l'eau en quantité suffisante pour obtenir, à leur levée, un effet de chasse. Mais aussi pourquoi faire cela en plein jour, au moment où les gens viennent puiser dans la Seine ? La nuit serait plus propice. Et pourquoi toujours choisir l'été au moment où les eaux sont basses et où le courant fluvial n'est pas assez puissant pour entraîner ces boues * ?

Le règne de l'insalubrité

Le Paris de ce début de 1832 n'est donc pas toujours séduisant et pourtant il faut bien le voir tel qu'il est, sans complaisance : ses rues misérables, ses taudis, son prolétariat mal nourri, ses eaux polluées, son pavé boueux, ses égouts insuffisants et embourbés sont autant de facteurs qui risquent de faire le lit de l'épidémie. Et le fond de la répugnance n'est pas atteint. Quand la Commission de salubrité du XIIe arrondissement se plaint que l'on élève des lapins et des poules dans presque toutes les maisons de la rue du Marché-aux-Chevaux, de la rue de l'Essai ou que l'on ait implanté un poulailler de cent volatiles dans la Boulangerie générale des hospices, c'est, avant tout, parce que l'on ne prend pas le soin de les nettoyer, que les immondices s'accumulent dans les cages et les fumiers sur les pavés. Les rognures de légumes, les têtes de poissons, les entrailles d'animaux jonchent longtemps le sol des marchés et les monceaux d'ordures stagnent tard devant les immeubles répandant une odeur désagréable avant d'être enlevés par les éboueurs et transportés à Vincennes, Montrouge et Clichy. Avec la boue noire des chaussées, ce sont quatre cents à cinq cents mètres cubes par jour qu'il faut dégager. On en transporte un peu à la voirie de la Pologne, à celle de Ménilmontant, à Montreuil. Des maisons voisines de ces dépôts d'immondices montent des réclamations. A Montreuil, par exemple, la couche s'élève à quatre ou cinq mètres au-dessus du niveau de la route et fermente les jours d'orage : comment « les restaurateurs, gargotiers et marchands de vin qui se trouvent en grand nombre dans les environs » ne se plaindraient-ils pas ? (41).

Les passants ne trouvant pas d'urinoirs publics pour satisfaire leurs

* *Le Journal des débats*, 10 août 1832.

besoins pressants, se soulagent contre les murs ; aussi des flaques nauséabondes s'étalent-elles sur les trottoirs.

On utilise encore le « tout à la rue » pour l'évacuation des eaux usées, ménagères ou de toilette et au cri de « gare l'eau ! » il vaut mieux se ranger vite car, aussitôt, d'une porte ou d'une fenêtre jaillit le contenu d'une bassine quand ce n'est pas celui d'un récipient plus intime. Parfois les gouttières recueillent d'autres liquides que la pluie « même dans un quartier aussi élégant que celui des Tuileries, où tel prince [peut] voir, chaque matin, la voisine d'en face se débarrasser ainsi du contenu d'un pot de chambre... » (115). Il n'y a pas si longtemps — mais on n'arrête pas le progrès — qu'un bon nombre d'immeubles sont pourvus de plombs, sortes de cuvettes placées dans les escaliers, à chaque étage. Chacun vient y vider ses eaux sales qui, par le tuyau de descente, vont grossir le ruisseau central de la rue. Quand, par malheur, le conduit se bouche, c'est par les marches que se déverse la cascade.

Il faut bien en venir, à présent, aux matières excrémentielles puisqu'elles sont un agent essentiel de propagation du choléra. Est-il concevable qu'en 1832 il y ait encore des maisons à Paris qui n'aient pas de latrines et où le « tout à la rue » vaut en effet pour le « tout » ? Que dire aussi des installations de la fameuse Boulangerie générale des hospices où l'on pourrait presque parler de feuillées : « baraques sans croisées, elles ont pour siège une large poutre à demi pourrie et répandent une odeur horrible » (1). Si certains bâtiments sont bien tenus, beaucoup d'autres sont encore conformes à la description que fit Sébastien Mercier en 1783 dans son *Tableau de Paris :* « Les trois quarts des latrines sont sales, horribles, dégoûtantes ; les Parisiens, à cet égard, ont l'œil et l'odorat accoutumés à ces saletés. Les architectes, gênés par l'étroit emplacement des maisons, ont jeté leurs tuyaux au hasard et rien ne doit plus étonner l'étranger que de voir un amphithéâtre de latrines perchées les unes sur les autres, contiguës aux escaliers et exhalant de toutes parts l'odeur la plus immonde. Les tuyaux s'engorgent facilement ; on ne les débouche pas, les matières fécales s'amoncellent en colonne, s'approchent du siège d'aisances ; le tuyau surchargé crève ; la maison est inondée, l'infection se répand, mais personne ne déserte. »

Heureux les locataires qui disposent d'un cabinet par étage ; la plupart des immeubles n'en offrent qu'un seul dans la cour. Les matières sont recueillies dans une fosse d'aisances que l'on se plaît à croire étanche et qui va donc conserver les liquides. Ceux-ci deviennent de plus en plus importants avec le développement des cuvettes à l'anglaise dont la chasse nécessite plus d'eau et la multiplication des bains à domicile dont il faut bien évacuer les eaux souillées. Aussi la vidange des tinettes doit-elle être fréquemment répétée et Parent-Duchatelet, l'hygiéniste du début de ce siècle, envisage-t-il de séparer les parties solides des parties liquides ; il évacuerait ces dernières dans la Seine où elles seraient vite diluées dans le débit du fleuve et se contenterait de vidanger les matières solides (90).

Un anonyme n'hésite pas à soumettre au Conseil de salubrité le projet d'allumer un fourneau dans la fosse afin d'en brûler les gaz et d'éviter ainsi les odeurs nauséabondes de l'opération ; c'est évidemment méconnaître les risques d'explosion.

Un certain G... propose au préfet de police de brancher les tuyaux de descente des latrines sur les égouts, envoyant ainsi directement à la Seine les excréments de près de 800 000 ventres, comme cela se fait à Londres, dans la Tamise. La commission chargée d'étudier cette suggestion rappelle, avec ironie, que la marée ne remonte pas la Seine à Paris pour laver les égouts, que la pente de ceux-ci est trop faible et que l'on ne peut abaisser le niveau de la Seine, que la nappe phréatique est trop proche, etc.

Comme on le voit, l'évacuation des matières fécales agite beaucoup les spécialistes mais, pour le moment, on les soutire encore avec des seaux et des pompes à bras.

Les vidanges sont envoyées à Montfaucon, dépotoir de toutes les déjections de Paris.

Montfaucon est situé au pied des Buttes-Chaumont, dans un quadrilatère délimité par la rue de Meaux, la rue de la Grange-aux-Belles, la rue des Morts et le canal Saint-Martin, à peu près sur l'emplacement de l'ancien gibet. C'est le mariage infâme des bassins de la voirie et des chantiers d'équarrissage. Les vidangeurs de Paris apportent chaque nuit les deux cent trente à deux cent quarante-quatre mètres cubes de leur récolte dans les trente-deux mille mètres carrés des décharges. « Le sol étant perméable, les liquides l'imprègnent et infiltrent les puits du voisinage. Les ruisseaux des boyauderies et le trop-plein du bassin des décharges des vidanges se déversent par une conduite en plomb dans le grand égout, rue des Marais, vis-à-vis de la rue de Lancry : la vanne est ouverte le soir, l'odeur ressort par les grilles d'égout des faubourgs Saint-Martin et Saint-Denis. Les parties liquides des 500 000 tinettes parisiennes sont ainsi rejetées dans la Seine à l'Alma, à cinquante mètres de la prise d'eau de la pompe de

Chaillot », « la pollution fécale peut favoriser l'endémie de fièvre typhoïde qui sévit à Paris » (103). Elle va favoriser bien d'autres drames.

Le chantier d'équarrissage qui s'étend sur douze arpents est composé de deux clos occupant chacun un angle du bassin. Dans le premier, presque princier avec sa cour pavée, sont quelques bâtiments très obscurs (magasins, écuries, fondoirs). En contrebas, deux petites maisons dont l'une est habitée par un boyaudier et l'autre par un ouvrier et sa famille. L'enceinte est construite de telle façon que les débris liquides tombent d'eux-mêmes dans le premier réservoir situé à deux ou trois mètres au-dessous. Dans le second clos, les ouvriers ne sont pas à l'abri des intempéries : seules quelques planches adossées à une vieille muraille les protègent à peine des rigueurs climatiques lorsqu'ils travaillent autour du fondoir, et une baraque délabrée sert d'entrepôt pour les masses musculaires détachées des carcasses. « La cour de l'établissement, pavée en partie, se trouvant au-dessous du sol, les liquides ne peuvent s'en écouler, aussi est-il impossible de se faire une idée de l'horrible saleté qui y règne ; le sang des animaux mêlé à tous les débris menus qui proviennent de leurs intestins est foulé aux pieds et forme, dans les temps humides et pluvieux, une épaisse couche de boue sanguinolente qu'il faut enlever avec la pelle, pour se frayer un chemin vers les différents points où s'exécutent les travaux » (88).

Ici l'on tue, non plus des hommes comme au temps du gibet, mais des chevaux et l'on dépèce. Paris abrite près de vingt mille chevaux. Montfaucon recueille les restes de ceux qui meurent entre ses murs mais il en vient aussi des villages voisins, ce qui fait que, bon an mal an, on y équarrit près de treize mille bêtes. Certaines sont amenées encore vivantes par bandes de quinze ou vingt : ce ne sont pas des animaux vigoureux mais des rosses moribondes qui s'effondrent souvent d'elles-mêmes. C'est un métier sordide mais lucratif que celui d'équarrisseur car rien n'est perdu dans le cheval : la peau part chez les tanneurs de la Bièvre ; le sang engraisse la volaille, surtout les dindons ; la chair nourrit les animaux du Muséum d'histoire naturelle, mais on la trouve aussi à la table des équarrisseurs eux-mêmes, dans la gamelle des indigents et dans l'écuelle des chiens ; les boyauderies transforment les intestins en courroies de transmission pour les manufactures ; on fait de la colle forte avec les tendons ; l'huile soutirée de la graisse est utilisée par les émailleurs, les confectionneurs de perles, les bourreliers et les savonniers ; les sabots sont achetés par les fabricants de bleu de Prusse ; les os calcinés et broyés servent d'engrais ; jusqu'aux asticots même qui, engraissés par la pourriture, font la joie des pêcheurs en Seine. Près du premier enclos est une chambre où la police apporte les chiens et les chats crevés ramassés par les chiffonniers : vingt-cinq à trente mille y sont traités chaque année pour leur peau et leur graisse mais il en est certains qui sont parés de telle façon qu'on peut se demander s'ils ne vont pas apparaître sur quelque table de gargotier. En outre, plus de cent mille rats, rongeurs, carnassiers apportent leur contribution au nettoyage des charognes abandonnées dans la cour. Ils grouillent dans les environs et creusent tant de terriers que des murailles s'effondrent et que des buttes s'affaissent. « Que l'on multiplie autant que l'on voudra les degrés de la puanteur en la comparant à celle que chacun de nous a été à même de sentir en passant auprès des cadavres d'animaux en décomposition qu'il aura pu rencontrer et l'on n'aura qu'une faible idée de l'odeur véritablement repoussante qui sort de ce cloaque, le plus infect qu'il soit possible d'imaginer » (88).

C'est une erreur de penser que Montfaucon écarte de son charnier répugnant toute habitation. A côté du bassin de vidange il y a des échoppes de marchands de vin ; des masures d'ouvriers équarrisseurs ou des maisons de patrons se dressent à l'intérieur même du clos ; des plâtriers y habitent aussi. Parent-Duchatelet voulant connaître l'influence que pourraient avoir les émanations putrides sur la qualité et la conservation des aliments se livra à une enquête parmi ces gens. La lecture d'un extrait de son rapport est peu ragoûtante mais évocatrice : « Après la déroute de Waterloo, le nommé Chatenay, membre de la Légion d'honneur, et l'un des vétérans de la garde impériale, ne pouvant plus continuer son service à cause de ses blessures, reprit son ancienne profession de boyaudier et, s'étant marié, vint s'établir dans le clos Dusaussois et y fixer sa demeure ; depuis quinze ans, il ne l'a pas quittée ; ce brave m'a plusieurs fois assuré, avec cette franchise et cette naïveté qui caractérisent les anciens militaires, qu'il connaissait tous les pays de l'Europe, et qu'aucun de ces pays n'était plus salubre que le lieu qu'il habitait, qu'il s'y était toujours bien porté et qu'il y avait élevé plusieurs enfants ; il me dit, en outre, qu'il n'avait jamais vu le lait, la viande, le poisson et les autres substances alimentaires se corrompre chez lui plus facilement et plus promptement qu'ailleurs et que, toutes les semaines, il prenait du bouillon qui était fait depuis trois ou quatre jours. Je n'essaierai pas, ajoute l'auteur, de décrire l'infection qui existe en permanence dans cette demeure, fixée au-dessus de la boyauderie, et immergée, pour ainsi parler, dans des masses énormes de matières animales livrées à tous les genres d'altération et de décomposition » (89).

L'odeur qui flotte sur Montfaucon n'incommode pas seulement le proche voisinage de Belleville mais, du fait de la configuration du terrain et des vents dominants du sud et du sud-ouest, les communes de Pantin et de Romainville en souffrent considérablement. Conséquence attendue : les propriétés de ces deux banlieues perdent de la valeur. Mais quand l'air est calme ou qu'il fait lourd et orageux, les effluves descendent le boulevard du Temple, gagnent le Marais et parviennent même jusqu'aux jardins des Tuileries où ils offensent les narines du roi-citoyen.

Et puis il y a le « nuage » qui couronne Paris, non pas un petit nuage rose mais une sorte de brume bleuâtre, plombée, que Lachaise (cité in 41) a très bien observée : « ... il existe habituellement sur Paris une vapeur très sensible formée par les exhalaisons que fournit la quantité prodigieuse d'hommes et d'animaux qu'il renferme et par l'humidité des boues qui tapissent en tout temps la plupart de ses rues. Cette vapeur habituelle qu'on distingue aisément des buttes Montmartre et Chaumont, pendant la clarté des beaux jours, est d'autant plus forte que les quartiers auxquels elle correspond sont plus peuplés ; ainsi elle forme une espèce de nuage au-dessus des tours de Notre-Dame et de Saint-Jacques-la-Boucherie ; elle est moindre à l'est qui correspond au faubourg Saint-Antoine dont la largeur des rues principales établit de larges courants d'air qui hâtent sa dispersion ; elle est à peine perceptible vers le nord-ouest qui correspond à la Chaussée-d'Antin ; on a donc raison de dire, en style figuré, que la transpiration de Paris est sensible... » Il est bien là ce nuage et il trace, au moins sur la rive droite, la carte de la mortalité du choléra.

Paris est une ville malade qui n'a pas su adapter ses structures urbaines à son expansion démographique. La distance est extrême entre l'indigence et l'opulence ; la majeure partie de la population se trouve plus près de la pauvreté que de la richesse. Misère et insalubrité sont proches parentes et créent, chez l'individu qu'elles accablent, des conditions biologiques telles que sa résistance à l'épidémie va se trouver amoindrie. L'inégalité sociale se traduira, en fin de compte, par une inégalité devant la maladie et devant la mort.

2.

La course et la face hideuse du choléra

Le chaudron de l'Inde

L'Inde des légendes, mystérieuse parce que lointaine, pays des potentats aux immenses richesses, l'Inde qui regorgeait de trésors, le séjour des dieux multiformes, courroucés ou bienveillants, éblouissait, comme un joyau, le rêve oriental des peuples d'Occident. C'est cependant dans cet univers idéalisé qu'allait germer un des plus épouvantables fléaux qui se fussent jamais abattus sur Paris. Car l'Inde, c'était aussi et surtout une terre de misère où l'opulence voisinait avec la plus extrême pauvreté, lot de presque toute sa population. Le dénuement allant souvent de pair avec l'absence d'hygiène, la péninsule constituait un terrain d'élection pour certaines maladies endémiques et spécialement pour le choléra. Il semble que celui-ci ait dévasté l'Asie dès la nuit des temps mais le premier témoignage historique serait un monolithe trouvé dans un temple de Gujrat, à 100 kilomètres au nord de Lahore, dans le Pendjab et qui daterait d'Alexandre le Grand (93). « Les lèvres bleues, le visage hagard, les yeux caves, l'estomac descendu, les membres contractés et comme racornis par le feu, tels sont les symptômes de la grande maladie qui, appelée par la malédiction des prêtres, fond sur les braves et les décime » : voilà la description très suggestive de l'affection et qui la résume parfaitement. Le seul soupçon qui peut naître vient de ce que Gujrat est située dans une région sèche alors que le choléra hante plus volontiers les terrains humides. Mais on ne peut mettre en doute les observations similaires des médecins qui fréquentent le comptoir de Goa, sur la côte orientale, au XVIe siècle, après son annexion par le Portugal (24).

En fait, les principaux foyers où sévissait le choléra se situaient d'une part, sur la bande côtière humide de l'océan Indien, là où la France allait installer ses comptoirs — Karikal, Pondichéry, Yanaon — et, d'autre part, dans la vaste plaine alluviale, marécageuse et malsaine représentée par le delta du Gange et du Brahmapoutre. Les divinités malfaisantes de l'Inde semblent s'être complues à réunir dans le domaine gangétique les conditions climatiques de grande pluviosité, le type de terrain naturel assez fertile et, par conséquent, les fortes densités de population, toutes conditions favorables au développement de la maladie. C'est encore dans le delta que s'implanta Calcutta et, dans la plaine, Bénarès, deux hauts lieux de pèlerinage.

Deçà delà, on signalait, de temps en temps, des explosions épidémiques limitées, telles celles de la côte de Coromandel de 1772 à 1782, de Hardwar à 150 kilomètres au nord-est de Delhi, au pied des contreforts de l'Himalaya ; il y eut dans cette ville sainte 20 000 victimes en une semaine parmi les fidèles. En mars 1782, la mer était franchie et Ceylan ravagée, puis en 1783, se moquant des frontières créées par l'homme, la maladie gagna la Birmanie. Mais tous ces malheurs frappaient l'humanité si loin de l'Europe que celle-ci s'en désintéressait. Tout au plus, l'Angleterre y prêtait-elle attention quelque temps lorsqu'une de ses garnisons venait à être touchée puis l'affaire retombait dans l'oubli.

Il n'en fut pas tout à fait de même en 1817 (93). Cette année-là, l'Inde, après une longue période de sécheresse, connut des pluies diluviennes et des inondations. La destruction des récoltes dans la région fertile du delta du Gange fut à l'origine de famines qui, jointes aux calamités naturelles, déclenchèrent une poussée inhabituelle de choléra. Celle-ci semble avoir pris naissance dans la ville de Jessore entre Gange et Brahmapoutre. Très vite, son front avança jusqu'à Calcutta où la commission médicale qui y siégeait déclara : « Il est probable qu'il n'existe pas de ville de quelque importance sous le ciel bas et humide du Bengale qui soit, à l'heure actuelle, complètement épargnée. » Mac Namara, un des spécialistes de l'histoire du choléra asiatique, signale qu'« en trois mois, la maladie s'est propagée à l'ensemble de la province du Bengale qui couvre environ 507 000 kilomètres carrés et dans cette vaste zone, aucun village ni aucune ville n'ont été épargnés par cette affection meurtrière ».

Tant que les pèlerinages se faisaient au pas des caravanes et que les traversées maritimes étaient soumises aux caprices des bonaces, l'extension épidémique du choléra restait relativement limitée. Avec l'accélération des moyens de transport, les hommes atteints, vecteurs de la maladie, la propageaient de plus en plus loin. Alors qu'au XVIIIe siècle, les voyageurs mouraient ou guérissaient près de leur point de départ, au XIXe, des malades hautement contagieux répandent leurs miasmes sur de longues distances.

En 1818, le choléra éclata véritablement. Par la vallée du Gange, il gagna à l'ouest Agra et Delhi puis s'étendit plus tard à tout le Pendjab. Vers le sud, on le vit glisser le long de la côte occidentale vers Surat et Bombay. De là, il pénétra largement vers l'intérieur des terres pour atteindre successivement Hyderabad, Bengalore et Seringapatam. De l'autre côté, sur ou près de la côte de Coromandel, Madras, puis Madurai furent envahis. Bref, en 1821, il n'était pas une parcelle de la péninsule indienne qui eût échappé à l'épidémie. Comme en 1783, Ceylan et la Birmanie connurent encore le choléra mais la virulence fut telle, cette fois, qu'il descendit jusqu'à Malacca et Singapour puis s'infiltra dans Java, décimée au sens strict du terme (400 000 morts sur 4 000 000 d'hommes) et Bornéo.

Infectées par les voies maritimes, les Moluques et les Philippines eurent aussi leurs heures de souffrance.

La Chine, familière des épidémies, dut au trafic commercial du port de Canton d'être à nouveau la proie du fléau qui la submergea tout entière de 1820 à 1824 ; quant au Japon, la maladie qui passa de Java à Nagasaki fut pour lui une première.

Un malheureux corps expéditionnaire britannique, parti de l'Inde pour réprimer le trafic d'esclaves en Arabie, fut à l'origine d'une extraordinaire dissémination du choléra dans presque tout le Moyen-Orient à partir de la ville de Mascate. De la péninsule arabique, la maladie gagna Bushir sur la rive orientale du golfe Persique et, de là, Chiraz, Téhéran et toute la Perse. Dans le fond de ce même golfe Persique, le port de Bassorah, où la population fut rudement éprouvée, ouvrait la voie du Tigre et de l'Euphrate et par là même la route de Bagdad. Plus au nord, la barrière du Caucase retint peut-être la contagion à Tiflis mais au nord de la Caspienne, à Astrakhan, aux portes de la Russie, ce fut bien la rigueur de l'hiver 1823-1824 qui arrêta le désastre.

Dans un bref passage, les *Mémoires d'outre-tombe* (39) témoignent de l'erreur ou de la mauvaise foi de Chateaubriand : « Le choléra, sorti du delta du Gange en 1817, s'est propagé dans un espace de deux mille cent lieues du nord au sud et de trois mille cinq cents de l'orient à l'occident : il a désolé quatorze cents villes, moissonné quarante millions d'individus. On a une carte de la marche de ce conquérant. Il a mis quinze années à venir de l'Inde à Paris : c'est aller aussi vite que Bonaparte : celui-ci employa à peu près le même nombre d'années à passer de Cadix à Moscou et il n'a fait périr que deux ou trois millions d'hommes. » Pardonnons-lui l'erreur des quarante millions de morts ; elle est par défaut car l'effrayante réalité est de cinquante millions. Mais la petite tricherie consiste à sous-entendre que les gouvernements avaient eu largement le temps de se préparer à l'invasion épidémique de la France depuis 1817.

Il est vrai, à la décharge de Chateaubriand, que le très officiel « Rapport sur la marche et les effets du choléra-morbus *... » établi par la commission de 1834 tendrait à démontrer que l'évolution du choléra s'est faite d'une seule tenue à partir de 1817 jusqu'à son arrivée à Paris.

La vérité est que la première pandémie cessa en 1824 et que le mal reprit son caractère endémique habituel dans la province du Bengale.

La course du choléra

Le feu couvait sous la cendre. Il se ranime au Bengale en 1826 et l'affection reconnaît ses voies traditionnelles : la vallée du Gange, Delhi et en 1827, l'ensemble du Pendjab. A partir d'ici, l'itinéraire diffère de celui de la première pandémie car il se faufile par la passe de Khaybar, de tout temps empruntée par les invasions ou les caravanes et, atteignant Kaboul, se trouve au cœur de l'Afghanistan. La Perse, voisine, est de nouveau envahie à partir de Mecched ; comme elle est en guerre avec la Russie pour la possession du Caucase et du nord de la Caspienne, l'épidémie, qui aime les temps de désordre, multiplie ses ravages. Au nord de l'Afghanistan, Boukhara puis Orenbourg sur une autre voie de caravanes, paient également leur tribut. Elles répandent à leur tour la maladie vers Astrakhan qui est ainsi meurtrie pour la seconde fois, d'où l'erreur des observateurs superficiels attribuant la nouvelle pandémie à la résurgence de foyers endémiques restés en cette ville. Le pourtour de la mer Noire s'embrase : la Bessarabie, la Moldavie, la Bulgarie puis la Hongrie à son tour vont connaître les conséquences du fléau. Pendant ce temps, dès le prin-

* Telle est l'orthographe de l'époque, attestée par l'édition de 1834 du *Dictionnaire de l'Académie française.* Les années passant, le terme perdra le trait d'union.

temps de 1830, celui-ci s'avance implacablement à travers toute la Russie, gagne Moscou à l'automne et marque l'habituelle pause hivernale ; au printemps de 1831, il a couvert tout le territoire russe jusqu'à Arkhangelsk et débordé en Finlande.

Le 29 novembre 1830, la Pologne se soulève et déchoit de son titre de roi de Pologne le tsar Nicolas Ier. La Russie réagit et occupe la Pologne. Les insurgés ne savent pas entraîner derrière eux les masses paysannes et l'Europe voit, sans intervenir, de nouvelles lignes s'inscrire au martyrologe polonais. Mais, en plus de la désolation, les Russes apportent, avec leurs armes, la terrible maladie. A la bataille d'Iganic, 10 avril 1831 (47), elle s'insinue déjà dans les troupes polonaises ; le 12 mai, c'est la bataille d'Ostroleka qui voit l'écrasement des révoltés et leur repli sur Varsovie, distante d'une centaine de kilomètres où ils introduisent le choléra. Les Russes les suivent et y pénètrent non sans difficulté en septembre 1831, offrant une contribution massive à la diffusion de l'épidémie : c'est ainsi, sans doute, qu'ils eurent une grande part de responsabilité, du fait de leurs guerres multipliées, dans l'extension à l'Europe d'une affection qui ne s'y était jamais manifestée avant le XIXe siècle.

Dans le même temps, une désastreuse évolution se produit au Moyen-Orient. La Perse fait don du choléra à la Mésopotamie, alors province de l'Empire ottoman. Un groupe de malades partis du fond du golfe Persique, avait contourné la péninsule arabique et gagné la ville sainte de La Mecque en 1831 : le choléra s'y déclare et fait près de 12 000 victimes (93). Parmi les pèlerins qui rejoignent leur patrie, certains véhiculent le germe en Syrie, en Palestine, en Tunisie et surtout en Egypte où sa virulence est particulièrement sévère. Dès lors, La Mecque va rester jusqu'en 1912 un foyer d'endémie d'où éclatent, presque tous les deux ans, des épidémies plus ou moins graves (79).

Mais c'est le choléra de Varsovie qui intéresse l'Europe. Il franchit vite les frontières de la Pologne et, avec les troupes russes et polonaises coalisées, il entre dans la province autrichienne de Galicie d'où il se répand dans toute l'Autriche.

Les armées et les pèlerinages n'ont pas le monopole des épidémies. Nous avons vu que les routes et les voies maritimes du commerce ne jouent pas un moindre rôle. C'est ainsi qu'un bateau parti de Riga, en pleine zone infestée, gagne Dantzig dans l'été 1831. Dantzig étant intégrée dans l'État prussien, la maladie fait tache d'huile en Poméranie, dans le Brandebourg et elle atteint finalement le port de Hambourg en octobre 1831.

La cause des Polonais est chère au cœur des Français, mais, fidèle à son principe de non-ingérence, le premier ministre, Casimir Perier, se contente de déclarations d'intentions et lorsque Nesselrode élève le ton : « Nous sommes maîtres chez nous », la France, encore trop faible, doit baisser pavillon. Si nous ne pouvons aider les Polonais, eux, du moins, peuvent nous être utiles. Le ministre du Commerce — en même temps ministre de la Santé — demande à l'Académie de médecine de former une commission aux fins d'étudier le choléra en Pologne, car on sent bien qu'il approche et qu'il faudra en découdre avec lui un jour ou l'autre sur notre sol. Alors, mieux vaut aller à la rencontre de l'ennemi. Delaunay (47) relate l'épopée de cette commission : « La Compagnie désigna, le 19 mai 1831, Loude, président ; Alibert, Boudard, Dalmas, Dubled et Sandras. Partis de Paris le 12 juin, ils observèrent les premiers cholériques le 28 juin à Konin, près de la frontière prussienne puis à Kolo et arrivèrent le 30 à Varsovie. De là, ils se rendirent au milieu de l'armée.

« De l'hôpital de Kolo souillé par les déjections... des salles, où sur des lits de plume et de paille s'entassaient les mourants, où deux bières en permanence à la porte attendaient les morts, ils ont laissé une saisissante description. Ils regagnèrent la Prusse... retrouvèrent le choléra à Berlin et rentrèrent en France pour signer, le 15 décembre, leur rapport qui, communiqué à l'Académie de médecine, fut remis, dans le courant du même mois, au ministre du Commerce. »

Comme si le choléra pouvait avoir deux visages, une autre commission est envoyée sur le front russe, présidée par le docteur Auguste Gérardin. Partis deux jours après leurs collègues, ils doivent faire un détour par le Danemark, la Suède et la Finlande car la Prusse vient d'édicter des mesures de quarantaine très sévères et qui se révèlent d'ailleurs tout à fait inefficaces. Après divers séjours en Russie et en Autriche, dans les villes les plus éprouvées, ils s'offrent le luxe d'un circuit touristique des champs de bataille d'Iéna, de Friedland, d'Austerlitz et de Wagram et rendent compte de leur mission le 3 avril 1832. Trop tard ! le choléra est déjà dans Paris. D'ailleurs, il importe peu que ces médecins soient ou non revenus à temps car leurs observations ne peuvent servir en rien à la prévention de l'épidémie en France. Elles sont bâclées, incomplètes, et un savant comme Trousseau s'étonne que des cliniciens aient pu laisser échapper ce signe essentiel de la phase d'invasion qu'est la diarrhée : « Si ces brutaux qui ont fait cinq cents lieues pour observer le choléra nous eussent seulement rapporté ce canon : le choléra s'annonce par de la diarrhée * ! »

Un médedin grec, installé à Paris, le docteur Sophianopoulo, jouit sans doute de hautes relations puisqu'il peut se faire envoyer en mission en Hongrie, en Moldavie, en Valachie et en Galicie grâce aux recommandations de Sebastiani, ministre des Affaires étrangères, du maréchal Maison, ambassadeur de France à Vienne et de Casimir Perier. Il rentre le 9 mars 1832 et son rapport n'est qu'un panégyrique de Broussais, pauvre gloire de la médecine, dont nous verrons plus loin ce qu'il convient de penser.

Le ministère de la Guerre dépêche aussi, ici et là, quelques professeurs des hôpitaux d'instruction militaire dont les témoignages ne sont guère plus profitables. Quand au ministère de la Marine, il se contente, à moindres frais, de relire les relations que lui avaient faites les chirurgiens de vaisseau lors de l'épidémie de l'île Bourbon en 1819.

Tandis que ces missions ont pour objectif de mieux connaître le choléra et de se préparer à son éventuelle apparition en France, la contagion va son train.

L'Angleterre, ouverte sur la mer par tous ses ports, était dans l'obligation, pour ménager son économie, d'accueillir les vaisseaux étrangers. Dès lors, et malgré la quarantaine, elle prenait le risque d'introduire chez elle le choléra qui flambait en Europe, ce qui ne manqua pas d'arriver. Près de Londres, en juin 1831, la maladie, apportée par des bateaux venus de Riga, ancrés cependant par mesure sanitaire, passe sur des navires de guerre anglais. C'en est fait, l'épidémie est dans les murs : le port de Sunderland en octobre, Londres, de novembre 1831 à avril 1832, en même temps que Newcastle, Gateshead et Edimbourg, sont atteints. En mars 1832, Dublin voit ses premiers cas qui vont répandre l'infection à travers toute l'Irlande (93).

Comme en Pologne et en Russie, la curiosité nous pousse à voir sur place. L'Académie des sciences possède dans ses archives, adressée à son président, une lettre de Magendie, sommité médicale, peut-être plus chercheur que grand clinicien, qui a été détaché à Sunderland en novembre 1831. On ne peut pas parler de son courage puisqu'il ne croit pas à la contagion. Qu'a-t-il retenu de son séjour ? Quelles magnifiques observations cliniques en rapporte-t-il ? Rien : « ... Pour tout dire, en résumé et en un seul mot, la maladie que j'ai sous les

* Trousseau, G., t. II p. 319.

yeux cadavérise à l'instant la personne qui en est atteinte... La maladie a-t-elle été importée ou est-elle née dans ce pays malsain, couvert d'habitants pauvres et mal logés ; est-elle contagieuse ou ne l'est-elle pas ? Voilà autant de questions dont on s'inquiète fort peu ici... On se contente de distribuer de bons aliments aux pauvres de la ville, on leur donne de la flanelle pour se couvrir le corps, on les exhorte à la propreté ; ce sont là toutes les mesures sanitaires... J'espère ne pas faire un long séjour dans ce triste pays où le froid, le brouillard, la fumée et le choléra sont aux prises avec les habitants et, par conséquent, avec les curieux voyageurs comme votre affectionné confrère Magendie » (47).

Le ton de cette correspondance démontre une certaine condescendance pour les mesures sanitaires prises en Angleterre : la description misérabiliste qu'il fait de la région, du climat et de la population laisse entendre qu'une comparaison avec la France serait en faveur de celle-ci. Or l'Angleterre ne connaîtra que 14 796 cas de choléra dont 5 432 auront une issue fatale. La France va être bien autrement secouée. Pour le moment, elle n'y pense guère. Le comte Rodolphe Apponyi, attaché à l'ambassade d'Autriche à Paris, note que le choléra est disséminé en Angleterre, qu'il a enlevé 1 454 individus (nous sommes le 10 février 1832) « mais de la classe inférieure ». « A Édimbourg, 5 morts seulement ». Alors pourquoi se faire du souci ! Le sort de la famille royale exilée l'inquiète bien davantage mais il se rassure en apprenant qu'au besoin un château sur les montagnes est prévu pour recevoir Charles X et sa famille. Et puis l'armée n'est-elle pas sur pied de guerre à Londres, pourvue de vivres pour quinze jours, prête à réprimer une émeute de cette populace qui a déjà eu le front de répandre une épidémie ? (19).

Si la France envoie un observateur en Angleterre, un médecin anglais venu aux Tuileries y sème la panique : ce nommé Kween, lors d'une soirée chez la reine Marie-Amélie, a eu l'audace d'y « parler du choléra, d'en raconter des histoires de l'autre monde aux princesses, leur faire des peurs épouvantables et tout cela avec une naïveté si familière, si inconvenante, qu'on s'étonnait sans pouvoir se fâcher... » On reconnaît encore ici le style et l'esprit de l'inconséquent attaché à l'ambassade d'Autriche.

La face hideuse du choléra

Le choléra a étendu sa toile d'araignée sur le monde ; son itinéraire en Europe est connu ; c'est à présent à la France de savoir ce qu'il est et quel hideux visage il va revêtir en abordant ses côtes.

La lecture d'un traité moderne, tel celui de Harrisson (59), nous apprend que « la lésion physio-pathologique de base du choléra est une déplétion des liquides extracellulaires avec, pour résultat, un choc hypovolémique, une acidose métabolique et une déplétion potanique progressive ». Comme l'exposé clinique qui suit emprunte le même langage technique, le lecteur non initié n'en aurait cure et mieux vaut avoir recours aux descriptions des maîtres de l'époque, moins scientifiques mais plus accessibles et tellement évocatrices.

En 1832 donc, des médecins comme Magendie, Broussais, Louis, se ressemblent assez dans leur analyse des symptômes que, au style près, des ouvrages modernes pourraient accueillir. Certains voient la maladie évoluer en cinq stades, d'autres en quatre. En fait, la forme la plus caractéristique débute brutalement par une intense diarrhée liquidienne pouvant atteindre un litre ; puis survient une période d'état où les selles surabondantes se multiplient et s'accompagnent de vomissements, selles encore appelées riziformes de nos jours et que Broussais compare déjà à la « décoction de riz » ; des crampes musculaires dont on ne sait pas qu'il faut les attribuer à la déperdition saline, font la transition avec le fameux stade de choléra algide ou choléra bleu, celui qui fait si peur : à ce moment s'installe un cyanose extrême, le visage prend une teinte bleu violacé et le froid gagne le malade. Louis, imprécis, note alors que « la sensation de froid éprouvée par l'observateur [est] plus considérable que celle que l'on [ressent] en plaçant la main sur la table de fer au chevet du lit ». Magendie, plus minutieux, tente d'enregistrer la température cutanée et lit sur son thermomètre un abaissement thermique moindre que ne l'aurait fait croire le contact de la main (92). Vient ensuite une période de « réaction » au cours de laquelle la température remonte et les urines réapparaissent tandis que les déjections s'espacent. Enfin la phase typhoïde où Louis Blanc (76) — on n'attend pas de lui cette observation clinique — voit que « les narines et la langue [sont] sèches, les yeux chassieux : il y [a] prostration, rêvasserie, délire ». Le cholérique doit avoir franchi victorieusement toutes ces étapes pour entrer dans onvalescence où des dangers guettent encore les imprudents. La valescence n'est pas la guérison, répète-t-on partout, dans la presse, dans la rue, dans les salons. Le sujet « offre longtemps encore l'excavation profonde des orbites et la lividité de la paupière inférieure. Sa voix continue à avoir le timbre cholérique : elle reste faible et sépulcrale... La face est longtemps pâle, retirée, creusée de larges sillons... De temps en temps, de légères coliques parcourent les intestins... * » Que le malade s'expose alors au froid des nuits ou que son impatience le pousse à élargir trop tôt son régime et il va au-devant des pires complications, parfois de la mort.

Voilà le choléra dans sa forme classique, la plus aisément reconnaissable, à côté de laquelle se manifestent quelquefois des variantes. Comment distinguer le type fruste, baptisé du doux nom de cholérine, d'une banale entérite ? Peut-on prévoir les issues fatales qui viennent interrompre certains stades de réaction bien engagés ? Et que dire de l'effrayant « choléra sec » qui, sans diarrhée, sans vomissements, sans signes annonciateurs, foudroie son homme en quelques heures ?

Et tous ces ravages sont le fait d'un petit bacille incurvé en forme de virgule, le vibrion cholérique que Koch, le grand bactériologiste, découvrira quelques dizaines d'années plus tard sous l'objectif de son microscope.

Ce vibrion se multiplie surtout aux températures élevées (37°) et cesse de s'accroître aux environs de 15°, d'où le coup d'arrêt hivernal dans la contagion. Sa transmission se fait d'homme à homme ; on avait accusé les insectes et notamment les mouches de le propager mais le fait n'est pas bien établi. En réalité ce sont les déjections, riches en germes pathogènes, qui répandent le choléra. L'eau polluée est, à cet égard, un admirable vecteur ; on avait déjà remarqué la coulée des épidémies le long des cours d'eau. Les aliments préparés par des mains sales constituent aussi un excellent mode de diffusion car ce germe, très résistant, survit jusqu'à trente heures dans le sucre et le sel, trois jours dans les légumes et sept à huit jours dans le pain et la viande (104). Les linges souillés sont aussi agents de propagation du vibrion et la coutume de distribuer les vêtements du défunt favorise la prolifération.

Si l'eau est un milieu de contamination favorable à l'extension du fléau à l'échelon d'une ville, on prouvera plus tard que la sueur est, elle aussi, dangereuse et qu'elle dissémine l'affection sur de plus longues distances. Ainsi, les poignées de main, les embrassades, le mas-

* *Le Journal des débats*, 4 mai 1832.

sage du patient à la période algide pour tenter en vain de le réchauffer, sont autant de pratiques qui font courir les plus grands risques.

Telle est l'épidémiologie élémentaire du choléra. La mortalité en est amplifiée par la misère physiologique, et Goubert a pu noter que « l'épidémie seconde suivait la cherté première » (cité in 31). C'est dire que le chômage, les disettes sont des facteurs de léthalité sinon de propagation de la maladie. Il en va de même d'un habitat insalubre, de la concentration urbaine, des contacts aux puits collectifs ou dans les lavoirs publics (31).

Hélas ! Toutes ces notions sont inconnues en 1832 et la France va payer cher, de plusieurs épidémies, l'apprentissage de l'hygiène et de la prévention du choléra.

3.

La prévention inachevée

De commission en commission

Le choléra approche ; il a envahi l'Europe. L'Angleterre est atteinte et Sunderland, à la fin de l'année dernière, a déjà enterré deux cents morts. Il ne fait plus de doute, à présent, que l'épidémie va gagner la France. Nul ne sait quand le fléau se déclarera mais chacun, parmi les autorités informées, s'accorde à reconnaître la nécessité de prendre des mesures préventives. Le comble du paradoxe est qu'on ne veut pas être pris au dépourvu alors qu'on ne sait pas grand-chose de l'affection. En réalité, avant même que le premier cas ne se soit déclaré en France, la lutte ouverte est engagée entre contagionnistes et non-contagionnistes. Pour le moment, ce sont les premiers qui semblent l'emporter, d'où les dispositions initiales qui vont être proposées.

Si l'on suit avec attention la division du travail, on y devine, mêlés, particulièrement aux plus hauts échelons, la dérobade devant les responsabilités et l'appétit des honneurs.

Au sommet, le ministre du Commerce et des Travaux publics, présentement le comte d'Argout, a aussi, parmi ses attributions, le souci de la santé publique, très mince souci puisqu'on n'avait pas jugé utile de le confier à un ministère spécialisé. Il s'en décharge d'ailleurs sur le conseiller d'État, le baron Hély d'Oissel. Ce dernier, peu au fait du sujet, se retourne vers les organes consultatifs que sont le Conseil supérieur de santé du royaume et l'Académie de médecine.

Le Conseil supérieur de santé du royaume, créé par ordonnance du 17 avril 1822, avait fort bien résisté, en tant qu'administration, aux journées révolutionnaires de juillet 1830. En août 1831 on a même augmenté son effectif de vingt-deux personnes. Les membres de ce conseil viennent d'horizons variés : un intendant militaire, un chimiste (Gay-Lussac), un consul général, le sous-directeur des douanes, le maréchal de camp de Montfort... et aussi quelques médecins.

L'Académie de médecine a autre chose à faire : elle confie à un comité de quatre membres le soin d'étudier les documents relatifs au choléra que les médecins, expédiés aux quatre coins du monde épidémique, lui ont adressés. En mars 1831, le ministre de l'Instruction publique, Montalivet, s'inquiète à son tour des mesures prophylactiques et éventuellement curatives que l'on pourrait prendre : il se tourne vers l'Académie qui porte alors le comité à huit membres. Ce dernier dépose deux rapports : en juillet, un texte médical sans portée pratique et, en septembre, des conseils aux autorités, aux médecins et à la population (47).

Mais on sent bien que ces organismes sont trop éloignés du quotidien. Alors, le 20 juillet 1831, vient le tour du préfet du département, le comte de Bondy, qui pose, au Conseil général des hôpitaux et hospices, une série de questions. Peut-on imaginer ce que va faire ce Conseil général dont on sollicite la compétence ? Répondre ? Non point ! Il forme deux bureaux : la commission administrative qui est composée du comte Chaptal, du baron Camet de la Bonnardière et de Cochin auxquels on adjoint tout de même deux spécialistes, MM. Desportes et Jourdan, administrateurs des hôpitaux ; la commission sanitaire qui réunit de grands noms de la médecine, le baron Portal, Antoine Dubois, Lisfranc, Chomel, Cruveilhier, Parent-Duchatelet et Gueneau de Mussy.

Les médecins proposent, l'administration dispose. Dans la perspective de la contagiosité, théorie qui fera d'ailleurs vite long feu, la commission sanitaire envisage favorablement d'installer les futurs cholériques dans quatre hôpitaux éloignés du centre et à eux seuls réservés : Beaujon, Saint-Louis, Saint-Antoine et Cochin, hôpitaux qui seraient séquestrés. Quant aux convalescents, ils disposeraient de deux hospices à Montmartre et au Mont-Valérien. Passons sur les décisions concernant les réunions, la vente de la friperie, la signalisation des maisons contaminées, l'aide aux pauvres, etc.

La commission administrative prend bonne note et ajoute aux règlements de salubrité publique déjà existants quelques paragraphes.

Le tout revient au Conseil général des hôpitaux et hospices. C'est ici que commence, entre l'autorité supérieure et ce Conseil général, un marchandage auquel prendra part également le préfet de police qui réclame, de son côté, douze hôpitaux ! Le Conseil général fait remarquer que, malgré tout son dévouement, la caisse des pauvres a déjà un trou d'un million dans son budget pour les trois années écoulées ; il demande que la somme lui soit remboursée et que la municipalité lui accorde, en outre, des avances pour l'exécution du programme prévu. Le ministre du Commerce présente, pour mettre tout le monde d'accord, une solution de compromis ; on évacuera entièrement deux hôpitaux qui seront ainsi prêts à accueillir les cholériques dès le début de l'épidémie. C'était encore trop, comme Blondel le note avec regret : « Sans s'y opposer, le Conseil fit remarquer que ce serait priver les pauvres de Paris, immédiatement, de plusieurs centaines de lits, dans un moment où il y avait déjà affluence de malades ; qu'il serait probablement impossible de ne recevoir les cholériques que dans deux établissements ; qu'en conséquence, la mesure serait fâcheuse pour la population tant que le choléra ne se serait pas déclaré, insuffisante le jour où il serait à Paris. Cédant pourtant aux instances de l'autorité supérieure, le Conseil décide, le 22 février, que l'Administration conserverait disponibles cent lits à l'hôpital Beaujon et autant à l'hôpital Saint-Antoine, et qu'elle préparerait, dans les autres établissements, là où ce serait possible, des salles et des lits supplémentaires » (28). On ne pouvait vraiment pas faire moins.

Il y a, heureusement, d'autres organismes ! Dans chaque département siégeait déjà une Commission centrale de salubrité et de santé publiques ; la Seine avait son Conseil de salubrité avec des membres titulaires, des adjoints et des associés libres. Le 20 août 1831, autour de ce Conseil pris comme noyau, le préfet de police Gisquet et le préfet de la Seine créent une Commission centrale de salubrité composée de quarante-trois membres, « présidée de droit par Gisquet, lequel se fit remplacer, la plupart du temps, par le duc de Choiseul... La vice-présidence fut confiée à Debelleyme, le secrétariat au docteur Petit de Maurienne. Dans cet aréopage, on mit un peu de tout : des administrateurs comme Delessert, membre du Conseil général des hospices ; un vétérinaire, Huzard ; un chimiste, d'Arcet ; des pharmaciens tels Cadet-Gassicourt, maire du IVe arrondissement, Lecanu et Labarraque ; des membres de l'Académie de médecine dont le secrétaire perpétuel Pariset ; Parent-Duchatelet, Dupuytren, Esquirol, Villermé, Chevalier, Pelletier ; des professeurs de la faculté de médecine, Leroux ancien doyen, Adelon, Andral ; des médecins militaires comme Desgenettes, alors maire du Xe arrondissement et Larrey ; le médecin du roi, Marc ; et des praticiens comme de La Morlière, Boutin, Juge, etc. (47).

De cet organe central émanent douze commissions d'arrondissement dont dépendent quarante-huit commissions de quartier. L'organisation est enfin en place. Gisquet ne tient pas en grande estime les commissions d'arrondissement ; il écrira dans ses Mémoires : « ... elles n'avaient pour attribution que recevoir les rapports adressés par les commissions de quartier pour les transmettre à la commission centrale... aussi je ne les ai conservées que pour ne pas blesser la susceptibilité des personnes honorables qui les composaient » (53).

En revanche les commissions de quartier vont abattre une tâche considérable. Elles sont constituées d'architectes-voyers, du commissaire de police, de médecins et pharmaciens et de « citoyens distingués » qui, bénévolement, acceptent de recenser toutes les causes d'insalubrité rencontrées autour d'eux. Celle du Luxembourg est toujours citée en exemple mais beaucoup d'autres furent aussi actives : « En moins de deux mois, 924 propriétés, tant publiques que particulières, dont se compose le quartier du Luxembourg, furent visitées, et 402 reconnues comme insalubres, soit à cause du mauvais état des fosses d'aisances, des puits, des puisards, des plombs, des ruisseaux, du pavé, soit à cause de la stagnation des eaux pluviales et ménagères, de l'entassement d'animaux domestiques ou de l'amas des fumiers et des immondices. Ces visites à domicile donnèrent lieu à plus de quatre cents lettres écrites aux différents propriétaires des maisons, à plus de deux cents rapports à l'autorité... » (5).

Les structures administratives installées, les rapports affluent sur les bureaux. On a noirci beaucoup de papier ; voici que vient le temps d'agir.

On commence par établir des cordons sanitaires malgré l'opposition des médecins non-contagionnistes. Ceux-ci ont, en effet, beau jeu de rappeler que la Prusse, malgré un « double cordon le long de la frontière russo-polonaise et un autre, avec quarantaine, autour de la Silésie, n'avait pas, en dépit des soixante mille hommes préposés à la surveillance, échappé au choléra » (47). Les contagionnistes rétorquent que la famille impériale de Russie, qui s'était cloîtrée à Tsarskoïe-Selo, avait été épargnée comme l'avait été, en Syrie, notre consul de Lesseps qui, à l'écart de l'hécatombe d'Alep, avait trouvé refuge dans sa villa (95).

L'opposition se met de la partie et, bientôt, elle accusera le gouvernement de n'avoir pas pris suffisamment de précautions contre le choléra. *La Gazette de France*, organe légitimiste, écrira dans son numéro du 10 avril : « L'empereur de la Chine en a garanti son pays ; l'Autriche en a garanti l'Italie ; la Hollande, la Belgique, la Bavière et d'autres États n'en sont pas atteints, les lois sanitaires y sont exécutées à la rigueur. » L'exemple est particulièrement mal choisi car la Chine a été dévastée par la maladie de 1822 à 1824 de façon telle qu'aucun pays n'a connu de mortalité aussi élevée ; l'Autriche a peut-être réussi à protéger l'Italie mais nullement son propre territoire ; la Bavière n'a pris aucune mesure sanitaire et a été miraculeusement épargnée ; quant aux dispositions édictées en Hollande et en Belgique, elles sont calquées sur celles de la France mais moins fermement appliquées.

Alors, fidèle à ses directives premières, le gouvernement ordonne de surveiller étroitement les frontières ; on isole les navires provenant des pays où règne l'épidémie. La mesure n'est pas appréciée de tout le monde et le non-contagionnisme gagne du terrain. Edouard Grasset, enfermé au lazaret du Havre parce qu'il venait de Pologne, reçoit de son ami Mérimée les quelques lignes suivantes : « Je crains bien qu'il soit impossible de raccourcir votre quarantaine. Ces affaires-là dépendent d'une collection d'imbéciles d'une rare composition. Malgré l'avis de tous les médecins de l'Europe, ils croient encore à la niaiserie de la contagion » (75).

Des mesures de portée limitée

Les tractations entre ministères, commissions, comités et autres bureaux ont pu se faire sous le manteau afin de ne pas inquiéter les Parisiens. Les décisions concernant les hôpitaux ont été elles-mêmes de si peu d'importance qu'elles sont passées inaperçues.

Mais maintenant que les commissions de quartier ont attaqué leur ouvrage, il n'est plus possible de dissimuler. Le moment est venu de révéler que le choléra est à nos portes. Il est temps de donner des conseils d'hygiène à la population. Il est grand temps, en effet, car le mal a déjà frappé quand, le 30 mars 1832, le préfet de police « fit imprimer et distribuer 40 000 exemplaires d'une *Instruction populaire* rédigée par le Conseil de salubrité et approuvée par la commission centrale dans laquelle on donnait aux habitants les plus sages conseils » (53). *Le Moniteur* publie également ce texte ineffable qui va circuler de main en main. C'est le premier faux pas de Gisquet. Il a été aidé, il est vrai, par Marc, médecin du roi, chargé de la rédaction de ces avis. Certains d'entre eux paraissent dictés par le bon sens, mais on a peine à croire que la Commission centrale de salubrité ait pu en laisser passer d'autres, si flagrante est leur évidence ou si énorme leur ineptie. Enfin, certains paragraphes frisent l'impudence quand on sait le sort de la majeure partie des Parisiens.

Pour ceux qui sont atteints, il est trop tard ; pour les autres, qu'ils lisent vite cette Instruction en vue de se « garantir du choléra morbus ». Mais tout d'abord, qu'ils se rassurent. « Le choléra est une maladie grave. Cependant, il est plus effrayant quand on l'attend qu'il n'est dangereux lorsqu'il existe. D'autres maladies épidémiques telles que la petite vérole, la scarlatine, certaines fièvres nerveuses, ont fait beaucoup plus de ravages que le choléra puisque, dans la contrée de l'Europe où il a régné et où il a rencontré le plus de circonstances favorables à sa propagation, il n'a guère attaqué qu'un individu sur soixante-quinze et que dans quelques villes même, ses atteintes n'ont pas dépassé la proportion de un individu sur deux cents » (4).

A l'intention de ceux qui n'auraient pas la patience de lire jusqu'au bout le détail des recommandations, nous allons les résumer (4) :

1. N'ayez pas peur ; « moins on a peur et moins on risque ».

2. Vivez dans un air pur, aérez vos appartements, placez dans chaque pièce un vase d'eau chlorurée et surtout ne couchez pas trop nombreux dans la même chambre ! Il est malsain de dormir dans des lits clos par des rideaux — excellent avertissement pour ceux qui couchent sur des paillasses —. Ne faites pas sécher le linge dans les chambres au risque d'y entretenir une humidité néfaste. Videz souvent vos vases de nuit ! — c'est en toutes lettres dans le texte — et nettoyez-les dès qu'ils sont salis ! Il faut laver les cuvettes des plombs et des latrines avec de l'eau chlorurée, voici une mesure judicieuse. Mais il paraît moins souhaitable de boucher avec un tampon les ouvertures des latrines, des pierres à laver ou des cuvettes extérieures pour ne les déboucher qu'au moment de s'en servir : la manœuvre semble peu hygiénique. Les eaux usées devront être aussitôt poussées jusqu'au ruisseau central. Les vitres seront nettoyées une fois par semaine pour laisser pénétrer la lumière. On ne laissera pas les fumiers s'accumuler et on cessera d'élever des animaux domestiques (poules, lapins, pigeons).

3. Le froid, voilà l'ennemi ! Vêtez-vous chaudement, laines, flanelles, tricots, chaussons ! Protégez spécialement le bas-ventre et les pieds ! Portez des sabots ou des galoches qui vous isolent de l'humi-

dité ! Ne marchez pas pieds nus sur le carrelage, c'est une mauvaise habitude qu'ont les gens pauvres. Fermez les fenêtres et ne chauffez ni trop ni trop peu !

4. Occupez-vous mais pas de surmenage ni de veilles prolongées ! Évitez les efforts intellectuels !

5. Soyez propres. Nettoyez vos vêtements et prenez souvent des bains mais essuyez-vous soigneusement avec des linges chauds et ne sortez pas dans la rue aussitôt après vous être baignés !

6. Il convient d'éviter les excès de table et de se rappeler que l'ivrognerie expose au choléra. Mangez des œufs, des viandes bien cuites, rôties et pas trop grasses et des poissons frais ! — Cette fois c'en est trop ! Le médecin du roi et le préfet de police oublient-ils qu'il faut « des voitures spéciales atteignant des vitesses exceptionnelles, tant entre Orléans et Paris que sur la légendaire route de Dieppe » pour acheminer les soles de la Manche ou les saumons de la Loire ? (115). Le poisson, rare dans la capitale, y atteint des prix exorbitants. Alors pourquoi cette recommandation insolente ? — On mangera le pain bien levé et bien cuit. On évitera les charcuteries et les pâtisseries lourdes et grasses. Les légumes aqueux et les crudités seront écartés au profit des pommes de terre et des légumes secs. — Voilà enfin un conseil plus facile à suivre — Peu de fruits, sinon cuits. Il ne faut jamais boire tant que l'on transpire, et l'eau filtrée est préférable. Pas de liqueurs fortes, même occasionnellement. « Les personnes qui ont cette habitude devraient manger au moins un morceau de pain avant d'avaler le petit verre d'eau-de-vie. » Quant au vin, il vaut mieux en boire peu mais le choisir de bonne qualité.

Lorsqu'on se souvient que la pauvreté est le lot de 83 % des Parisiens et que la disette règne dans la ville, on reste confondu devant un pareil écrit. Le très officiel *Journal des débats* lui-même, dans son numéro du 22 mai, en pleine épidémie, ne manque pas de relever les chapitres les plus choquants : « Nous ne répéterons pas les instructions dont on s'est montré prodigue.

» A des gens qui n'ont ni vêtements, ni linge de rechange, nous éviterons de prescrire de changer souvent de linge et de vêtements ; à des familles qui ne peuvent avoir qu'un logement étroit et malsain, nous ne vanterons pas les avantages d'un logement spacieux et aéré, ce serait leur rappeler durement la misère de leur condition... »

Le 31 mars, Gisquet, tout seul cette fois, sans l'aide d'aucune commission, fait afficher sur les murs de Paris un « avis au sujet du balayage et de la propreté publique ». Il est ici dans un domaine qui relève directement de sa compétence et il insiste, très justement, sur la nécessité, pour les particuliers, de balayer devant leur porte jusqu'au ruisseau médian : c'est à cette condition que le service de nettoiement peut enlever efficacement les boues. Ce travail doit être terminé, bien entendu, avant le passage des tombereaux, c'est-à-dire avant sept heures du matin. Le placard s'achève sur une recommandation à la propreté, formulée non pas comme un ordre mais comme une prière instante : « L'habitude générale d'uriner dans les rues transforme une multitude de points en autant de foyers d'infection contre lesquels sont impuissantes les ressources du service du nettoiement ; il n'y a de remède à ce mal, très grave dans les circonstances où nous sommes, que dans la réforme des habitudes qui le produisent » (53).

Les canards se mettent de la partie et donnent aussi leurs petits conseils. Les canards sont des feuilles qui paraissent de façon occasionnelle, dans des formats variés et qui traitent, avec une présentation accrocheuse, de sujets extraordinaires ou de faits divers. Voici l'un de ces titres : « Progrès du choléra morbus à Paris ; observations sur la prédisposition des libertins et des débauchés à en être attaqués, ainsi que les personnes sujettes à se livrer à des excès de colère, plutôt encore que les tempéraments faibles et les constitutions peu robustes » (102). Il n'invente rien car l'*Instruction populaire* a déjà recommandé « d'éviter tout ce qui peut exciter des émotions fortes, telles que la colère, la frayeur, les plaisirs trop vifs, etc. » (4) ; ce qu'A. Bazin résume à sa manière imagée : « Il planait sur les tendres épanchements, prête à faire descendre comme une barrière d'airain entre deux cœurs émus, l'ordonnance qui défend les plaisirs trop vifs... » (4). Mais nul n'est allé plus loin dans la sottise que Virey, membre de la Chambre des députés, qui n'a pas craint d'écrire dans son *Petit Manuel d'hygiène prophylactique contre les épidémies* : « ... C'est surtout à l'homme que la chasteté est nécessaire, ses fonctions sont plus expansives et plus capables d'excès ; il conçoit des maladies plus profondes et plus intenses ; pour lui, tout est perte, il donne et ne reçoit rien ; sa générosité l'immole ; aussi la continence lui devient-elle une nécessité étroite. La conservation du fluide spermatique recohobe le système nerveux... » (119).

Écrire et discuter ne suffisant plus, il convient de mettre à exécution les mesures proposées par les commissions de quartier à la suite de leurs enquêtes. On va faire ce que l'on pourra, c'est-à-dire peu. On s'avise, pour commencer, que sur quarante mille mètres d'égouts nouveaux projetés, il en reste trente-deux mille à construire ; on va donc combler le retard et, pour cela, voter trois millions de francs de crédit pour l'année 1832 alors qu'on n'en avait, en trente ans, dépensé qu'un million huit cent mille.

Le 31 mars — c'est déjà bien tard — on ferme les amphithéâtres de dissection. On pave certaines ruelles qui ne l'étaient pas encore et l'on augmente enfin le nombre des bornes-fontaines.

Les commerçants établis dans les halles et les marchés sont, à leur tour, visés par une ordonnance de Gisquet à laquelle on ne peut que souscrire : « Il leur était interdit de conserver des marchandises avariées ; il leur était enjoint de déplacer les étalages et ustensiles toutes les semaines pour nettoyer à fond le sol qu'ils recouvraient, de renouveler l'eau des baquets afin que ne fût contractée aucune odeur, sans jamais y laisser la même eau plus de six heures ; il était défendu, en outre, de jeter des débris quelconques sur la voie publique ; enfin, il était recommandé aux bouchers, charcutiers, marchands de poisson, gibier, volaille, etc., de gratter et de laver à la chaux les tables, seaux et baquets et, en général, tous les ustensiles dont ils se servaient » (53). Il ne semble pas, en revanche, qu'il ait été suivi par les propriétaires à qui il fit obligation de blanchir à la chaux les murs des maisons.

Nous sommes loin des réalisations grandioses mais chimériques qu'entrevoyait Michel Chevalier, un des porte-parole du saint-simonisme, ce mouvement de pensée socialisant, plus social que vraiment politique. Songez qu'au début de 1832, il « réclamait... [la] distribution générale d'eau potable ; [la] création d'un réseau d'égouts ; [le] percement d'une grande voie reliant le Louvre à la Bastille ; [l']édification des quais sur les rives de la Seine ; [la] démolition des vieilles rues de la Cité et des abords des quais, mesures dont un « coup d'État » sanitaire assurerait l'exécution, en prononçant par voie d'ordonnance les expropriations nécessaires. Et pour donner à cette entreprise la solennité convenable, Michel Chevalier proposait sérieusement dans *Le Globe* du 11 avril, que le roi, les ministres, les grands corps de l'État, les députés, vinssent en grand costume, et revêtus de leurs insignes, donner les premiers coups de pioche ».

Faute de pouvoir mettre à exécution un tel programme, le préfet de police prend quelques arrêtés de portée limitée mais dont l'addition finit par avoir quelque utilité. Des mesures sanitaires vont être imposées aux chiffonniers, fripiers et marchandes à la toilette ; nous verrons, le moment venu, comment elles seront reçues.

Paris abondait en saltimbanques. Leur lieu de prédilection était le Pont-Neuf mais il y en avait partout. Leurs activités étaient variées, de l'arracheur de dents au tondeur de chiens en passant par le marchand de frites, le faiseur de tours, le charlatan, le chanteur et le musicien, le décrotteur de chaussures, le jongleur et l'équilibriste. La police les avait longtemps tolérés, trouvant parmi eux une légion d'indicateurs. Mais ils troublaient la circulation, gênaient les commerçants et provoquaient des rassemblements dont les commissions avaient souligné le danger en période d'épidémie. Aussi, le 14 décembre 1831, fut-il décrété que « toutes les permissions de saltimbanques, chanteurs avec ou sans instrument, de bateleurs, escamoteurs, baladins, joueurs d'orgue, musiciens ambulants et faiseurs de tours sur la voie publique qui ont été délivrées jusqu'à ce jour par la préfecture de police, sont révoquées et annulées à compter du 1er janvier prochain... » (53). De nouvelles autorisations sont donc nécessaires depuis le début de cette année : elles ne sont valables que pour un nombre restreint d'emplacements (26 en tout) et ne sont remises que sur présentation d'un certificat de bonnes vie et mœurs établi par deux pères de famille domiciliés à Paris.

L'épidémie peut venir, elle trouvera la rue libre car une ordonnance du 30 janvier 1832 vient de supprimer, ou peu sans faut, les étalagistes, ces petits marchands qui vendaient leurs pauvres articles sur des tréteaux. Au nombre de vingt-cinq à trente mille ils faisaient du tort aux commerçants en boutique qui payaient loyer, patente et autres charges et voyaient, d'un mauvais œil, cette concurrence incontrôlée. De plus, non inspectés, ils avaient la faculté de frauder sur la quantité ou la qualité des produits qu'ils vendaient ; ils occupaient la chaussée d'où des encombrements qui, en période d'épidémie... Pour éviter les émeutes, le préfet procédera sournoisement, par étapes ; il va d'abord éliminer ceux qui n'habitent pas dans Paris, puis ceux qui ont déjà un magasin, puis ceux qui peuvent avoir une autre activité. A la fin de cet écrémage, il ne restera plus que trois mille misérables, incapables de faire autre chose que de vendre en plein vent et à qui, sur des emplacements obligatoires et restreints, on permettra, car il faut être généreux, de vendre des objets d'une valeur marchande inférieure à un franc.

Une autre décision, et c'en sera fini pour le commerce, semble plus pertinente : le déplacement de la foire aux jambons. « D'après un ancien usage, le parvis Notre-Dame était, tous les ans, réservé, pendant la semaine sainte, à la vente des marchandises de charcuterie ; ce marché temporaire s'appelait la foire aux jambons. C'est un point de rendez-vous pour les marchands des départements de l'est et l'on y voit arriver de cinq à six cents voitures chargées de lard, jambon, saucisson, etc.

» Une foire de ce genre, à la porte de l'Hôtel-Dieu, au centre d'un quartier populeux, où les rues sont étroites, la circulation de l'air difficile, présentait un réel danger pour la santé publique, surtout quand la tenue de ce marché pouvait coïncider avec l'existence d'une maladie épidémique. Je jugeai prudent de changer l'ancien état de choses et j'ordonnai que la foire aux jambons se tiendrait dans le marché à fourrage du faubourg Saint-Martin. Cette position excentrique, sur un sol élevé, bien aéré et presque inhabité, réunissait toutes les conditions de sécurité désirables » (53).

Et que dit notre bonne Mme Trollope de tous ces règlements ? Rien du tout ! Mais elle a trouvé une autre cause d'insalubrité à laquelle personne n'a songé et qu'elle ne se fait pas faute de dénoncer : « ... On ne peut traverser aucune rue de Paris, quelque distingué que soit le quartier où elle est située ou la société qui la fréquente, sans être, à chaque instant, obligée de se détourner de son chemin pour ne pas heurter plusieurs femmes couvertes de poussière, et probablement aussi d'insectes dégoûtants. L'occupation de ces femmes consiste à défaire des matelas au milieu de la rue, à carder, retourner et secouer la laine sur tous les passants qui font en vain un long et sale détour pour ne pas avaler la poussière qui en sort » (110).

Infrastructure de la lutte

Nous savons, maintenant, que l'administration n'a pas voulu, malgré des pressions qui s'exerçaient de toutes parts, libérer plus de deux cents lits d'hôpitaux dans l'attente du choléra. L'accord s'est heureusement fait sans diffuculté sur l'implantation des « bureaux de secours », premiers maillons de la chaîne sanitaire.

La commission du Conseil de salubrité a été entendue de l'autorité quand elle a conseillé « d'organiser, immédiatement, dans chaque quartier de Paris, une ou plusieurs ambulances où se trouveraient réunis tous les secours d'urgence à administrer aux cholériques, soit à l'ambulance même, soit à leur domicile... Après l'administration des premiers secours les malades [devront] être transportés, si toutefois ils y consentent, dans les hôpitaux temporaires ». Ce sont — on s'organise comme l'on peut devant la carence du Conseil général des hôpitaux — quatre grands entrepôts de fourrage construits depuis quelques années et que l'on doit transformer en hôpitaux temporaires. En même temps, on formera « dans chaque arrondissement et, si le besoin l'exige, dans chaque quartier, une compagnie pour transporter les malades et [on s'assurera] en même temps d'un nombre suffisant de brancards couverts pour effectuer ces transports. Les personnes chargées de ce service [devront] être revêtues de surtouts ou de blouses en toile écrue ».

Enfin la commission, craignant une importante désorganisation des services dans les mairies lors de l'apparition du fléau, insiste à deux reprises dans ses recommandations sur l'obligation faite aux membres du corps médical de tenir un état exact de leurs malades, « en y relatant les noms et prénoms, le sexe, l'âge, la profession et la demeure de chaque malade et de joindre à cet état leurs observations cliniques. De semblables documents deviendraient très précieux pour l'histoire médicale et serviraient de documents pour les actes de notoriété publique que rendraient nécessaires les lacunes des registres de l'état civil, lacunes qu'on devrait présumer avec raison pouvoir exister, car il n'est que trop vrai que, dans de grandes calamités publiques, il règne toujours plus ou moins de désordre dans le système administratif » (6). Les cholériques pouvaient mourir, du moins seraient-ils dûment enregistrés, leur observation scrupuleusement colligée et cela rendrait peut-être service aux futurs malades.

Ces recommandations, pour utiles qu'elles fussent, manquaient de précision et il revint au préfet de police d'obtenir le rapport détaillé du 19 novembre 1831. Chaque bureau de secours situé au rez-de-chaussée comportera au moins deux pièces où l'on devra trouver : « pour la première pièce... six tabourets, deux bancs, trois paillasses bien garnies et piquées, trois traversins, six couvertures de laine, un poêle en fonte monté avec sa pelle et sa pincette, deux chandeliers en fer, une paire de mouchettes, une cruche, deux gobelets en étain, deux vases de nuit » ; dans la seconde pièce les paillasses deviennent des lits, les tabourets des chaises et l'on y dispose aussi d'« une table à tiroir, un encrier, des plumes, du papier... » On reconnaît bien là la manie un peu tatillonne de la bureaucratie qui prévoyait des plumes à écrire alors qu'on n'imaginait même pas comment on allait transformer les greniers à fourrage en hôpitaux. Suit dans ce matériel nécessaire aux postes de première urgence une énumération fastidieuse des médicaments indispensables avec leurs quantités, ainsi que les brosses, draps, chaussettes, couvertures, deux brancards couverts, des briques, des cruchons, des bassinoires, etc.

Une fois encore, l'administration se montre généreuse avec l'argent et le travail des autres : « Les médicaments qui n'auront point été envoyés au domicile du malade par le bureau de secours seront fournis par MM. les pharmaciens sur leurs mémoires appuyés de formules à tête remplies et signées par MM. les médecins, et au tarif de la Société philanthropique. L'administration laisse à MM. les médecins le soin de déterminer quand ils devront faire fournir gratuitement les médicaments » (53). Le moment venu, un conseil, « après avoir apprécié avec soin les considérations d'équité et autres qui doivent faire admettre ou rejeter les dépenses, donnera son avis tant sur le fond que sur la forme ». Aussi nous verrons, le 6 mai, que les pharmaciens de Paris sont invités à produire rapidement leurs mémoires dûment signés par les maires et appuyés de pièces justificatives, afin qu'ils soient examinés par le bureau de comptabilité de la préfecture de police. On ajoute même que « les mémoires seront vérifiés avec une grande attention par le conseil spécial * ». Cela s'adresse à qui voudrait forcer la note.

Voilà pour le matériel. Le personnel comprendra six médecins, un pharmacien et six élèves en médecine. Les médecins sont relevés de quatre heures en quatre heures pour qu'ils soient toujours au nombre de deux. Le pharmacien devra, lui, prendre une garde de vingt-quatre heures.

Dans ces deux pièces, on entassera encore : « six infirmiers, hommes de peine, au moins, et deux femmes garde-malades, au moins ». On se demande où se tiendront les malades. Les médecins seront choisis parmi les médecins-chirurgiens ou officiers de santé domiciliés à Paris, âgés de moins de soixante ans et non chefs de service. Les élèves seront pris chez les étudiants inscrits sur les registres de la faculté.

Nul ne pourra se soustraire à ce service qui sera obligatoirement gratuit.

Il est enfin une instruction que personne n'osa appliquer, de crainte de réveiller les grandes terreurs du Moyen Age : il était demandé aux brancardiers chargés d'évacuer les malades de désigner, par une marque reconnaissable et qui devait rester en place huit jours, les maisons où aurait séjourné un cholérique. On se rend compte, à ce détail, com-

* *Le Journal des débats,* 6 mai.

bien la doctrine de la contagiosité prévalait à ce moment : ce n'était certes pas l'opinion de tous et le non-contagionnisme allait vite gagner du terrain.

Édits pour collectivités

On n'a pas encore pensé aux prisons, en apparence, mais, dès le début de l'épidémie, on comprend qu'il y a, entre leurs murs, en raison de la promiscuité, un risque élevé de propagation de la maladie. La mortalité habituelle, quoique moindre que dans les siècles passés, est cependant forte en milieu carcéral ; que deviendra-t-elle si le choléra se met de la partie ?

Paris a, pour enfermer ses délinquants, de multiples ressources. Le dépôt de la préfecture de police n'est qu'un lieu de passage. La Conciergerie est réservée aux criminels traduits en cour d'assises. Les femmes vont, pour la plupart, à Saint-Lazare, au faubourg Saint-Denis. En fait, les deux grands centres sont l'énorme prison de la Force qui s'ouvre au n° 2 de la rue du Roi-de-Sicile et Sainte-Pélagie, rue de la Clef, près du Jardin du Roi.

La Force peut contenir 1 200 prisonniers : il y en a rarement plus de 800 à 900. C'est la prison de la prévention où, du fait de la lenteur de la justice, on peut, même innocent, séjourner plusieurs mois. Cinq cours d'inégale importance et d'inégal confort composent l'ensemble des bâtiments. Celui qui possède quelque argent pourra obtenir des gardiens qu'ils le conduisent dans la cour Saint-Vincent-de-Paul, la plus aérée, celle que l'on nomme la cour de la Dette. Là, moyennant vingt-cinq sous par décade, il disposera d'un lit et même d'une chambre pour lui seul et il pourra rester dans cette chambre si l'envie lui en dit. Mais celui qui est moins fortuné se verra imposer les sorties obligatoires dans la cour par tous les temps et le lit qu'il devra partager avec un compagnon de cellule ou de chambrée : il deviendra un « pailleux ».

Au palais de justice où le « panier à salade » a conduit les prévenus en vue d'interrogatoire, ceux-ci, avant leur comparution, attendent dans la « Souricière ». « La Souricière n'est pas un cachot, c'est plus horrible. Un cachot a pour lui sa paille et son silence, mais à la Souricière point de banc pour reposer le corps placé sur lui-même pendant douze heures ; point de silence pour réfléchir ; point d'air pour rafraîchir les poumons infectés de soixante individus qui se remuent à grand-peine dans un espage large de quelques pieds... une étroite lucarne, obstruée par un châssis et des barreaux scellés, donnant sur une cour large comme une cheminée, est le seul accès que puissent trouver les rayons d'un faux jour et le seul passage laissé à l'évaporation des gaz méphitiques qui se forment dans cette sentine... Ce lieu, que renieraient des siècles de barbarie et d'ignorance, est placé immédiatement au-dessous des sièges qu'occupent des magistrats éclairés par de profondes études... » (2).

Les ministres de la Justice et du Commerce, le préfet de police et le préfet de la Seine, le procureur général de la Cour royale, le président du Conseil supérieur de santé visitent ces lieux et prescrivent aux architectes diverses mesures de ventilation. Gisquet, surtout, s'intéresse à ses prisons, en fait blanchir les murs à la chaux, les aère, distribue des vêtements chauds aux détenus, des bas de laine et des ceintures de flanelle et améliore l'ordinaire.

Enfin, l'eau chlorurée est utilisée en abondance et fréquemment pour désinfecter les vases, les latrines, les bat-flanc.

Toutes ces précautions seront étendues aussi à Sainte-Pélagie où sont incarcérés — le mot est même un peu fort — les débiteurs insolvables et les détenus politiques. Le chansonnier Béranger y avait fait un séjour et en avait conservé un excellent souvenir. « Figurez-vous que, jusqu'alors, j'avais ignoré les commodités de la vie : mal logé, mal couché, n'ayant jamais de feu en travaillant dans mon réduit, même pendant le plus rude hiver ; tandis que, dans la prison, mon coucher était excellent, une table bien, trop bien servie, et ma chambre, si soigneusement chauffée que le vent de décembre n'y pouvait pénétrer. Cependant, il n'y a pas d'avantage sans inconvénients : les visites, d'ailleurs fort aimables, ne discontinuaient pas ; elles me laissaient à peine le temps de travailler... » (16). Sous la monarchie de juillet, les hôtes de Sainte-Pélagie étaient toujours bien traités, mais certains, comme Marrast, y trouvaient des sujets de plainte : « Sainte-Pélagie, c'est le supplice par la longueur, la torture par l'ennui, l'homicide par la consomption... de l'air, un peu ; de l'espace, presque pas ; des amis, quelques-uns ; des importuns, à foison... C'est un directeur humain qui a des formes aimables ; ce sont des gardiens qui ressemblent à des ouvreuses de loges, ce n'est pas dur et c'est triste... » (81). Quelle que soit la prison, quels qu'en soient ses avantages ou ses inconvénients, l'hygiène y règnera désormais. Nous verrons bientôt qu'elle y sera aussi contestée.

Après les prisons, les casernes. C'est au ministre de la Guerre d'y veiller qui, dès le 30 mars, lance une série d'ordonnances applicables sans délai. On y retrouve, bien entendu, les chaussettes de laine et les ceintures de flanelle pour l'achat desquelles il est alloué cinq francs par homme. On distribuera du riz et du vin à chaque soldat sans que la quantité soit précisée mais on interdira la vente des liqueurs spiritueuses dans les casernes et la fréquentation des estaminets, cabarets et lieux publics. Les soldats seront désormais choyés : pas d'exercice sans avoir mangé une bonne soupe, pas de manœuvre trop tôt le matin ni par temps froid et humide ; l'appel sera sonné dès le coucher du soleil. C'en est fini du lit au carré : on laisse la literie à l'air toute la journée et on ne fait la couverture qu'au moment du coucher. Propreté des locaux et propreté des corps. Pas de malade qui traîne dans la caserne ; même le moindre tire-au-flanc, contagieux possible, doit être évacué sur l'hôpital militaire ou les Invalides ; là, une salle particulière est réservée aux cholériques *.

Nous verrons que ces précautions auront été indéniablement efficaces.

En même temps, du ministère de l'Instruction publique émane une circulaire adressée aux proviseurs des collèges, les priant instamment de surveiller la nourriture, les fournitures de santé et les médicaments : ils devront, à cet effet, se mettre en rapport avec le médecin de l'établissement. Les salles seront tenues dans un grand état de propreté. Mais le ministre insiste beaucoup sur la discrétion qui doit entourer ces dispositions : « Dans tous les cas, monsieur le proviseur, il importe que ces précautions diverses prises sans bruit et simplement, n'alarment pas l'imagination des élèves qui, Dieu merci, sont moins menacés que personne ** !

Sur ce canevas, il faut broder. Trois jours plus tard, les proviseurs et les médecins exposent le détail des mesures qu'ils comptent prendre. Il est facile de les deviner : chaussettes de laine et ceinture de flanelle comme tout un chacun ; aération fréquente des lieux de réunion ; chlorure de chaux dans les dortoirs et les salles d'étude. On forcera le chauffage dans les pièces humides. Peu de gymnastique ; pas de refroidissement. Tant pis pour l'Église, on ne fera maigre qu'une fois par semaine ! Pas de salaisons, pas de légumes herbacés et pas plus de deux tiers d'eau dans le vin.

Le 3 avril, vient le tour des écoles primaires. Elles vont subir une

* *Le Journal des débats,* 1er avril 1832.
** *Id.,* 2 avril 1832.

inspection extraordinaire des comités de surveillance convoqués par les douze maires afin de déterminer les réparations nécessaires à l'assainissement des locaux. Dans toutes les collectivités, c'est le branle-bas.

Aujourd'hui, nous vivons encore

L'opinion publique est décidément bien lente à s'émouvoir. Quand on apprit que les Russes étaient atteints, on fit une collecte qui rapporta 11 000 francs. Notre ambassadeur les remit solennellement au tsar et tout en resta là (75). Quand Varsovie fut la proie du fléau, en février 1831, on plaignit ces pauvres Polonais mais le théâtre des Nouveautés donnait un chef-d'œuvre de mauvais goût : *Les pilules dramatiques ou le choléra-morbus.* L'épidémie poussait ses pointes dans toute l'Europe que la population parisienne restait insouciante.

Des années après, Charles de Rémusat en est encore tout confondu : « Il y avait plus d'une année que, parti du fond de l'Asie, [le choléra] marchait vers l'occident de l'Europe. On en racontait les ravages ; on nous en prédisait l'invasion ; nous écoutions avec curiosité mais sans effroi. Nous pensions que ces grandes pestes dont parlent les historiens n'appartenaient qu'au Moyen Age. Elles ne pourraient plus pénétrer dans une société aussi avancée : notre climat, la salubrité de notre pays, nos règlements de police, les progrès de la science, nous en préserveraient. Comment supposer qu'une ville magnifique telle que Paris serait, comme les cités misérables de l'Orient, la proie d'une contagion indochinoise ? » (98).

La Gazette médicale fait s'exprimer des gens plus simples qui tiennent à peu près les mêmes propos : « Croyez-vous, docteur, que le fléau indien vienne en France ? Cela est-il probable ? Notre beau pays en paraît à l'abri ; l'air y est si pur, le sol si bien cultivé, qu'on ne peut redouter une pareille épidémie. Peut-être paraîtra-t-elle dans la classe inférieure, mais elle ne fera que nous effleurer. D'ailleurs, chez quel peuple le choléra-morbus a-t-il fait des ravages ? Chez les barbares ou semi-barbares ; mais soyez certain qu'il trouvera dans notre civilisation avancée un formidable obstacle. La civilisation, voyez-vous, est ce qu'il y a de mieux pour combattre toutes les épidémies *... »

Dans un canard imprimé à Épinal, le ton est plus peuple encore :

* *La Gazette médicale*, 3 novembre 1832.

« Ravages du choléra-morbus en Arabie, causés surtout par le peu de précautions sanitaires que prennent les Turcs et autres mahométans et par leur malpropreté, ainsi que leur obstination à rester assemblés en nombre prodigieux dans des endroits malsains. Toutes raisons qui nous portent à croire qu'en France, où l'on est bien autrement prudent, nous n'éprouverons jamais de pareils désastres » (102).

D'ailleurs, pourquoi s'inquiéterait-on à Paris alors qu'à Londres même, déjà atteint, on va répétant que « les médecins [sont] des imposteurs et que le choléra n'existe que dans leur imagination, comme instrument de leur avarice » (22).

Alors les plaisirs vont bon train et le comte Apponyi, déjà entrevu, ce jeune attaché à l'ambassade d'Autriche, n'en laisse pas sa part. Le 22 mars, il dîne chez la princesse de Beauvan ; le malheur n'est pourtant pas loin : « ... Malgré le choléra et tout ce que disait M. Perregaux, on mangea beaucoup et de tout et l'on ne but pas moins, peut-être plus qu'à l'ordinaire. M. Lokwood surtout avait tout un régiment de verres devant lui qu'il vidait au fur et à mesure qu'on les lui remplissait » (19).

D'autres aussi boivent, par habitude. Chateaubriand se rappelle avoir vu « des ivrognes à la barrière, assis devant la porte du cabaret, buvant sur une petite table de bois et disant, en élevant leur verre : "A ta santé, Morbus" » (39). Les enfants jouent au choléra qu'ils appellent le Nicolas-Morbus et le Scélérat-Morbus.

Vient le Mardi gras et les inconscients continuent à rire. Un individu masqué au visage du roi, coiffé d'un chapeau gris à large cocarde tricolore, armé du traditionnel parapluie, fait s'esclaffer la foule devant les agents impuissants (27).

Certains commencent cependant à soupçonner le danger, et Eugène Sue, écrivant *Le Juif errant*, saura se souvenir de ses appréhensions : « ... Tout à coup la reine Bacchanal se leva. Sa physionomie avait une singulière expression de joie amère et sardonique ; d'une main, elle tenait son verre plein.

» — On dit que le choléra approche avec ses bottes de sept lieues, s'écria-t-elle. Je bois au choléra !

» Et elle but. Malgré la gaieté générale, ces mots firent une impression sinistre ; une sorte de frisson électrique parcourut l'assemblée ; les visages devinrent tout à coup sérieux...

» — Au choléra, reprit intrépidement la reine Bacchanal, qu'il épargne ceux qui ont envie de vivre et qu'il fasse mourir ensemble ceux qui ne veulent pas se quitter » (16).

Cette fois, l'épidémie est là ! Il n'est plus question de demain, de peut-être, de précautions à prendre éventuellement. Le futur et le conditionnel sont abolis. Nous sommes à Paris et nous vivons le choléra.

4.

La fléau s'abat sur la capitale

L'aube du malheur

« C'était par une de ces belles mais perfides journées de printemps... De plus, c'était quelque chose comme une fête, car nous avons encore conservé du carême le jour qui en suspend les austérités. Toute la population se répandait avec empressement sur les Boulevards, avide de voir ou plutôt d'avoir vu un de ces travestissements séculaires dont les enfants saluent l'apparition par le vieux cri du carnaval. Il y avait partout de la gaieté, de l'encombrement, de la poussière et, nulle part, de la garde municipale, parce que la police ne reconnaît pas la mi-carême et, pour cette fois-là, chacun peut se divertir à ses risques et périls. Au milieu de cette foule joyeuse, allaient et revenaient sans cesse trente ou quarante masques heureux d'être regardés, de se voir montrer du doigt, et semant sur leur passage des propos orduriers qu'on leur avait vendus tout faits. Le ciel était beau mais il soufflait un âpre vent du nord, un vent à flétrir tout à coup sur leurs branches les fleurs naissantes de l'amandier. C'est alors, c'est au milieu d'une multitude épanouie, c'est parmi les rires, les gais discours et les folies bruyantes, qu'une affreuse nouvelle circule parmi les groupes. Heureusement, elle venait du *Moniteur ;* elle arrivait avec un caractère officiel et l'on avait, devant soi, quelque temps pour en douter. »

C'est ainsi qu'André Bazin racontera bientôt les débuts du choléra à Paris *. C'est vrai qu'il fait très beau, 28° au « baromètre », déclare Louis Blanc (76) qui se contente d'à-peu-près, que le ciel est pur, dégagé par un petit vent sec de nord-est ; que des gens déguisés folâ-

* *La Gazette médicale*, 25 août 1832.

trent ; certains écervelés ont même osé plaquer sur leur visage le masque livide du choléra — mais Bazin est très loin de l'inquiétante réalité.

Henri Heine, l'écrivain allemand considéré comme l'homme le plus spirituel de l'Europe, ne fait pas preuve de beaucoup plus de sobriété en romançant, avec talent et démesure, cette journée de la mi-carême. « ... Le soir du même jour, les bals publics furent plus fréquentés que jamais : les rires les plus présomptueux couvraient presque la musique éclatante ; on s'échauffait beaucoup au chahut, danse plus équivoque ; on engloutissait toutes sortes de glaces et de boissons froides quand tout à coup, le plus sémillant des arlequins sentit trop de fraîcheur dans ses jambes, ôta son masque et découvrit, à l'étonnement de tout le monde, un visage bleu violet. On s'aperçut tout d'abord que ce n'était pas une plaisanterie et les rires se turent et l'on conduisit bientôt plusieurs voitures de masques du bal immédiatement à l'Hôtel-Dieu, hôpital central, où, en arrivant sous leurs burlesques déguisements, le plus grand nombre moururent. Comme, dans le premier mouvement d'épouvante, on croyait à la contagion et que les anciens hôtes de l'hôpital avaient élevé d'affreux cris d'effroi, on prétend que ces morts furent enterrés si vite, qu'on ne prit pas le temps de les dépouiller des livrées bariolées de la folie et qu'ils reposent dans la tombe, gaiement, comme ils ont vécu » (61).

Ces relations vont nous paraître sobres en regard de la description grotesque et outrancière que fait Alexandre Dumas de cette journée :

« Un homme tombait malade chez lui, deux voisins le posaient sur une civière, et le portaient à l'hôpital le plus rapproché.

» Souvent, avant d'arriver, le malade était mort et l'un des porteurs, sinon tous les deux, prenait sa place sur la civière.

» Un cercle de visages épouvantés se formait autour du mort ; un cri retentissait au milieu de cette foule : un homme, une de ses mains à la poitrine, l'autre à ses entrailles, se tordait comme un épileptique, tombait à terre, se roulait sur le pavé, devenait bleu et expirait.

» La foule se dispersait, terrifiée, levant les bras au ciel, tournant la tête en arrière, fuyant pour fuir, car le danger était partout... » (49).

Mais la vérité historique est plus émouvante dans sa simplicité : aujourd'hui, 26 mars 1832, quatre habitants de Paris sont victimes du choléra. Le premier, M. Cartier, cuisinier du maréchal Lobau ; il demeure dans le quartier de la Monnaie au 68 de la rue Mazarine. Il sera mort le 30 mars. On dînait mal chez le maréchal ; aussi les journaux satiriques qui n'ont pas encore compris toute la gravité de la nouvelle la tournent en dérision. « Pauvre maréchal, si son cuisinier a emporté dans sa tombe ses sordides recettes d'économie, il doit être inconsolable. » « Le maréchal, écrit un autre, vient d'engager, pour remplacer son cuisinier, une vieille demoiselle nommée Locuste Voisin et dite la Brinvilliers, jurons qu'on ne s'apercevra pas du changement » (75).

La seconde est une fillette de dix ans, domiciliée dans la Cité, au 1 rue du Haut-Moulin ; la troisième, une marchande ambulante logée dans le quartier de l'Arsenal au 35, rue des Jardins-Saint-Paul ; le quatrième, un marchand d'œufs nommé Leschenault, vivant dans celui de l'Hôtel-de-Ville, dans l'horrible rue de la Mortellerie qui, dès le premier jour, commence à faire parler d'elle.

Ces quatre malades sont-ils vraiment les premiers ? On nous dit que le choléra nous est venu d'Angleterre par Calais où il a fait un mort dès le mois de décembre de l'an passé. Comment a-t-il pu se terrer ainsi pendant trois longs mois et bondir soudainement de Calais à Paris ? Et de quoi souffraient donc ces malades signalés par la commission sanitaire de Bar-le-Duc en février et en mars de cette année ? L'épidémie serait-elle entrée en France par plusieurs portes ? C'est vraisemblable (31). A la séance du 22 février de l'Académie royale de médecine, le docteur Le Breton avait rapporté un cas de choléra remontant au 6 janvier chez un étudiant de la rue Hautefeuille ; le malheureux était mort en trente-six heures et l'on avait étouffé l'affaire. Le 13 février, le portier du 13 de la rue des Lombards était décédé de la même façon. D'ailleurs, dans son numéro du 31 mars, *La Gazette médicale* est bien obligée de révéler les faits : « Il y a déjà trois mois que nous avions en notre possession plusieurs cas non douteux de choléra-morbus observés par des hommes de science et de bonne foi ; mais la crainte d'alarmer une population déjà fort inquiète nous a fait garder le silence jusqu'à ce que la maladie eut acquis un développement plus complet. »

Ainsi on savait et l'administration n'avait réservé que deux cents lits d'hospitalisation pour toute la population parisienne !

Il est vrai que, pour la journée du 26 mars, c'était suffisant. Le lendemain, six nouveaux cas apparaissent, indiscutables, qu'il faut transporter à l'Hôtel-Dieu. Le 28, on en est déjà à vingt-deux, mais ce n'est rien encore. Le 31 mars, on compte trois cents personnes atteintes. Le 1er avril, il n'est pas un seul des 48 quartiers de Paris qui soit épargné mais ils sont touchés de façon bien inégale : la palme de la morbidité revient aux plus insalubres et à ceux des bords de Seine (Hôtel-de-Ville, Cité, Invalides, l'enclave du Gros-Caillou).

Que les bourgeois se rassurent ! *Le Journal des débats* est d'ailleurs là pour les réconforter. Le 29 mars : « Tous les hommes atteints de ce mal épidémique mais que l'on ne croit pas contagieux, appartiennent à la classe du peuple. Ce sont des cordonniers, des ouvriers qui travaillent à la fabrication des couvertures de laine. Ils habitaient les rues sales et étroites de la Cité et du quartier Notre-Dame. » Le 30 mars : « Le nombre des hommes qui en sont atteints est jusqu'à présent plus considérable que celui des femmes et la classe pauvre et malheureuse en est la seule victime. » Le 1er avril, le rédacteur parvient aux limites du cynisme en écrivant que, si les pauvres sont touchés, c'est un peu de leur faute : « D'après les renseignements que nous avons pris nous-même auprès des malades, nous ne pouvons nous empêcher de reconnaître que la manière de vivre des individus, leur état de misère, les privations, le froid auquel ils sont exposés dans leurs chambres mal closes, dans leurs lits mal couverts, dans l'exercice de leur profession, que les excès de vin, de liqueurs et quelquefois la débauche déterminent les cas les plus nombreux de choléra. Ils paraissent, en général, peu souffrir.

» Plusieurs des malheureux que nous avons interrogés avaient souvent manqué du nécessaire cet hiver et ne s'en étaient pas moins livrés à tous les excès du carnaval. »

Comme on sait qui doit être atteint et qui ne le sera pas, le journaliste gouvernemental peut s'exprimer librement et appeler les choses par leur nom : « Aujourd'hui, neuf personnes ont été portées à l'Hôtel-Dieu (nous sommes le 28 mars) ; sur les neuf, quatre ont succombé avant six heures du soir. Leurs cadavres ont été ouverts immédiatement et l'on en a encore reconnu les signes principaux de cette cruelle maladie. »

Toutefois, l'inquiétude point devant l'observation d'un malade hospitalisé à l'Hôtel-Dieu depuis trois semaines pour une quelconque affection cardiaque, à l'abri de tout contact extérieur, soumis à un régime sévère — il ne mangeait que de la soupe — et qui, contre toute règle, se met à mourir du choléra.

Et puis les chiffres sont là qui augmentent au fil des jours et entraînent, dans leur inquiétante progression, la montée de l'angoisse.

La première page du *Journal des débats* du 1er avril 1832 est impressionnante : elle donne, sur toute la hauteur de deux colonnes, en très petits caractères et en lignes serrées, les nom, âge, adresse et profession des personnes touchées depuis le 22 mars jusqu'au 30 à minuit. Dès le lendemain, ce répertoire sera suspendu car il aurait rapidement occupé les quatre pages du quotidien. Le 2 avril, on dénombre plus de 100 nouveaux décès chaque jour ; le 3 : 200 ; le 5 : 300. Jusqu'où cette macabre comptabilité va-t-elle entraîner le lecteur ? Le 9 avril, ce sont 1 200 Parisiens qui sont frappés par l'épidémie et 814 qui en meurent ; le 14, on annonce 12 ou 13 000 malades et 7 000 morts ; la courbe a atteint son maximum, et va, dès lors, descendre sur le graphique mais, à la fin du mois, 12 824 habitants de la capitale auront été balayés par le fléau. Pour la plupart, ils appartenaient au menu peuple et habitaient les bas quartiers. « Sur 21 mourants amenés dans un hôpital, un seul avait une chemise. » Au tableau d'honneur de la mortalité, l'épouvantable rue de la Mortellerie où, dans des chambres malsaines, s'entassent des journaliers : 17 cholériques en une seule journée. Du 28 au 31 mars, rue de la Huchette, sur 84 sujets atteints 33 n'en réchapperont pas ; 47 sur 123 rue Saint-Jacques et ce n'est pas mieux dans les infectes ruelles de la Parcheminerie, Boutebrie, Zacharie et du Petit-Pont où l'on assiste à une hécatombe. Dans les quartiers ouvriers misérables du XIIe arrondissement, autour du Jardin des plantes, malades, moribonds et cadavres sont emportés au même rythme macabre.

Il faut des coupables

Tandis que le nombre des morts ne cesse de s'accroître au sein des classes déshéritées de la capitale alors que les riches sont épargnés, des événements curieux se produisent que l'histoire a déjà connus à maintes reprises. Le peuple, dans son ignorance des causes de l'épidémie et ne pouvant admettre le développement spontané du fléau, recherche un bouc émissaire. Nous savons, par Thucydide, ce qui se passa à Athènes quand la peste s'abattit soudain sur la ville « frappant d'abord les habitants du Pirée : le bruit courut que les Péloponnésiens avaient empoisonné les citernes » (109). En Europe, la peste noire, entre 1348 et 1350, fut effroyablement meurtrière puisqu'elle tua un tiers de la population et même les deux tiers dans certaines régions. Les Juifs en furent rendus responsables et « eurent droit à un traitement spécial... On les accusa d'empoisonner les puits... La rumeur se propagea encore plus vite que les rats et, en conséquence, les Juifs furent brûlés en masse dans toute l'Europe » (72). En 1831, le même phénomène se reproduisit en Pologne où, avec sauvagerie, les Juifs furent poursuivis comme les infâmes auteurs de l'épidémie.

En Russie * ce furent les médecins que l'on accusa de rendre l'eau des puits dangereuse avec leurs drogues. On affirmait que quiconque entrait dans les hôpitaux avait la certitude d'y mourir. Les médecins n'étaient que les affidés des gros propriétaires terriens, des nobles ; les policiers, leurs complices, et tous ces personnages participaient à une gigantesque opération destinée à anéantir le bas peuple. Aiguillonnée par de telles croyances, la paysannerie, serve et famélique, ne put que se soulever : des vagues de colère que l'histoire retiendra sous le nom de « révoltes cholériques » secouèrent l'empire des tsars. A Saint-Pétersbourg, l'alerte fut chaude si l'on en croît le comte d'Essen, aide de camp du gouverneur militaire : « Dès l'aube, le 21 juin 1831, le peuple se précipita dans les rues, il discuta d'abord, forma des détachements et se jeta ensuite, de toutes ses forces, à travers les rues principales, détruisant, jetant dans la rivière les voitures sanitaires pour le transport des malades, démolissant les guérites de la police, battant non seulement les employés subalternes mais aussi beaucoup d'officiers, les traquant dans les caves, les sous-sols et les cantines ; il envahit les habitations des médecins, jetant leur mobilier dans la rue. Des foules nombreuses se précipitèrent vers les principaux hôpitaux provisoires de cholériques. L'hôpital de la place du Foin fut démoli, les malades transportés dans les rues ainsi que leurs lits ; et les médecins saisis furent tués **. »

En Hongrie, le gouvernement lui-même avait décrété que le remède souverain contre la maladie régnante était le bismuth : comme les malheureux continuaient de mourir à la même cadence, ils eurent vite fait de trouver, dans le remède, la cause de leurs maux. Une nouvelle fois, le gouvernement et les classes possédantes étaient qualifiés d'empoisonneurs et les populations se révoltèrent. La menace devint si grande que les dirigeants durent abolir la « loi du bismuth » (40).

Les oppositions

En France, en ce début de 1832, l'humeur est déjà maussade. Le roi des Français et son régime ne sont pas acceptés par tous. Bien des espérances furent déçues après la révolution de 1830.

Les républicains, qui se voyaient déjà au pouvoir, n'ont pas goûté

* Mme M.V. Netchkina et coll. in *Le Choléra*, Louis Chevalier (40).

** *Ibid.*

les manœuvres de Thiers et s'estiment dupés : la monarchie, même constitutionnelle, n'en reste pas moins une monarchie. Il faut l'abattre et c'est au sein de cette opposition que se rencontrent les adversaires les plus dangereux. Déterminés, courageux, intelligents, ils s'organisent en sociétés secrètes ou tolérées, telle la Société des Amis du peuple, la plus puissante, la société Aide-toi, le ciel t'aidera, sous la direction de Garnier-Pagès, la Société des familles pour ne citer que les principales. C'est de là que partent la plupart des mouvements séditieux.

Les légitimistes, bien que moins disciplinés et moins audacieux, remâchent leur rancœur et restent à craindre. Le gouvernement laisse publier des pamphlets orduriers contre Charles X, des libelles injurieux contre les duchesses d'Angoulême et de Berry, ce qui a pour effet d'exciter la haine des carlistes. « Jamais, écrit le vicomte de Grenville, les honnêtes gens ne pardonneront à Louis-Philippe d'avoir laissé crier dans les rues de Paris "Histoire des amours de l'archevêque de Paris et de la duchesse d'Angoulême" » (56). Leur but avoué est de ramener sur le trône celui qu'ils considèrent comme Henri V, le fils de la duchesse de Berry et petit-fils de Charles X.

Quant aux bonapartistes, même si certains s'agitent quelque peu, leur espoir est bien mince de voir se reconstituer l'empire napoléonien et ses fastes. Les quatre frères sont à l'étranger, peu désireux de faire parler d'eux ; le fils, mollement élevé dans les délices de la cour de Vienne, étroitement surveillé par Metternich et de surcroît chétif, n'a pas l'envergure d'un chef de parti. Cependant, tous ces nostalgiques d'une gloire éteinte font leur propagande et, déclare Gisquet, « dans toutes les circonstances excitent ou secondent les émeutes et les actes d'hostilité contre le gouvernement ».

Ceux-ci ne manquent pas depuis que Louis-Philippe est au pouvoir.

Le 14 février 1831, on célébrait un office à Saint-Germain l'Auxerrois à la mémoire du duc de Berry assassiné onze ans auparavant. Tout se passait dans le calme quand un officier épingla, sur le catafalque, une lithographie du duc de Bordeaux. C'en fut trop pour le peuple : massé à l'extérieur, il voyait déjà d'un mauvais œil cette cérémonie expiatoire qui s'acheva au milieu des murmures. Les fidèles dispersés, la foule grandit et brusquement envahit l'église. Ce fut alors un honteux saccage où tous les débordements de l'anticléricalisme s'en donnèrent à cœur joie : vitraux, tableaux, autels, boiseries, rien ne résista à la destruction populaire, au milieu des rires et des cris. Et cependant, pas un objet ne fut dérobé. Belle consolation pour Louis Blanc qui semble s'émerveiller : « Au milieu d'une société cupide et sans foi, le désintéressement n'avait pas cessé d'être la vertu des pauvres ! » (76).

Le lendemain, 15 février, c'est l'archevêché Notre-Dame qui fut mis à sac. Cette fois encore, les actes de vandalisme furent considérables mais il n'y eut pas rapine : « On voyait tournoyer en l'air et tomber dans le jardin, lancés de toutes les fenêtres, livres rares, manuscrits précieux, riches crucifix, missels, chasubles, soutanes, ornements de toute espèce. Piller, personne n'y songeait ; mais l'ardeur de détruire s'était, ainsi qu'une fatale ivresse, emparée de tous les esprits » (76). En haut lieu, on se gardait bien d'intervenir : la foi était suffisamment tiède pour qu'on préférât orienter l'excitation des masses vers les bâtiments religieux. Toutefois, quand la foule commença à se ruer sur les portes de la cathédrale, les gardes nationaux s'interposèrent.

Le 5 mai 1831, les bonapartistes prirent la relève. Réunis au pied de la colonne Vendôme, ils célébraient l'anniversaire de la mort de l'Empereur : comme un semblant d'agitation paraissait se manifester, le maréchal Lobau, sans trop attendre, dispersa pacifiquement les assistants à l'aide de quelques pompes à incendie.

Au tour des républicains ! Le 19 mai, Évariste Galois, à peine sorti de l'adolescence et déjà mathématicien prodige, brandissait un poignard au cours d'un banquet politique et, levant son verre, lançait : « A Louis-Philippe ». Sur l'affirmation qu'il ne tenait qu'un couteau à dessert, il fut acquitté mais, n'ayant pu calmer ses ardeurs révolutionnaires, on le retrouvera à Sainte-Pélagie le 23 octobre.

Le 15 septembre, Paris apprit la chute de Varsovie. La générosité du peuple parisien répondit par des mouvements séditieux. Le lendemain, toutes oppositions politiques mêlées, la foule se dirigea vers les boutiques du Palais-Royal mais le pire fut évité. Le 18, l'émeute s'enfla, gagna la Chambre où les députés, en session, revécurent leurs souvenirs de la Terreur. Perier fit alors donner les carabiniers (77).

Les 21 et 22 novembre, un mouvement social agita Lyon. Les canuts, grossièrement exploités par le patronat, descendirent de la Croix-Rousse. Au prix de plusieurs centaines de morts et de blessés, ils s'emparèrent de la préfecture et de l'Hôtel-de-Ville et restèrent maîtres de la ville durant plus d'une semaine. Mais, malgré une résistance acharnée, du 2 au 9 décembre, ils durent céder devant vingt mille hommes de troupe commandés par l'un des héros de l'Empire, le maréchal Soult. Adieu les revendications et les rêves d'un gouvernement populaire qui avaient germé chez certains !

Le 4 janvier 1832, la politique reprit ses droits. Vers la fin de l'après-midi, le bourdon de Notre-Dame se mit à sonner et la charpente de la tour du Midi s'embrasa : sur un fond de flammes, on vit se profiler des silhouettes. La police se précipita et arrêta sept individus dont Considère était le meneur. L'incendie des tours de Notre-Dame aurait dû donner le signal d'un soulèvement républicain.

Le rythme s'accélérait et les mouvements alternaient. Dans la nuit du 2 février 1832, les carlistes, discrets depuis quelque temps, fomentaient un complot. Un banquet de deux cents couverts, rue des Prouvaires, devait donner le change tandis que mille cinq cents conjurés légitimistes venus du canal Saint-Martin, de la barrière d'Enfer et du boulevard du Montparnasse auraient rejoint la place du Louvre. De là, en groupes séparés, ils auraient investi les Tuileries et massacré la famille royale. La police, alertée par un mouchard, étouffa le complot dans l'œuf. Deux cent quarante conspirateurs furent incarcérés dont leur chef, un nommé Poncelet.

Quinze jours plus tard, le 17 février, ce fut encore un ultra qui menaça la vie du roi. Alors qu'il sortait à pied du château par la porte du Carrousel, Berthier de Sauvigny lança son cabriolet à vive allure sur la famille royale. Louis-Philippe, la reine et Madame Adélaïde ne durent leur salut qu'à un prompt mouvement de recul.

Le 12 mars, à Grenoble, une mascarade tournait mal : parce que des jeunes gens avaient bafoué le souverain d'une manière indécente, le préfet ordonna la charge de la troupe. Il n'en fallut pas plus pour que toute la population se soulevât et le calme ne revint que lorsque le 35e régiment eut quitté la ville sous les huées : on parlera longtemps de la « conduite de Grenoble ».

Ces crises politiques avaient, à l'intérieur de la capitale, un retentissement obligé sur les activités commerciales et réduisaient la consommation locale (44). Nous sommes en pleine période de récession. Le crédit fait défaut. Toutes les industries sont touchées ; les artisans, les petits boutiquiers sont au bord de la faillite ; le peuple, atteint par un chômage grandissant, est dans la misère. C'est dans un climat social ainsi détérioré qu'éclate l'épidémie de choléra. Succédant à tant de troubles, elle ne peut manquer d'engendrer, à son tour, de nouveaux désordres et de catalyser tous les mécontentements.

L'émeute des chiffonniers

On n'avait jamais vu une révolte débuter un dimanche 1er avril et, qui plus est, le matin, sous la pluie ! C'est pourtant ainsi que les chiffonniers viennent de manifester leur colère et il est difficile de leur donner tout à fait tort. Voici les faits.

Ils étaient 1 800 dans la capitale, à gagner chichement leur vie. Leurs frais d'établissement étaient réduits au minimum : deux francs pour une plaque délivrée par la préfecture, trois francs pour une hotte, cinquante centimes pour un crochet et soixante-quinze pour une lanterne. Mais il leur fallait des mois pour se faire accepter par leurs congénères jaloux, pour être admis par les concierges et connaître les bons endroits où faire une fructueuse récolte : os, verres cassés, chiffons, cartons, peaux d'animaux (11). Ils devaient aussi avoir le cœur bien accroché pour trier leur hotte, laver les détritus qu'ils avaient choisis, les faire sécher sur leur grabat et s'endormir, dans leur taudis envahi par l'odeur fétide de toutes ces immondices. Pour leur nuit de travail, car ils exerçaient leur dégradante besogne la nuit, ils pouvaient espérer un revenu d'un franc cinquante, de quoi ne pas mourir de faim.

Quand ils avaient terminé leur tournée, les services de nettoiement arrivaient, avec de gros tombereaux tirés par trois chevaux, pour enlever les boues et les tas d'ordures amoncelées devant les immeubles. Ces voitures obstruaient les rues, empêchaient le passage des autres véhicules, ne pouvaient circuler dans les venellles trop étroites et laissaient, derrière elles, des traînées répugnantes sur la chaussée.

Pour assurer une meilleure hygiène de la voie publique, le conseil municipal, en 1831, livra, par adjudication, l'entretien des rues de Paris à une entreprise privée. Une condition était imposée : les tombereaux devraient être petits, tirés par un seul cheval afin de ne pas encombrer la circulation et d'effectuer des rotations rapides. Un avantage était accordé : celui de faire, outre la tournée du matin, un « tour de roue » supplémentaire à la tombée de la nuit. Grâce à ce privilège, l'acquéreur, un certain Savalette, espérait obtenir de considérables bénéfices en emportant, avant le passage des chiffonniers, tout ce que les déchets de la société pouvaient encore offrir d'exploitable.

D'autres personnages s'estimaient lésés par cette décision : les trente propriétaires de tombereaux qui les louaient aux services de la ville jusqu'à quinze francs par jour. Avec l'entreprise de Savalette s'envolait leur gagne-pain (53).

Or, dans la nuit du 31 mars 1832, en application des mesures de salubrité, les petites voitures commencent leur ouvrage. La nouvelle se répand comme une traînée de poudre parmi les chiffonniers. Dès le matin du 1er avril, ayant ameuté leur clientèle, des revendeuses, brocanteurs, marchands de guenilles, fripiers, marchands de peaux, ils envahissent la « rue du faubourg Saint-Antoine et celles qui avoisinent le marché Lenoir, la rue de la Mortellerie, près de la Grève, la rue des Marmousets, et le pont de l'Hôtel-Dieu dans la cité, la rue Saint-Jacques et la place Maubert, la rue Copeau... » (47). A coups de hache, ils détruisent un tombereau sur le quai aux Fleurs et en jettent les débris dans la Seine. Près de la barrière du Trône, deux autres sont mis en pièces et brulés.

Dans la nuit, des groupes continuent le tumulte, injurient les officiers de police et, pour opérer dans l'ombre, brisent toutes les lanternes des rues Saint-Martin et Saint-Denis.

Le lendemain, 2 avril, les chiffonniers et leurs acolytes s'acharnent encore sur les voitures de Savalette et en brisent plus de vingt. Le Paris bourgeois se tapit ; les magasins ont fermé leurs volets. La fermentation gagne la place du Caire, l'archevêché, le pont au Change. Des agitateurs profitent de l'occasion. Apponyi, au cours d'une promenade en cabriolet, peut lire, sur les lambeaux d'un placard : « Remède contre le choléra-morbus : prenez deux cents têtes de la Chambre des pairs, cent cinquante de celle des députés qu'on vous désignera, celles de C. Perier, Sebastiani et d'Argout, celles de Philippe et de son fils, faites-les rouler sur la place de la Révolution et l'atmosphère de la France et de la Belgique sera purifiée... Signé : un décoré de Juillet » (19). On touche ici du doigt l'intrication entre l'épidémie, les mouvements sociaux et l'opposition politique. L'attaché autrichien ne paraît pas prendre les événements au sérieux car, déclare un rapport de haute police : « Pendant son dîner chez lui [ce même soir], on s'est beaucoup amusé de la révolte des chiffonniers. On s'est entretenu aussi du choléra qui fait peu d'effet dans cette ambassade... » (111).

Émeutes, maladie, hostilité envers le roi et son gouvernement sont exploitées conjointement par les orateurs de carrefour. Ne sont-elles pas des expressions différentes d'un même état, la profonde misère du peuple ? Un libelle saisi sur l'un de ces factieux appelle presque à la révolution : « Au peuple français ! Le choléra est un fléau moins cruel que le gouvernement de Louis-Philippe, mais c'est encore le peuple qui souffre. — Que fait-on pour lui ? Le voici. La police choisit exprès ce moment pour enlever à une classe nombreuse de travailleurs une chétive ressource et, cependant, ce n'est pas du choléra que meurent les pauvres, c'est de faim !...

» La maladie désole les quartiers populeux parce qu'ils sont malsains et encombrés d'indigents. On abandonne des maisons salubres et spacieuses où le mal ne pénètre pas ; elles restent vides tandis que les hôpitaux s'emplissent et que les misérables et étroites demeures des pauvres regorgent de mourants.

» Eh bien ! Que ces hôtels inutiles reçoivent les malheureux qui n'ont d'autre asile que les rues infectes. Leurs maîtres opulents les désertent, c'est au peuple à s'y loger.

» A quoi servent donc ces palais de la liste civile ? Ces milliers de lits qui s'y trouvent ? A quoi sert ce Palais-Royal où tu n'as laissé que quelques valets, Philippe ? A quoi sert ce château que tu habites, où tu ne resteras pas...

» Le gouvernement daigne conseiller au peuple de se bien nourrir, et avec quoi ? Tous les aliments, toutes les boissons ne sont-ils pas hors de prix ? Ne paient-ils pas un droit aux barrières ? Ne le payez pas ce droit et si les barrières vous affament, qu'elles soient détruites !

» Que le peuple se montre : qu'il aille, lui qui n'a rien, lever son impôt sur ceux qui ont tant ! Il est fort : pourquoi meurt-il de faim aux pieds de tant de riches sans pitié ?...

» Le peuple mérite son sort s'il souffre ; la patience est une lâcheté. Parisiens, il serait beau pour vous de faire sortir la liberté du fléau qui désole l'Europe !

» Ah ! Peuple, si tu voulais * !... »

D'autres proclamations s'essaient à un ton plus menaçant : « Que la torche, la pique, la hache nous ouvrent donc un passage à travers les obstacles de la tyrannie... Aux armes ! Aux armes !... » (53).

Devant l'ampleur que prennent les tumultes, la garde nationale — qui se fait un peut tirer l'oreille — et les troupes de la garnison sont appelées pour rétablir l'ordre. Des hommes tombent de part et d'autre avant que le calme ne revienne. Parmi les deux cent vingt-cinq personnes mises en état d'arrestation, la police ne retrouve que huit à dix chiffonniers. A trois heures de l'après-midi, le duc d'Orléans et le duc de Nemours, avec le maréchal Lobau et son état-major, parcourent tous les quartiers où règne une paix précaire.

* *Le Journal des débats*, 5 avril 1832.

Les chiffonniers s'en prenant encore aux nouvelles petites voitures de nettoiement durant les matinées suivantes, le préfet de police fait arrêter, dans la nuit du 5 au 6 avril, vingt-six propriétaires des gros tombereaux supprimés qu'il soupçonnait de soudoyer des perturbateurs. Comme par enchantement, les désordres s'éteignent.

Soulèvement à Sainte-Pélagie

Le dimanche 1er avril, fertile en événements, va connaître une autre menace qui pourrait devenir plus sérieuse. Prétextant l'insalubrité des locaux, les détenus politiques de Sainte-Pélagie s'insurgent, brisent leur mobilier, attaquent les gardiens, les repoussent et se rendent bientôt maîtres de la prison. En même temps, près de deux cents républicains, armés des débris d'un échafaudage qu'ils viennent de démolir, tentent d'enfoncer les portes de l'extérieur et sont sur le point d'y parvenir. Mais la garde municipale, alertée, disperse rapidement les assaillants et peut en interpeller quelques-uns dont le sieur Valot, républicain notoire et tête du complot qui paiera son échec de huit ans de travaux forcés. Il s'agit encore de calmer la révolte intérieure. A peine a-t-elle pénétré dans la cour que la troupe est accueillie par une grêle de pierres et de tessons de bouteilles. Considère, celui de l'incendie des tours de Notre-Dame et meneur de la révolte, va gagner, ce jour, quelques mois d'incarcération supplémentaires. Les gardes municipaux, sur le point d'être débordés, font la sommation d'usage puis tirent les coups de feu — sans intention de blesser, dira-t-on —. Un certain Jacobeus, ouvrier imprimeur impliqué dans le complot légitimiste de la rue des Prouvaires, trouve la mort. Quand l'affaire sera jugée, en septembre, le soldat responsable, blessé lui-même, plaidera la légitime défense et sera acquitté. Pour le moment, le cadavre de Jacobeus encombre, et la presse d'opposition carliste, comme celle des républicains, profite de l'aubaine (53). « Les scélérats ont fait feu sur les patriotes détenus », dit-on à droite. « On assassine dans les prisons », dit-on à gauche.

Ce n'est pas tout. Un détenu vient de mourir du choléra à Sainte-Pélagie ; le journal républicain *La Tribune* se déchaîne contre ceux qui ne veulent pas ouvrir les prisons où « des milliers de patriotes [trouvent] leur tombeau... » En faisant la part de l'emportement, il faut bien admettre qu'il y a un peu de vérité dans cette affirmation. Les prisons parisiennes ne sont pas un modèle d'hygiène et la rébellion est l'occasion d'une série de mesures de salubrité bien nécessaires. On transfère à Saint-Lazare les femmes incarcérées à la Conciergerie, ce qui libère quelques cellules pour l'excédent de Sainte-Pélagie. Les prisonniers pour dettes, logés dans cette dernière, forment une demande en référé auprès du président du tribunal de première instance, M. Debelleyme qui accédera, sans la moindre discussion, à leur requête, après les constatations du docteur Bertrand. Les locaux sont si malsains qu'une nouvelle prison est en construction à Clichy. En attendant, comme il n'y a pas d'infirmerie, que le choléra s'est manifesté dans les immeubles avoisinant Sainte-Pélagie, qu'un détenu pour dettes est mort du choléra dans la nuit du 3 avril et qu'un nouveau en est atteint, le tribunal, avec d'autres attendus, aggrave encore les raisons de ses décisions, ordonne que « les demandeurs seront extraits de la maison de Sainte-Pélagie et placés dans les maisons de santé ci-après désignées, etc. Et dans le cas où les détenus ne pourraient indiquer une maison de santé parce qu'ils seraient dans un dénuement absolu... ordonnons qu'ils seront conduits provisoirement dans la maison de refuge rue de l'Oursine, pour y recevoir les soins convenables, et pour rester dans lesdites maisons de santé jusqu'à ce qu'il en soit autrement ordonné * ».

Dès lors, c'est à qui mignotera le plus les prisonniers de toute nature, comme si seules l'injustice et la cruauté des hommes étaient responsables de leur sort et les condamnaient, outre la privation de liberté, à être les victimes désignées du choléra. Le roi, sur proposition du garde des Sceaux, fait libérer cent six détenus à Sainte-Pélagie et soixante-quatorze à la Force, donnant un peu plus d'espace à ceux qui restent. Le préfet de police, le bon M. Gisquet, fait un don de deux cents francs à certains d'entre eux qui n'avaient pas les moyens de se faire admettre dans des maisons de santé.

Il y a même des actes de générosité incroyables, dont la discrétion aurait peut-être augmenté le prix. La lettre qu'un débiteur de Sainte-Pélagie vient de recevoir de son créancier semble avoir été dictée par de nobles sentiments mais sa parution dans une feuille publique en ternit la générosité : « Monsieur, vous devez savoir qu'indépendamment de la créance pour laquelle vous êtes détenu, vous m'avez donné, bien à tort, sujet de me plaindre de votre façon d'agir à mon égard. Voulant néanmoins, dans des circonstances aussi graves, déposer tout ressentiment, je vais m'occuper de votre élargissement,

* *Id.*, 8 avril 1832.

aimant mieux compromettre mes intérêts que la vie d'un de mes semblables.

» Si, par suite, vos moyens vous permettaient de vous acquitter avec moi, j'aime à croire que vous tiendrez à prouver que, si vous n'avez pas été avec moi un homme honnête, au moins vous vous montrerez un honnête homme. Signé Pilgraine *. »

On empoisonne le peuple

A l'instar de ce qui s'était passé en Russie et en Europe centrale, un bruit se répand dans le peuple dès les premiers jours de l'épidémie : ce n'est pas le choléra qui décime les pauvres gens mais un poison semé par des agents du gouvernement dans les fontaines, les tonneaux de vin ou sur la nourriture. La soudaineté du mal, l'évolution rapidement mortelle des premiers cas, l'aspect cyanosé des malades, l'angoisse qui les étreint, les vomissements, tout concourt à renforcer cette rumeur. On doit pouvoir découvrir et châtier les empoisonneurs : en se débarrassant d'eux, on luttera pour sa vie car c'est bien de cela qu'il s'agit en ce début d'avril. Le maître mot est « Survivre » : les propriétaires des gros tombereaux fomentent des émeutes pour conserver leurs privilèges ; les chiffonniers défendent violemment leurs misérables ressources ; les prisonniers tentent d'échapper à la maladie en brisant leurs liens ; les bourgeois fuient le choléra des pauvres, ferment leurs entreprises et réduisent l'ouvrier à la désespérance ; les prolétaires, qui ont perdu leur travail, se révoltent. Comme il est facile, dans ces conditions, de chercher, à l'origine de cette chaîne de malheurs, le poison et ses distributeurs !

C'est alors que le malencontreux M. Gisquet donne dans le panneau et croit fermement à la présence d'agents provocateurs. Pour déjouer leurs supposées manœuvres criminelles, il adresse aux commissaires de police la circulaire suivante :

« Paris, le 2 avril 1832

« L'apparition du choléra-morbus dans la capitale, source de vives inquiétudes et d'une douleur réelle pour tous les bons citoyens, a fourni aux éternels ennemis de l'ordre une nouvelle occasion de répandre parmi la population d'infâmes calomnies contre le gouvernement ; ils ont osé dire que le choléra n'était autre que l'empoison-

* *Id.,* 8 avril 1832.

nement effectué par les agents de l'autorité pour diminuer la population et détourner l'attention générale des questions politiques.

» Je suis informé que, pour accréditer ces atroces suppositions, des misérables ont conçu le projet de parcourir des cabarets et des étaux *(sic)* de boucherie avec des fioles et paquets de poison, soit pour en jeter dans les fontaines ou les brocs, et sur la viande, soit même simplement pour en faire le simulacre et se faire arrêter par des complices qui, après les avoir signalés comme attachés à la police, favoriseraient leur évasion et mettraient ensuite tout en œuvre pour démontrer la réalité de l'odieuse accusation portée contre l'autorité.

» Il me suffira, monsieur, de vous signaler de pareils desseins pour vous faire sentir la nécessité de redoubler de surveillance sur les établissements de marchands de liquides et les boutiques de bouchers, et vous engage à prémunir ces débitants contre les attentats qu'ils ont personnellement un puissant intérêt à prévenir. Si des tentatives aussi audacieuses venaient à se réaliser, je n'ai pas besoin de vous dire combien il importerait de saisir les coupables et de les mettre sous la main de la justice : c'est une tâche dans laquelle vous serez secondés par tous les amis de l'ordre et tous les honnêtes gens » (34). Les honnêtes gens s'en donneront en effet à cœur joie et massacreront à tort et à travers. Si un tel document était resté secret, le mal ne serait pas grand, mais le même jour, des affiches similaires sont placardées sur les murs de Paris. Ce qui n'était que rumeur devient une certitude avalisée par les autorités.

Tout le monde finit par y croire, jusque dans la haute société : « Mme de Lespinasse a raconté qu'une amie de sa femme de chambre est morte dans les crampes les plus horribles après avoir bu du vin qui sortait de la boutique du marchand qui fournit sa maison » (19). L'idée a même fait son chemin jusqu'aux Tuileries : « Sa Majesté prétend que les recherches minutieuses de la police ont prouvé que ce n'était qu'une très mauvaise plaisanterie imaginée par quelques individus ou bien un moyen de répandre la terreur en jetant de la poudre blanche tout à fait inoffensive sur les comestibles et le vin pour faire croire qu'il n'y avait point de choléra mais bien des empoisonneurs » (19). Voilà des plaisantins qui ne craignent pas le danger ! La vérité est qu'il n'y a ni farceurs ni agents provocateurs mais un phénomène d'hallucination collective stimulé par les affiches balourdes de Gisquet.

Alexandre Dumas n'hésite pas à dire que « une heure après l'apparition d'une pareille circulaire, on eût dû mettre le préfet de police en accusation » (49). Le président du Conseil, Casimir Perier, était « transporté de colère au moment où il rendait compte aux Tuileries de cette déplorable journée » (29). Il s'en fallut de peu que la rue de Jérusalem ne connût un nouveau chef et n'étaient les liens d'amitié qui unissaient Perier et Gisquet, c'eût été chose faite sur-le-champ.

Alors, où sont-ils ces empoisonneurs ? Nous somme le 4 avril et nous les cherchons encore. En voici deux, là-bas, près de Vaugirard ! La foule les malmène. Ils ont eu le tort d'avoir sur eux une sorte de poudre blanche. Le commissaire Canler et son adjoint Fraudin réussissent à s'en emparer et confient l'un deux, Clarignon, au poste de la barrière de Sèvres et l'autre, Gauthier, au bureau du commissaire de police (47). Mais la populace enragée les en arrache de vive force. Clarignon est massacré sur le seuil du porche. Gauthier va subir le même sort : « Je vis, écrit Henri Heine, un de ces infortunés au moment où il râlait encore et où les vieilles femmes tirèrent un sabot de leurs pieds pour l'en frapper sur la tête jusqu'à ce qu'il mourût. Il était entièrement nu et couvert de sang et de meurtrissures : on lui déchira non seulement ses habits, mais les cheveux, les lèvres et le nez, puis vint un homme dégoûtant qui lia une corde autour des pieds du cadavre et le traîna par les rues en criant "V'le choléra-morbus !" Une femme, admirablement belle, le sein découvert et la main ensanglantée, se trouvait là ; elle donna un dernier coup de pied au cadavre quand il passa devant elle » (61).

On ne peut être partout. Ailleurs, c'est un homme que l'on menace parce qu'il porte une bouteille. Par chance pour lui, un commissaire passant par là s'interpose et ne lui sauve la vie qu'en buvant la moitié du flacon : c'était du vinaigre *.

Rue du Coq-Saint-Honoré, ce sont des grenadiers du 3e bataillon qui sauvent d'une mort certaine un malheureux déjà mutilé par la fureur populaire **.

« Place de l'Hôtel-de-Ville, deux prétendus empoisonneurs sont arrachés aux gardes nationaux qui les emmènent au poste et jetés du pont d'Arcole, disent les uns, du Pont-Neuf, disent les autres, dans la Seine. L'un d'eux, bon nageur, vogue délibérément vers le pont des Arts où, par un revirement soudain, les gens, émerveillés de ses prouesses natatoires, le repêchent et le portent, ruisselant, en triomphe » (35). L'histoire ne dit pas si l'autre s'est noyé mais, à cette lec-

* *Le Journal des débats,* 6 avril 1832.

** *Id.,* 8 avril 1832.

ture, on a l'impression d'assister à un ancestral « jugement de Dieu ».

Un malheureux jeune homme fait les cent pas devant la boutique d'un marchand de vin, rue Saint-Denis ; son attitude paraît suspecte ; un groupe s'en empare, le frappe, le tue. Innocent, il laisse deux enfants sans ressources. *.

On pourrait multiplier les exemples.

La chasse continue le lendemain, jeudi 5 avril. Que dire de ces deux hommes qui, dans le faubourg Saint-Antoine, risquent d'être écharpés pour avoir offert des boules de gomme à une petite mendiante et ne doivent leur salut qu'à l'intervention d'un piquet de la garde municipale ? (34).

Dans ce même faubourg où la foule est prompte à s'échauffer, un homme qui aurait distribué des tartines empoisonnées à des enfants est entouré de façon menaçante. Il ne sera délivré que par un officier de paix, Henricy, qui ne reculant pas devant le risque, mord dans la tartine et la déclare délicieuse **. C'est du moins ce que disent les journalistes le 7 avril mais, le lendemain, *Le Journal des débats* rétablira la vérité et, sans doute, sur une prière de rectifier, donnera le nom du héros qui a eu le suprême courage de porter le pain à sa bouche : c'est le très modeste M. Jacquemin, commissaire de police du quartier. Qu'on se le dise !

A l'entrée de la Grève, prenant l'étroite rue du Mouton, le pauvre Benoît se heurte à un groupe d'individus à la mine patibulaire. Maladroitement, il laisse tomber une bouteille de cognac qui se brise sur le pavé. Aussitôt on crie à l'empoisonneur. L'homme est jeté à terre, piétiné, le visage écrasé à coups de botte. Un Auvergnat fait écarter les rangs et lance son chien sur cette pitoyable victime. Quelques instants plus tard, ses restes, encore palpitants, sont lancés pardessus le pont d'Arcole (34).

Et combien d'autres ont subi un sort semblable. Ah ! les braves gens ! Tous « les amis de l'ordre » ont bien secondé monsieur Gisquet. Ils ont répondu sans défaillance à son appel.

Les médecins sont, eux aussi, mis en accusation. Ils n'ont pas bonne réputation. On les dénonce comme complices du gouvernement dans ces intoxications de la classe populaire. « Le docteur Pravaz [est] assommé et laissé pour mort au milieu d'un groupe où il avait vainement parlé de la réalité de la maladie et de l'innocence du

* *Id.*, 5 avril 1832.

** *Id.*, 7 avril 1832.

gouvernement, du dévouement des médecins. M. Royer-Collard qui [est] reconnu près du passage Vérot-Dodat, [est] assailli et comme membre du gouvernement et comme médecin... Le docteur Caron du Villars, traqué dans un sixième étage de la rue Saint-Denis, [a] rencontré, au lieu d'un mal qu'on l'avait prié de venir soigner, quatre ou cinq assassins qui veulent le jeter par la fenêtre... Un jeune étudiant en médecine, attaché en permanence à un poste médical du faubourg Saint-Germain [est] poignardé et jeté à la rivière *. »

« Le 2 avril, le docteur Koreff accompagne un brancard qui transporte un cholérique à l'Hôtel-Dieu : des ouvriers, attroupés sur le parvis de Notre-Dame, entendent leur barrer la route et lyncher l'homme de l'art. Le praticien se débat, soulève la couverture et, dévoilant le corps inanimé : Vous ne croyez pas au choléra ?... Eh bien ! Voici un cholérique. Devant cette face décomposée, les assaillants reculent et finalement font au docteur Koreff une ovation » (47).

Dans son service, le docteur Magendie est en proie à une hostilité moins ouverte mais il ne parvient pas à faire admettre à ses patients la réalité de leur mal : « Je lisais, écrit-il, sur leurs visages inquiets et leur air taciturne et dans leurs propos sourds qu'ils me soupçonnaient de les empoisonner. »

Tous les médecins connaissent l'angoisse de ces jours sombres. Poumiès de la Siboutie affirme : « Plus d'une fois, je fus traité d'empoisonneur ». Se rappelant ce jour où il se trouva au milieu d'un rassemblement sur le quai aux Fleurs, il s'écria : « Si quelqu'un avait fait connaître ma profession, j'aurais été mis en pièces » (96).

Les journaux profitent de l'occasion pour régler des comptes et c'est surtout le parti carliste qui en fait les frais. *Le National* du 4 avril s'attriste avec hypocrisie : « Nous avons la douleur d'annoncer qu'il n'est que trop vrai que les tentatives d'empoisonnement sur le vin des débitants et la viande de boucherie ont été pratiquées par une bande de misérables dont l'atroce manie ne peut être comparée qu'à celle des incendiaires qui désolèrent, il y a deux ans, les départements de l'Ouest. » Dans la même ligne politique, *Le Constitutionnel* du 5 avril publie un infâme libelle de Cadet-Gassicourt à qui ses qualités de maire du IVe arrondissement et de pharmacien auraient dû imposer plus de tenue et d'objectivité : « S'il y a des empoisonneurs, ce ne peut être que les incendiaires de la Restauration, les alliés des Chouans, les assassins de l'Ouest et du Midi. »

* *La Gazette médicale*, 5 mai 1832.

On ne sait plus si l'on mourra cholérique ou empoisonné mais, dans le doute, c'est le second terme qui paraît le plus plausible. Alors, le moindre fait devient suspect. La police est débordée de demandes d'expertise ; tout aliment ramassé sur le pavé est porté au commissariat. Une petite colique et l'on se croit la victime d'un de ces malfaiteurs républicains, légitimistes ou gouvernementaux suivant sa couleur politique. Aussi les chimistes n'ont-ils jamais été autant sollicités qu'en ces premiers jours d'avril. Chevallier est particulièrement surmené car, après avoir examiné de l'eau, du vin, une bille (en pâte de porcelaine), une boulette verdâtre (simple mélange de boue et de moisissure tombée d'un toit), il a encore à analyser « neuf morceaux de pain, deux échantillons de tablettes de menthe anglaise, deux échantillons de pastilles de menthe dites à la goutte, un échantillon de sucre coloré au rouge, un œuf entier trouvé sur la devanture d'une boutique, un emplâtre vésicatoire par incorporation, deux échantillons de pastilles galantes, un échantillon de dragées blanches, un échantillon de pastilles de chocolat... » (42). On dirait l'inventaire d'un confiseur. Bien entendu, aucun de ces objets ne contenait la moindre trace de poison. Chevallier n'est pas le seul homme de science dont on demande l'intervention : c'est dire l'inquiétude qui règne à ce moment.

La férocité des crimes soulève le cœur : « Ce n'est pas la pensée d'un peuple civilisé, s'écrie Perier, c'est le cri d'un peuple sauvage. » Et Guizot renchérit : « La civilisation dort sur une mine immense de barbarie. »

Les hypothèses les plus invraisemblables sont échafaudées, même en haut lieu, et le président du Conseil, qui sait habituellement garder la tête froide, confie à Rémusat, sur le banc des ministres : « Il y a là un système, c'est préparé, attisé de main d'homme. » Et comme Rémusat lui demande s'il a quelques soupçons, il lui répond qu'il flaire quelque intervention du roi des Pays-Bas : « Il l'accuse de chercher tous les moyens de provoquer le désordre partout, pour échapper, dans une crise universelle, à la nécessité des concessions que lui impose l'Europe » (98).

On en arrive à souhaiter la mort d'un riche pour apaiser la colère du peuple. Ce vœu va être comblé au-delà de toute espérance. Alors ce vent de folie qui a soufflé sur Paris pendant quelques jours se calmera : on croira au choléra et on oubliera le poison. Le lendemain de l'assassinat d'un malheureux, à la halle, on proposera de faire une collecte en faveur de sa veuve et il y en aura pour donner qui avaient certainement participé au crime : 1 200 francs, tel fut le prix de la victime (29).

Certaines actions d'éclat auront leur récompense : le 15 avril, Louis-Philippe accorde la Légion d'honneur à M. Debacque, officier de la garde municipale qui avait tiré des innocents d'une cohue hostile.

En août et septembre, quelques inculpés seront jugés et les peines seront légères : la plus lourde sera de trois ans de prison ; certains condamnés n'écoperont que d'un mois pour provocation, excitation au meurtre ; d'autres s'en sortiront même avec des amendes de quatre à cinquante francs. Quant aux assassins de l'infortuné Benoît, celui qui fut déchiqueté par un dogue, ils sont douze à répondre du chef d'accusation : trois seulement seront envoyés aux assises pour y entendre leur acquittement. Non coupables !

L'épidémie s'étend : peur et courage

Le mal gagne du terrain de jour en jour et, le 1er avril, Victor Hugo prophétise : « Pauvres misérables bourgeois égoïstes qui vivront heureux et contents au milieu du peuple décimé tant que la liste fatale du choléra-morbus n'entamera pas l'*Almanach des vingt-cinq mille adresses* * » (64 **).

La lecture des journaux et tout d'abord du très officiel *Journal des débats* tient les lecteurs au courant de l'extension de l'épidémie. Que de mal il se donne pour réconforter l'opinion !

Le 5 avril, selon lui, tout va pour le mieux ! L'étranger nous envie notre organisation. Songez qu'à Londres « on ne sait même pas quel est le nombre des personnes atteintes du choléra ! » Chez nous, tout est connu, les malades, les morts, ceux qui rendent l'âme chez eux, ceux qui agonisent dans une salle d'hôpital. Chacun peut recevoir les secours de la médecine dès qu'il les demande, mais on se garde bien d'ajouter que l'on ne connaît pas le traitement de la maladie.

Le 6 avril, on est certain que la virulence s'atténue. « D'abord la maladie, en prenant plus de développement, a perdu de son intensité. C'est un fait maintenant connu de tous les médecins qui si le choléra

* Le *Who's Who* de l'époque.

** *Club Français du Livre, Feuilles paginées* II, tome IV, p. 962.

atteint plus d'individus, il les frappe avec moins de force... Le cholérique est maintenant un homme gravement malade, mais ce n'est plus un cadavre... » On reconnaît que le nombre des malades peut encore augmenter mais que, selon toute logique, celui des morts ne peut que diminuer.

Le 8 avril, on se félicite des progrès du choléra. Il faut avoir un optimisme bien assuré pour écrire : « La maladie est encore dans sa période croissante et la rapidité de son développement semble être un indice de sa courte durée. » On se console en pensant que la proportion des convalescents s'élève.

Le 10 avril, on laisse percer un peu de déception car les chiffres sont moins bons : « Le nombre des cas de choléra s'est encore accru aujourd'hui... ; il y a eu beaucoup de décès... » Mais on se rassure bien vite : « Ils sont portés principalement sur des personnes atteintes depuis un certain nombre de jours. En effet, le choléra a d'abord frappé les individus prédisposés à la maladie ; maintenant, elle s'attaque à ceux qui, ayant en eux moins de causes morbifiques, résistent avec plus de forces et guérissent plus facilement. »

On a beau chanter victoire, le bulletin sanitaire pour la période du 9 au 10 avril annonce encore 985 nouveaux cas et 356 décès, ce qui porte, depuis l'invasion de la maladie, le total des sujets contaminés à 5 908 et celui des morts à 2 235. Mais l'évolution semble entrée dans une phase stationnaire : il y a eu, dans ces vingt-quatre heures, une diminution de 35 sur le nombre des cas nouveaux et de 29 sur celui des décès.

Le 13 avril, on peut affirmer que le choléra perd de sa malignité : 802 malades récents seulement entre le 10 et le 11 et à peine 317 décès. On a recensé tout de même 7 560 malades depuis le 26 mars dont 2 913 sont morts.

Le 14 avril, les médecins confirment la baisse de la virulence. « Le mouvement de l'Hôtel-Dieu en offre au surplus la preuve car sur 448 cholériques qui y ont été soignés dans le cours de la journée, la mortalité n'en a atteint que 63, c'est-à-dire environ un huitième tandis que, dans les jours précédents, la mortalité s'était élevée quelquefois jusqu'au tiers. »

Le 15 avril, comme on meurt toujours malgré les déclarations encourageantes du corps médical et de la presse, on triture les chiffres pour trouver des raisons d'espérer. « Il a été dressé, à la préfecture de la Seine, un tableau de mortalité dont les observations s'étendent de 1807 à 1817. On peut y voir que, dans cette période de dix années, la plus grande mortalité a eu lieu en avril et la plus petite en juillet... Dans cette situation, il est vrai de penser que plus on approche d'avril, plus le nombre des morts doit augmenter et que, plus on s'en éloigne, plus il doit diminuer. » Après des calculs incroyables, on se satisfait de 3 000 décès : « Ce chiffre prouve sans doute que la mortalité s'est accrue, mais dans une proportion peu redoutable qui doit réduire à leur juste valeur bien des exagérations de la crainte. »

Le menu peuple ne lit pas les journaux. C'est la bourgeoisie qu'il faut tranquilliser car elle connaît, à son tour, les ravages de l'épidémie. Ainsi, le 16 avril, l'optimisme est de rigueur : il n'y a eu que 214 décès contre 309 la veille. La maladie serait enfin entrée dans sa troisième phase, la décroissance.

Le 19 avril, tout va vraiment très bien. L'aspect des hôpitaux a changé : « On n'entend plus ces cris plaintifs qui partaient de tous les coins des salles ; bon nombre de convalescents viennent rassurer les regards par leur visage calme et naturel qui annonce le retour à la bonne santé ; on peut même dire que sur cinq malades qui arrivent, on a le juste espoir d'en sauver quatre. »

Le 30 avril, on pavoise : « Les variations assez brusques de la température de ces derniers jours n'ont, en aucune manière, influé sur la marche décroissante de la maladie... Nous pouvons dire, avec confiance, que la maladie nous quitte avec plus de rapidité qu'elle ne l'a fait dans aucun autre pays. » Il ne faudrait pas oublier, cependant, que, le 29, le fléau a encore tué 140 Parisiens. Surtout, on ne peut pas prévoir qu'une violente recrudescence, en juin et en juillet, fera des coupes sombres dans la population et particulièrement, cette fois, dans les classes aisées.

Et puis, quel crédit peut-on accorder à la presse officielle ? « Les journaux diminuent les morts de moitié, écrit George Sand, le 22 avril. Des médecins de l'Hôtel-Dieu qui m'ont soignée m'ont dit qu'il y en avait 23 000 au lieu de 10 000 qu'on avoue » (101).

De plus, une curieuse épizootie décime depuis quelque temps les vaches et les gallinacés. Un élève du Val-de-Grâce écrit, dans *La Gazette des hôpitaux*, qu'à l'autopsie de quatre poules et d'un dindon, il a reconnu les lésions du choléra et que son opinion a été confirmée par le grand Magendie.

La Lancette émet une information semblable : depuis deux mois, une laiterie des Batignolles-Monceau voit ses vaches emportées au milieu de symptômes bizarres : cornes et oreilles froides, poil hérissé, vomissements et diarrhée avec douleurs du bas-ventre. D'autres laiteries proches seraient épargnées et une, plus éloignée, aurait eu la même mortalité. On parle de choléra. Il est très difficile de trancher car *Le Moniteur* du 3 mai donne un démenti. Une telle épizootie a déjà régné en 1829 : il y a bien une inflammation de l'intestin mais cela n'a rien à voir avec la maladie humaine et — ne perdons pas le sens des réalités — l'affection cause la mort si rapidement que la viande des animaux n'en prend aucune qualité nuisible et peut être consommée sans danger.

Malgré les déclarations apaisantes des journaux et les statistiques mensongères, l'opinion est inquiète. Faut-il rester ? Faut-il partir ? « *Cito, longe, tarde* » (partir au plus tôt, le plus loin et le plus longtemps possible) recommandait Abraham de la Framboisière, médecin d'Henri IV, lors d'une épidémie de peste (103). Le prophète de l'Islam était d'un avis contraire : « Quand tu apprends qu'un pays est touché par une épidémie, n'y va pas ; mais si elle éclate dans le pays où tu te trouves, ne le quitte pas ! » (79). Sans connaître le Coran, c'est cette attitude qu'adopte George Sand : « Les voyages sont très propres à l'accélérer [le choléra]. Beaucoup de personnes qui ont voulu le fuir sont mortes en route. C'est un mal qui peut être facilement conjuré si on le soigne dès son invasion. Mais au bout d'une heure il est trop tard. La preuve en est qu'on guérit beaucoup de malades à domicile mais que le trajet de l'hôpital en tue les trois quarts. Il faut donc prendre son parti et se servir de sa force morale si on en a... » (101). Elle se rassure encore en croyant à l'invulnérabilité des enfants : « Je ne suis occupée que de ma grosse qui se porte à merveille et dont la santé ne m'effraye guère car le choléra ne s'attaque presque jamais aux enfants. Il n'y a donc pas plus de danger pour eux que de mourir du croup, des indigestions et des autres maladies dans le cours de la vie... » George Sand oublie simplement que, parmi les quatre premières victimes du 26 mars, il y avait une fillette de dix ans.

Le Journal des débats (20 avril) essaie de retenir les fuyards : « ... de même pour nous qui vivons depuis un mois dans le foyer cholérique ; nous en avons tous plus ou moins souffert ; nos organes s'y sont habitués ; nous sommes, en quelque sorte, acclimatés et les chances de contracter le choléra ont considérablement diminué pour nous. Cet apprentissage que nous avons fait de la maladie, il ne faut pas le perdre en allant respirer pour quelque temps un air meilleur ; car si le choléra éclatait dans notre nouvel asile, il trouverait notre organisation aussi faible que si nous n'avions jamais été exposés à son influence. Les gens qui fuient aujourd'hui perdent le bénéfice du danger auquel ils ont échappé jusqu'à présent... En résumé, ceux qui émigrent de Paris, courent le risque d'être atteints en route et de ne trouver que peu de secours. Ils perdent tout le fruit de l'acclimatement d'un mois ; ils fuient un lieu où l'intensité du mal s'est affaiblie pour se réfugier sur d'autres points où il ne tardera pas, sans doute, à éclater avec toute la violence qui, partout, a signalé son invasion. »

Mais le sauve-qui-peut est la réaction première d'une partie des Parisiens dont la peur grandit chaque jour, cette peur qui est entretenue et grossie par de faux bruits. Ne dit-on pas qu'à l'Hôtel-Dieu règne aussi le typhus, mettant un comble à la panique ? Pour ramener le calme, les médecins et chirurgiens de cet hôpital sont obligés de publier un démenti.

Si grande est l'inquiétude chez certains qu'elle parvient à créer, par suggestion, les symptômes de la maladie : ils ont des coliques, le ventre douloureux, ils transpirent, tremblent pour un rien, ont les pieds froids, ne dorment pas et leur pâleur attire les regards. Pourtant, ils n'ont rien. Les collaborateurs de *La Gazette médicale* * ont beau jeu d'ironiser sur les signes qui désignent aussitôt ces choléraphobiques : « Voici les principaux :

— Une distraction continuelle du malade, distraction qui disparaît et se change en attention subite lorsqu'on prononce le mot de choléra-morbus.

— S'informer avec un soin scrupuleux du chiffre journalier des décès, mais avec adresse, sans avoir l'air d'y attacher trop d'importance.

— S'épanouir de plaisir si quelqu'un annonce que l'épidémie tend à décroître et que, d'ailleurs, son caractère est moins meurtrier.

— Affecter, en général, une indifférence qui se trahit souvent par un mot, par un serrement de poitrine ou quelque autre signe.

— Appuyer fortement lorsqu'on assure que, dans la plupart des cas graves et mortels, il y a presque toujours eu imprudence de la part des malades.

— Montrer un penchant prononcé pour tous les préservatifs, même les plus étrangers et les plus absurdes... »

Mais il ne faut pas rire de la choléraphobie. Mme de Boigne (29) affirme que quelques personnes, entre autres la comtesse de

* 3 novembre 1832.

Montesquiou-Fezensac, sont littéralement mortes de peur, sans aucune autre maladie.

On en arrive vraiment à se demander si on ne peut pas mourir d'appréhension : « Je veux faire une expérience, dit un jour un médecin à un portefaix. Un cholérique est mort dans ce lit. Si tu veux y coucher, il y a des chances pour que, fort et vigoureux, tu ne gagnes pas le mal. Si tu tombes malade, je te soignerai ; si tu meurs, j'assisterai ta famille. » L'homme accepte, s'alite, se sent bientôt pris de frissons, de diarrhée et succombe. Or, aucun cholérique n'avait tâté de ce matelas » (47).

L'angoisse pousse même à des actes de désespoir : un pauvre homme nommé Nantac, à Nogent-sur-Seine, s'est suicidé en se plongeant un couteau dans le cœur, dans la crainte d'avoir rapporté le choléra de Paris *.

Face à l'épidémie, les caractères se démasquent et George Sand peut, à bon droit, se moquer des fanfarons : « Le choléra a eu ce côté plaisant qu'il a dépouillé sans pitié des milliers de fausses bravoures. Je connais dix jeunes gens qui ne parlaient que de sang, de république, de soleil de Juillet, de conspirations, poignards, canons et autres balivernes, lesquels se purgent, s'enveloppent, se cachent, se médicamentent et se rendent malades à force de croire qu'ils le sont. Beaucoup qui se vantaient d'avoir affronté les balles suisses et le canon royal [lors des journées de Juillet] me donnent aujourd'hui de grands doutes sur leur sincérité, à voir comme ils affrontent la colique » (101).

Quand les parlementaires ont siégé jour et nuit, sans désemparer, ces derniers jours, c'était moins par civisme que pour en finir au plus tôt avec la session de la Chambre et regagner leurs départements, pressés par ce qu'un pamphlet a qualifié, faisant allusion à la cyanose du choléra, de « peur bleue ». Le mot n'est pas près d'être usé.

Écœuré par la couardise de ses contemporains qui paraissent réagir comme des animaux poussés par leur instinct, Rémusat écrit : « C'est dans de pareilles situations que l'absence du sentiment religieux se fait le plus sentir. Sous ce rapport, tout ceci a plus l'air d'une épizootie que d'une épidémie » (98).

Le maréchal de Castellane s'indigne : « Tout ce qui a plus de deux cent mille livres de rente a un effroi épouvantable » (35).

Ainsi donc, on fuit. Le « Rapport sur la marche et les effets du

* *Le Journal des débats*, 14 avril 1832.

choléra-morbus » donne quelques chiffres : « Le nombre des chevaux de poste pris dans les journées des 5, 6 et 7 avril fut de 618, et celui des passeports augmenta de 500 par jour. Dans les hôtels et les maisons garnies les sorties s'élevèrent pendant tout le mois d'avril de 900 à 1 000 et les entrées n'allèrent pas à 500. » En fait, dans les voitures des Messageries royales et dans celles des Messageries générales de Laffitte et Caillaud, les deux principales entreprises de transport au départ de Paris, il sort plus de 700 personnes par jour au mois d'avril alors qu'il en arrive à peine 300. Mais c'est compter sans les riches qui se sauvent dans leurs berlines, ni ceux qui, lorsque les diligences sont pleines, louent des fiacres ou des charrettes. Mérimée se désole : « Le choléra, outre qu'il a tué un bon nombre d'honnêtes gens, a fait fuir en province les jolies femmes. On est maintenant dans un véritable embarras pour finir ses soirées » (75).

Paris, pour autant, ne se dépeuple pas. Certes, dans les quartiers de luxe, le départ des étrangers et surtout des Anglais est perçu comme une catastrophe économique pour les commerçants. Mais pour ceux qui ont leur profession dans la capitale, qui paient patente, tiennent boutique ou émargent en tant que fonctionnaires ou salariés, combien, même à un poste élevé, peuvent se permettre d'interrompre une carrière du jour au lendemain ?

La duchesse de Dino avait déjà observé le même phénomène à Londres où l'appât du gain et la résignation l'avaient emporté sur la crainte. Elle écrivait au baron de Barante : « Ici, l'intérêt puissant du commerce a étouffé la terreur et cette puissance est si réelle que personne n'a eu le courage d'avoir peur » (22). Il en est aussi à qui le devoir fait une obligation de rester : les médecins sont du nombre.

L'esprit de Paris ayant tôt fait d'égratigner, la peur du ridicule a retenu plus d'un citadin sur le chemin du départ. Le marquis d'Aligre qui ne sait que choisir entre les soins assidus de son médecin parisien Biett et un séjour à la campagne, le banquier Aguado que la frayeur précipite dans le Midi, feront pâle figure, à leur retour, devant les Rothschild qui sont stoïquement restés (47). Il est vrai que ces derniers ont pris des précautions : « Le baron de Rothschild a fait peindre sa maison au chlore », dit le comte de Castellane (35).

Un personnage grotesque a essayé de combiner ses intérêts avec l'éloignement de la ville : « Dès les premiers jours de l'épidémie, M... s'était retiré à Versailles ; mais, obligé d'aller deux fois par semaine à Paris, il voulait y terminer ses affaires et cependant ne pas respirer l'air pestilentiel de la capitale. Comment faire ? Il imagina alors de fermer sa voiture le plus hermétiquement possible, puis, bien pourvu de l'air vital versaillais, M... se hasardait à venir à Paris. Était-il forcé de descendre, c'était toujours avec la rapidité de l'éclair qu'il sortait de sa voiture qu'un domestique refermait aussitôt. Puis, libre de repartir, il revenait en grande hâte à la source capable selon lui d'en détruire les émanations cholériques *. »

Au total, il y a peu de vraies désertions. Hélas ! oui, il faut regretter le départ de M. Lamy, secrétaire des commandements de Madame Adélaïde, qui jette une ombre au tableau. « [Il] rencontre un matin, en se rendant aux Tuileries, plusieurs corbillards conduisant des morts au cimetière, son imagination ardente le domine entièrement et, sans demander l'agrément de S.A.R., lui qui est si exact, il part pour Randan d'où il ne reviendra qu'après la disparition du choléra.

» Le roi, la reine et Madame excusent cette fuite qui, pour un moment, fait oublier la tristesse dont tout le monde est accablé » (18). Dans les salons, on ne blâme pas, mais on fait des gorges chaudes.

Les bourgeois ne sont pas seuls à s'enfuir. Le quartier Latin est désert : les étudiants, rappelés par leurs familles, préfèrent perdre une année d'études que la vie. Seuls les carabins resteront fidèles au poste, eux dont la maladie est la raison d'être. Les maçons creusois, qui par appréhension de l'épidémie, qui par manque d'ouvrage, rentrent en grand nombre au pays. « Ce faisant, ils participent à la contamination de la Seine-et-Oise, du Loiret, du Loir-et-Cher et même, à bout de souffle, de l'Indre. En effet, dès les portes de Paris, on les voit s'effondrer le long des routes, résister parfois jusqu'à Orléans s'ils ont emprunté la voiture publique puis en être descendus, malades, dans un relais de poste. Quelques-un ne tomberont qu'au-delà de Blois, aux environs de Châteauroux. Aucun n'emportera finalement le choléra dans la Creuse » (31). Les porteurs de germes seront morts en route et l'Indre aura marqué la limite de leur résistance ; la Creuse ne verra arriver que ceux qui étaient sains au départ et qui n'auront pas été contaminés en chemin. On l'a pourtant assez répété qu'il ne sert à rien de quitter Paris ; le choléra poursuit les fuyards ; il est sur leurs talons comme leur ombre.

Enfin, au début du mois de mai, la capitale commence à respirer. On croit l'épidémie terminée et la fierté reprend ses droits. Apponyi peut ironiser : « Personne n'a jamais eu peur » (19). On pourrait croire que, si quelqu'un a tremblé, ces dernières semaines, ce ne fut

* *La Gazette médicale*, 3 novembre 1832.

jamais pour lui-même mais pour les autres. On faisait peu de cas de sa propre vie mais on craignait pour celle de ses parents ou de ses amis. A entendre les rodomontades de beaucoup, il faut de grandes épreuves pour que se manifestent les plus nobles sentiments. Certains, toutefois, surent garder leur sang-froid : « Chacun, en prenant congé le soir de sa famille [conserve] peu d'espoir de se retrouver le lendemain réunis au déjeuner. On ne [sort] pas sans mettre en ordre ses affaires, dans l'attente d'être rapporté mourant dans sa famille » (29). Vivre, tout simplement, est déjà un acte de courage. George Sand s'inquiète plus pour son fils Maurice qui est à La Châtre avec son père, Maurice Dudevant, dont elle est séparée, que pour elle-même. Les règles strictes d'hygiène qu'impose l'épidémie semblent lui convenir personnellement : « Jamais je ne me suis portée si miraculeusement bien, écrit-elle à son amie Laure Decerfz, par religion et par devoir, je me suis soignée comme jamais je n'avais fait. J'ai mangé, ayant faim ou non. Je me suis forcée à avoir chaud, à dormir, etc. Enfin, je me suis contrainte à vivre absolument en bourgeoise du quai Saint-Michel. Aussi, j'ai retrouvé mes forces, mon sommeil et mon appétit. Je puis dire que le choléra m'a fait un bien infini... » (101).

Certains, comme le duc et la duchesse de Broglie font même preuve d'un véritable héroïsme : « Après avoir subi toute l'horreur du choléra à Paris, ils apprirent qu'il éclatait à Broglie et s'y rendirent aussitôt. L'effroi et le découragement les avaient devancés. On abandonnait les malades, ils les soignèrent eux-mêmes, calmèrent les imaginations frappées et allèrent jusqu'à ensevelir les morts de leurs propres mains » (29).

On savait que Louis-Philippe était un brave. Militaire sous le nom de Chartres, avec le grade de général, le fils de Philippe-Égalité s'était battu avec vaillance à Valmy sous Kellermann et surtout à Jemmapes sous Dumouriez où sa cavalerie avait enfoncé le centre autrichien. Même à Nerwinden, qui fut une défaite, sa conduite fut irréprochable. Son caractère résolu s'est manifesté aujourd'hui devant l'épidémie comme naguère au cours des combats. Alors que le tsar Nicolas s'était réfugié à Tsarskoïe-Selo, que le roi de Prusse tremblait à Postdam, que l'empereur d'Autriche se renfermait dans Schoenbrunn, le roi des Français se refusa à quitter Paris où pourtant le fléau fait rage lors des premières semaines ; il interdit même aux membres de sa famille de s'éloigner, ne fût-ce qu'à Saint-Cloud. Il ne modifia pas ses habitudes. Se rendant à une soirée aux Tuileries, Apponyi trouva « la reine et Madame Adélaïde... établies comme à l'ordinaire à côté de la cheminée, par conséquent là où il y a le plus de courant d'air. Ni elles, ni le roi, ni personne de la famille royale n'ont apporté de changement à leur régime. Ils n'ont même pas cessé de prendre de l'eau glacée pendant et entre les repas ; Sa Majesté nous a soutenu qu'il fallait, avant tout, ne rien changer à la manière de vivre, que leur médecin le leur avait fortement recommandé et qu'Elle abondait dans ce sens... » (19).

Mais de quel médecin s'agissait-il ? Il est bon de savoir comment notre souverain est entouré et quelles sont les compétences qui doivent s'interposer entre lui et le choléra.

Voici donc la composition du Service de santé de la Maison du roi.

Médecin du roi : M. le docteur Marc père.

Médecin des enfants du roi : M. le docteur P. Auvity.

Chirurgien du roi : M. le docteur Pasquier père.

Chirurgien ordinaire : M. le docteur Pasquier fils.

Médecins consultants	MM. Fouquier, Orfila, Delaroche, Renauldin, Andral fils, Ferras, Duméril, Kéraudren, Chomel, Husson, Laugier, Lehellocq	Chirurgiens consultants	MM. Dubois, Morjolin, J. Cloquet, Breschet, Moreau, Roux, Larrey, Boyer, Samson, Guillon
Médecins par quartier	MM. Marc fils, Ribes fils, Horteloup, Blandin		

Chirurgien-accoucheur : M. Evrat.

Chirurgien-dentiste : M. Bousquet.

Chirurgien-dentiste consultant : M. Lemaire.

Médecin et chirurgien des Tuileries : M. Marchand.

Médecin des écuries : M. le docteur Tessier.

Médecin de l'infirmerie royale : M. le docteur Pâris.

Deux élèves sédentaires : MM. Sacré et Gaudinot.

Médecin à Neuilly : M. le docteur Destouches.

Médecin à Saint-Cloud : M. le docteur de Balsac.

Il semble que ce soit beaucoup de monde mais cela ne fait, en réalité, que quarante personnes, pas une de plus. Qu'on se rappelle le Service de santé du roi Charles X : il s'élevait à plus de quatre-vingts médecins et chirurgiens. Quant aux traitements de ces sinécures, ils ont été bien rabattus. Sur les quatre-vingts médecins autrefois attachés au prince, trois ou quatre au plus n'étaient qu'honoraires et soixante-quinze au moins avaient un traitement fixe. A présent, sur nos quarante savants, vingt-deux ont accepté un poste purement honorifique et dix-huit seulement perçoivent rétribution. Quant à la somme totale qui est versée par l'État pour ce budget particulier, elle est passée de deux cent mille à soixante mille francs. Il apparaît donc que l'on a rogné partout. Le premier médecin de Charlex X recevait quarante mille francs pour ses soins ; celui de Louis-Philippe n'en touche plus que dix mille. Il est vrai que les médecins par quartier ont été augmentés de mille cinq cents à deux mille francs.

En dépit de toutes ces restrictions imposées par la Chambre, les postes n'en restent pas moins convoités. Le vieux baron Portal, ex-premier médecin de Charles X, s'accrochait à son titre et était venu trouver Louis-Philippe dès son avènement : « Sire, lui dit-il, je viens prendre vos ordres pour composer votre maison médicale. — J'ai mon médecin, répondit le roi, le docteur Marc a ma confiance depuis un grand nombre d'années. — M. Marc est un homme fort capable, répondit Portal, nous le comprendrons dans votre maison médicale. — Mais, dit le roi, je ne veux pas de maison médicale, et je ne veux d'autre médecin que M. Marc. — Eh bien ! Sire, conservez donc M. Marc, mais je vous demande la survivance. »

» Son nom ne figure pas sur la liste, il avait quatre-vingt-huit ans. Il est d'ailleurs mort cette année à quatre-vingt-dix ans » (114).

Fort de la protection de cet entourage, Louis-Philippe veut aller rendre visite aux cholériques dans les hôpitaux. Son premier ministre, Casimir Perier, s'y oppose avec toute l'énergie qu'on lui connaît. Passe encore de demeurer aux Tuileries par ces temps malsains mais il serait imprudent que le chef de l'État s'exposât délibérément aux risques de la contagion. Qu'à cela ne tienne, car il faut faire un geste spectaculaire, le roi y enverra son fils aîné. Le duc d'Orléans, héritier de la couronne, n'a que vingt-deux ans : « Il [est] grand, bien fait, d'une tournure élégante et noble, sa figure longue et colorée, sa physionomie agréable et distinguée. Il ne ressemble en rien à Louis-Philippe » (27). C'est la comtesse d'Armaillé qui le voit ainsi et, pour compléter le tableau, Alexandre Dumas père ajoute qu'il « y [a] dans sa voix, dans son regard, un charme magnétique qui [fascine] ». Henri d'Alméras sera plus sévère mais, sans doute, plus objectif : « Son caractère était peu expansif et son visage même, énergique et froid, dépourvu de douceur et de rayonnement, révélait une âme plus forte que souple et déjà avide de domination. Son amabilité, quand il croyait avoir besoin de plaire... sentait l'effort et le calcul. Il se familiarisait peu, même avec les siens, et il était de ces hommes qui imposent l'estime mais devant lequel hésitent l'affection et la sympathie » (16). Ce tempérament n'en fait peut-être pas le meilleur ambassadeur du trône auprès des malades mais le courage de l'homme demeure respectable.

Donc, le 1er avril, le duc d'Orléans se rend à l'Hôtel-Dieu. Il est accompagné par Casimir Perier. Sur le seuil, les attendent le comte d'Argout, ministre du Commerce et des Travaux publics, chargé, rappelons-le, en cette qualité, de la Santé ; M. de Bondy, préfet de la Seine ; M. Gisquet, préfet de police ; M. le baron Hély d'Oissel, président du Conseil supérieur de santé ; M. le marquis de Marbois et M. le baron Delessert, membres du Conseil général des hospices ; les administrateurs et les médecins de l'Hôtel-Dieu. Voilà qui va réconforter les mourants, car la délégation au grand complet visite maintenant les deux salles où sont entassés les cholériques. Le prince circule d'un malade à l'autre, s'enquérant de l'état de chacun, des traitements mis en œuvre, trouvant des paroles de consolation ; puis il s'entretient longuement avec les administrateurs et les médecins, adresse ses éloges au personnel et tout particulièrement aux sœurs de la Charité qui ne ménagent pas leur peine. Casimir Perier est moins impressionné qu'il ne s'y attendait par le spectacle de ces moribonds dont « le visage lui avait paru moins altéré, moins effrayant qu'il ne l'est dans d'autres maladies graves ». C'est, du moins, ce qu'il déclare le lendemain à Rémusat (98). Lorsque l'assemblée quitte l'hôpital, il s'est écoulé une heure. Avec plusieurs officiers d'état-major, le duc d'Orléans parcourt alors les quartiers de la Cité, du pont au Change et du palais de justice. Un journal de l'opposition écrira, le 4 avril, que des clameurs hostiles s'élevèrent sur son passage : « A bas les ministres ! » Gisquet affirme qu'il s'agit là d'une pure médisance (53). En cette période où la doctrine de la non-contagion n'était pas encore affermie, le courage tranquille avec lequel cette suite accomplit sa mission eût dû en imposer aux adversaires. Tout au contraire, dans un libelle émané de quelque société secrète, la situation ne manquera pas d'être exploitée : « ... [Le roi] envoie son fils à l'Hôtel-Dieu comme il l'avait envoyé à Lyon pour voir de plus près la misère du peuple. Le peuple vous rendra vos visites : il ira vous voir à son tour, comme au 10 août, comme au 29 juillet. »

Négligeant ces pamphlets, le 10 avril, le duc d'Orléans se rend au Val-de-Grâce où l'accueille le célèbre Broussais. Même tournée des salles de malades, mêmes mots de réconfort avec des nuances pour militaires, mêmes entretiens avec l'administration. Une mesure concrète est annoncée par *Le Journal des débats* du 12 avril. « Ayant appris que la maladie augmentait souvent par la longueur du transport, car la plupart des casernes sont fort éloignées du Val-de-Grâce, le prince a ordonné que les soldats malades y fussent maintenant portés en voiture, et s'est chargé d'acquitter la dépense sur sa cassette particulière... »

Le 4 avril, M. d'Argout, après l'Hôtel-Dieu, parcourt les salles de la Pitié. On ne sait s'il en tirera des conclusions mais « on a pu s'apercevoir, aux questions qu'il a faites sur les différents modes de traitement, que le ministre se souvient encore de ses études médicales *. »

Le 2 avril, l'archevêque de Paris, Mgr de Quelen, apporte, lui aussi, à l'Hôtel-Dieu, les paroles apaisantes de la religion. Il trouve un mot d'encouragement pour chaque malade et le personnel présent ne peut manquer « d'être touché de son zèle apostolique et de la religieuse piété qu'il [témoigne] aux malheureux ** ». En partant, il laisse une somme de mille francs destinée aux cholériques. Mais si l'accueil est chaleureux à l'intérieur de l'hôpital, la réaction des gens massés devant la grille est pour le moins glaciale. Roch en est le témoin : « En d'autres temps, il n'aurait pu aborder le péristyle de l'Hôtel-Dieu qu'au milieu des flots d'un peuple prosterné sur son passage et implorant sa bénédiction ; au contraire, il n'a vu sur les fronts que de l'indifférence, que de l'audace ou de la fureur dans les regards » (100).

N'importe ! Il y a un long passé d'anticléricalisme à remonter. Le 4 avril, il va voir ceux qui sont hospitalisés à la Pitié, remet une gratification aux infirmières dont il loue le dévouement et une somme de cinq cents francs « pour donner aux convalescents les secours et les vêtements nécessaires à leur guérison ».

Comme s'il faisait une tournée pastorale, il continue par l'hôpital de la Charité puis, le 5, par Saint-Antoine. A chaque fois, à l'entretien

* *Le Journal des débats*, 5 avril 1832.

** *Id.*, 4 avril 1832.

confiant avec chaque malade, il ajoute des libéralités pour les agents de surveillance et pour ceux qui partent vers la santé retrouvée.

Pendant ce temps, avec moins d'éclat mais autant de force d'âme, « les ecclésiastiques [vont] confesser les malades, s'enveloppant avec eux sous le même manteau, afin d'obtenir l'isolement sans ralentir les soins que les infirmiers leur [prodiguent] » (29). Annulant ce que la bonté avait regagné, d'autres prêtres, qui ne pratiquent pas le pardon des offenses, effraient le peuple en des sermons maladroits : « Tous ces malheureux meurent dans l'impénitence. Mais la colère du Dieu de justice va croissant et bientôt chaque jour comptera son millier de victimes ; le crime de la destruction de l'archevêché est loin d'être expié » (100). Et les journaux légitimistes, dans une hargne contre le régime, ne font qu'attirer l'hostilité du peuple à l'encontre du clergé. *La Quotidienne* écrit imprudemment ; « Des esprits méditatifs font remarquer que, par une exception funeste, Paris seul a été frappé au milieu de la France, Paris, la ville de la révolution, le berceau des tempêtes politiques, le centre de tant de vices, le théâtre de tant d'attentats. » Et *La Gazette d'Auvergne* renchérit : « Inaperçu, il planait dans les airs, il s'arrête sur le foyer de corruption, il fond comme un vautour sur la ville du désordre, la surprend au milieu de ses plaisirs, et y moissonne, de préférence, les hommes sans frein qui s'adonnent aux excès de passions et de jouissances brutales » (40).

Les intérêts de l'Église étaient trop liés à ceux de la royauté d'Ancien Régime pour que la bourgeoisie et le peuple n'aient pas adopté d'emblée une attitude de défiance envers elle. Le journal *La Mode*, croyant agir pour le mieux en exaltant l'attitude de l'archevêque de Paris aux dépens de celle du duc d'Orléans lors des visites hospitalières, ne fait qu'exciter la vindicte des bourgeois contre les religieux : « L'un, un prêtre, prince de l'Église, l'autre, un jeune homme, prince de la terre. Tous deux ils s'avancèrent vers l'hospice des cholériques. Le prince de la terre en carrosse, le prince de l'Église à pied ; le premier, parfumé de camphre, entouré de précautions, escorté d'un nombreux état-major qui exhale le chlorure, le second, seul.

» Prenez du courage, dit le jeune homme.

» Prenez tout ce que j'ai, dit le prêtre.

» Prenez patience, dit le jeune homme.

» Prenez mon château de Conflans, dit le prêtre.

» Cependant, un malade s'en allait mourir. « Messeigneurs, murmura-t-il, laissez-moi baiser vos mains avant que je trépasse. — Est-ce contagieux, demanda le jeune homme. — Ce n'est pas contagieux », lui répondit-on, et il donna son gant à baiser au pauvre homme qui mourait : « C'est contagieux », dit un infirmier au prêtre et le prêtre colla ses lèvres sur le front du pauvre homme. »

La vie au ralenti

Il fait vraiment très beau pendant ces premières semaines d'avril. Le soleil inonde chaque journée ; pas un nuage dans ce ciel métallique, sans cesse balayé par un vent d'est sec et frais. Il ne pleuvra que dans les derniers jours du mois mais pluie ou beau temps n'influenceront pas sensiblement les courbes de morbidité et de léthalité.

Les passants vont et viennent sur le pavé presque aussi nombreux qu'en temps normal. « Les marchands vous diront seulement, avec de longues doléances, et en vous montrant d'immenses lacunes dans leurs registres, que tout ce monde y [marche] inquiet, affairé, préoccupé, sans curiosité, sans caprice » (25). On serait troublé à moins. Les boutiques des quais ont fermé leurs vitrines, les bouquinistes ont cadenassé leurs éventaires sur les parapets. Depuis quelques jours, ordre a été donné de ne plus percevoir le péage à l'entrée du pont des Arts. Serait-ce pour dégager un peu le Pont-Neuf où se croisent, entre la rive gauche et l'Hôtel-Dieu, les brancards des mourants et les corbillards ?

La justice ronronne ; le Palais est dépeuplé. Le premier président de la Cour royale doit garder le lit pour une affection dont on assure qu'il ne s'agit pas du choléra. M. Bryon, conseiller, M. Berville, premier avocat général et M. Delahaye, l'un des vice-présidents du tribunal de première instance sont « retenus par des indispositions plus ou moins graves ». On ne veut pas lâcher le mot mais on sait bien que, la barrière des riches étant franchie, l'épidémie n'a pas de raison d'épargner la magistrature. Nous sommes le 10 avril. Il y a d'ailleurs un mort qui force la consigne du silence : c'est bien du choléra qu'est décédé M. Urguet de Saint-Ouen, secrétaire en chef de M. le procureur général près la Cour de cassation. On déclare également que plusieurs avocats sont « indisposés ». Mais si les couloirs sont déserts et quelques chambres fermées, c'est aussi parce que certains de ces messieurs, au lieu d'assurer leur fonction, sont partis respirer un air plus salubre.

Depuis le 16 avril, dans un souci d'humanité, la compagnie des officiers des gardes du commerce du département de la Seine a décidé de surseoir à l'exécution des contraintes par corps jusqu'à la fin de l'épidémie.

En application des règles d'austérité prônées par le nouveau régime, on apprend, le 19 mai, que l'enveloppe budgétaire dévolue à la Cour des Comptes sera moins épaisse de cent mille francs, à l'instar de la mesure prise pour la Cour de cassation. Le premier président donne lecture de cette annonce, sobrement, sans manifester d'acrimonie mais ne peut s'empêcher d'ajouter en clôturant la séance : « ... Plusieurs membres de la Cour, atteints par l'épidémie, ont été forcés de suspendre leurs travaux ; mais ceux que la maladie a épargnés se sont imposé le devoir de ne laisser aucune trace de cette interruption. C'est par un redoublement de zèle qu'ils sont parvenus à accomplir en moindre nombre ce qui est déjà, avec la diligence de tous, une tâche si laborieuse... * » Comprenne qui voudra.

Si les maires sont harassés par les dispositions auxquelles l'extension de la maladie les oblige, ils n'auront guère pénétré dans la salle des mariages en ce mois d'avril ; à peine le vingtième du nombre habituel des couples a convolé ; on prévoit une baisse considérable de la natalité pour janvier prochain, au moins dans la capitale.

Par respect pour le deuil des familles atteintes, les cérémonies qui devaient avoir lieu, le 1er mai, pour la fête du roi, sont annulées. Le ministre du Commerce et des Travaux publics propose, dans une circulaire aux préfets, de les remplacer par des actes de générosité : « ... De bonnes œuvres, faites en l'honneur de cet anniversaire, seront l'hommage le plus flatteur qui puisse être rendu à S.M. C'est fêter le roi que de secourir les Français malheureux... » Il est évident que bals, réceptions et parades auraient été autant de provocations en ces temps d'affliction. Mais le chagrin n'est pas dans tous les cœurs et les Français de l'étranger prennent peu de part aux épreuves qui frappent Paris. Il n'est qu'à lire, pour s'en convaincre, le *Diario di Roma* du samedi 12 mai : « La fête de S.M. Louis-Philippe a été célébrée cette année avec une grande pompe dans l'église de Saint-Louis-des-Français. A cette messe dont le nombreux orchestre était dirigé par le sieur Terziani, assistaient M. le comte de Sainte-Aulaire, ambassadeur, toute l'ambassade, le cardinal Bernetti, secrétaire d'État de S.S., le corps diplomatique, beaucoup d'autres personnages tant français qu'étrangers. Le service religieux a été suivi d'un banquet magnifique où s'étaient rendus le cardinal secrétaire d'État, le corps diplomatique

* *Le Journal des débats*, 19 mai 1832.

et beaucoup d'autres convives distingués. Le soir, l'hôtel de l'ambassade a été illuminé, comme de coutume. » Ce même samedi 12 mai l'épidémie sera en régression, mais 37 Parisiens en mourront encore.

Les milieux politiques sont accablés. Le 13 avril, il n'y a même plus assez de députés pour délibérer. Tous ne sont pas morts du choléra, beaucoup se sont esquivés. Ceux qui restent se disputent pour des courants d'air, s'opposent sur des questions de vasistas ouverts ou fermés. On craint les refroidissements en cette saison mais l'air confiné est aussi propagateur de miasmes. M. Dumeylet ne sait comment concilier les tendances contradictoires. « Prenez le juste milieu ! » lui crie une voix de droite (35).

Le ministère lui-même est décimé. Si nous avons un Parlement croupion, le gouvernement est, à son image, un gouvernement fantôme. Après sa visite à l'Hôtel-Dieu, Perier tombe malade. Comme il cumulait les fonctions de président du Conseil et de ministre de l'Intérieur, il doit abandonner ce dernier poste qu'une ordonnance royale du 27 avril attribue à Montalivet. Sebastiani, aux Affaires étrangères, est frappé d'apoplexie : sa place est vacante. La Marine va comme elle peut sans son ministre, l'amiral de Rigny qui vient d'être contaminé et, ô ironie, le comte d'Argout, ministre du Commerce et responsable de la Santé publique, est à son tour victime du fléau. Il ne reste, debout, que Louis aux Finances, Soult à la Guerre, Barthe à la Justice ; Montalivet recevra l'autorisation royale de signer les décrets pour M. d'Argout. Les postes changent, on se remplace. En cette époque où la maladie ronge le peuple et où couve la guerre civile, les têtes manquent.

On annonce des centaines de morts chaque jour dans les premières semaines. L'heure n'est pas aux réjouissances et les théâtres s'en aperçoivent. Ils ouvrent leurs portes tous les soirs, à la fois pour maintenir la tradition du spectacle et pour apporter quelques ressources au personnel, mais le cœur n'y est pas. Il faut du courage aux comédiens pour jouer devant des salles aux trois quarts vides alors qu'ils pourraient partir en tournée, évitant le risque de la maladie et gagnant de meilleures recettes. Bazin, dans son style déclamatoire, reconnaît leur mérite : « ... il me faut, et je le dis sérieusement, des couronnes civiques pour les acteurs, dussent-elles être décernées par les hommes qui ont quitté leurs bancs en désordre, à ceux qui sont restés fermes sur leurs planches » (25). Toutes les astuces sont bonnes pour attirer les spectateurs ; les directeurs du Vaudeville et de la Porte-Saint-Martin font passer une publicité difficile à croire : « [Ils] nous prient d'annoncer que toutes les précautions ont été prises pour assurer l'assainissement de leurs salles *... » Harel va même jusqu'à faire écrire : « On a remarqué avec étonnement que les salles de spectacle étaient les seuls endroits publics où quel que fût le nombre des spectateurs, aucun cas de choléra ne s'était encore manifesté. Nous livrons ce fait incontestable à l'investigation de la science » (49). Cela ne tente pas pour autant beaucoup de monde. « L'Odéon joua une fois — raconte A. Dumas — pour un spectateur qui refusa de prendre son argent, exigea que l'on jouât pour lui et siffla. Mais, en sifflant, le malheureux avait donné une arme contre lui : le directeur fit venir un commissaire de police qui, sous prétexte que le siffleur troublait la représentation, le mit à la porte... » (49). C'est le 7 avril que l'Opéra va connaître le désastre. La veille, la foule se pressait aux guichets de location et retenait pour six mille francs de places : une salle comble ! Le choléra n'atteignait encore que les petites gens. Le 7 avril au matin, la même foule revint mais pour demander, cette fois, le remboursement. Grand seigneur, le docteur Véron, directeur de l'Opéra et pittoresque figure parisienne, donne l'ordre de satisfaire à toutes les requêtes. M. de Rothschild, qui ne devrait pourtant pas être à quelques francs près, fait suspendre la location courante de sa loge. Bref ! Il ne reste plus personne pour venir applaudir les merveilleux trucages et la médiocre musique de Meyerbeer qui faisaient, depuis des mois, le succès de *Robert le Diable*. En alternance avec le ballet fantasmagorique de *La Sylphide*, cet opéra avait permis à l'astucieux directeur de renflouer les caisses vides : 350 000 francs en bons du Trésor avaient été ainsi mis à l'abri. Ils vont servir en cette période de vaches maigres. Véron envoie les grandes étoiles à Londres, MM. Nourrit, Levasseur, Mme Damoreau et la Taglioni. Il ne monte que des spectacles médiocres, à peu de frais, puise dans la cassette pour payer les employés et tient ainsi le temps de l'épidémie sans avoir besoin de solliciter aucun secours (114).

D'autres sont obligés de tendre la main et leurs difficultés de trésorerie sont telles que le ministre du Commerce alloue, pour le mois d'avril, une indemnité de 60 000 mille francs aux théâtres de Paris. L'Opéra-Comique, obligé de fermer ses portes, qu'il ne rouvrira qu'en juillet, laisse dans le besoin une centaine de familles : le régisseur général du théâtre, M. Lemetheyer, va jusqu'à faire appel à la

* *Le Journal des débats*, 2 avril 1832.

générosité du roi qui donne de l'argent, des bons de vêtements et permet à ces gens de passer un cap angoissant.

Toutes les activités semblent paralysées par le choléra et plus encore par la peur qu'il inspire. Ce n'est que lorsque celle-ci sera surmontée que l'on verra progressivement la capitale reprendre son visage habituel.

5.

La lutte contre le fléau

Attendez un peu pour mourir !

En dépit des conseils, commissions, comités et autres organismes officiels, toutes les mesures nécessaires n'ont pas été prises. Les rouages administratifs sont en place mais ils tournent au ralenti alors que l'épidémie est déjà déclarée. La prévention n'est pas terminée qu'il faudrait attaquer le mal, et les armes font défaut.

On en est encore à éditer une brochure : *Instruction populaire sur les principaux moyens à employer pour se garantir du choléra-morbus* (4). On peut y lire, notamment, comment reconnaître les premiers symptômes ; en conclusion de quoi, il est dit qu'il « faut tout de suite appeler un médecin. »

Les journaux aussi émettent leur avis : « ... tels sont les moyens que la raison et l'expérience conseillent, en dépit du petit nombre de succès » — On ne saurait être plus encourageant. — « ... Dans quelques jours nous pourrons donner plus de détails sur le traitement le plus convenable qui sera adopté dans les hôpitaux *. » Voici une phrase bien significative de l'ignorance où se trouvent ceux de qui devraient émaner recommandations ou soins.

Les sommes votées chaque année par la municipalité pour le secours aux indigents, l'aide aux enfants trouvés et, surtout, pour le fonctionnement des services hospitaliers représentent environ le dixième du budget. Elles n'ont pas varié depuis 1819 : 5 400 000 francs. Cette année, exceptionnellement, 8 millions ont été

* *Le Journal des débats*, 30 mars 1832.

débloqués devant la gravité de la situation. Il faudra veiller à ce que ce budget, à peine suffisant, soit, du moins, utilisé à bon escient !

Il va d'abord servir à la séance de la commission sanitaire du 28 mars. Nous savons qu'y sont réunis d'Argout, Hély d'Oissel et les deux préfets, de Bondy et Gisquet. *Le Journal des débats* semble attendre beaucoup de cette délibération : « Si, comme nous en avons la certitude, la science, le dévouement de nos médecins peuvent quelque chose contre cette maladie, nos craintes doivent beaucoup diminuer... Nous savons même que, déjà, les mesures les plus urgentes sont arrêtées et, autant que cela se peut, mises en exécution. »

Le lecteur serait curieux de savoir lesquelles ; la suite au prochain numéro ? Non ! A celui du surlendemain : « M. d'Argout, dont le zèle, l'activité sont au-dessus de tout éloge, a envoyé aujourd'hui quelques-uns de ses officiers supérieurs dans toutes les mairies de Paris pour se concerter avec les officiers municipaux sur les mesures à prendre. Demain, il réunit chez lui tous les maires et adjoints en consultation... » La décision est donc remise à demain ! Enfin l'on apprend que le lundi 2 avril, « à midi, les douze maires de Paris s'étaient réunis à la préfecture de police. M. d'Argout et les deux préfets ont présidé cette réunion qui a duré jusqu'à trois heures ; elle avait pour objet d'activer l'organisation des bureaux de secours *. » Il est grand temps ; alors que ces bureaux, postes avancés de la lutte contre l'épidémie, auraient dû ouvrir leurs portes dès l'annonce de l'arrivée du choléra dans la capitale, on va fêter comme un événement la mise en service des premiers d'entre eux le lundi 2 avril. Les autres suivront peu à peu. Le Conseil supérieur de salubrité publique, dont on salue la première réunion le 29 mars, s'honore de la présence de M. d'Argout — qui siège partout — et du baron Dupuytren. On dit, de ce dernier, qu'il « y apporte cette science qui l'a rendu si justement célèbre en Europe **. » Il y apporte surtout son nom car il ne connaît rien au choléra : c'est un chirurgien. Ce Conseil décide que, dans « chaque hôpital une salle spéciale sera affectée au traitement des individus atteints du choléra-morbus ». — Cette disposition, nous le verrons, ne tiendra pas trois jours. — En outre, quarante-huit ambulances, soit quatre par arrondissement, seront établies... Tout le monde semble d'accord sur ce dernier point.

Donc, le lundi 2 avril, à six heures du matin, grâce au zèle et à

* *Id.*, 3 avril 1832.

* *Id.*, 30 mars 1832.

l'activité du maire du IVe arrondissement, M. Cadet-Gassicourt, un bureau de secours fonctionne. Il devrait y en avoir quatre dans l'arrondissement mais les trois autres viendront plus tard. Il fallait ouvrir celui-ci sans délai car on avait choisi, pour son emplacement, le presbytère de Saint-Germain-l'Auxerrois, rue des Prêtres-Saint-Germain-l'Auxerrois. Une lanterne rouge se balance devant la porte pour signaler qu'une ambulance est établie en ce lieu que M. Cadet-Gassicourt poursuit décidément de sa hargne anticléricale. Ne s'était-il pas déjà illustré au cours du sac de cette même église, le 3 février 1831, en abattant la croix du clocher ! (39). Plus qu'à un acte de charité, la création de ce bureau ressemble à un règlement de comptes.

L'accueil de la population est d'ailleurs mitigé. Ces postes de secours, destinés à procurer les premiers soins aux malades, sont trop souvent considérés comme l'antichambre des hôpitaux et ceux-ci n'ont pas bonne presse. Pourtant, en plus des ambulances officielles, la charité multiplie les locaux privés où pourraient être assurés les traitements de première urgence. Dans le Ier arrondissement, Louis-Philippe offre, au maire, deux bâtiments qu'il meuble et qu'il fait garnir grâce à des dons prélevés sur sa cassette. Dans le IIe arrondissement, c'est la banque qui, par l'entremise de MM. Mallet frères, fait preuve de générosité. Dans le Ve, MM. Labat et Dupuy mettent à la disposition des malades deux locaux qu'ils font même réparer à leurs frais. Dans le VIIIe, les curés de Sainte-Marguerite et de Saint-Ambroise accueillent médecins et cholériques dans leurs presbytères. Dans le XIe, c'est l'adjoint au maire, M. Boissel, qui fait une proposition charitable.

Ainsi, progressivement, s'organise l'urgence. Mais il s'agit bien d'une improvisation dont Blondel, plus tard, ne manquera pas de critiquer les insuffisances : « ... Quel que fut le zèle de tous, il ne put faire ce qui était impossible ; il ne put transformer ces ambulances en autant d'établissements complets et il arriva ce qui devait arriver : les soins qu'y recevaient les cholériques ne remplacèrent qu'imparfaitement les secours qui leur eussent été donnés aux hôpitaux et retardèrent souvent ceux-ci d'une manière fâcheuse pour le succès du traitement... » (28).

On manque de tout. Le 4 avril, *Le Journal des débats* lance une « Invitation à la bienfaisance des dames ». En dépit du titre gracieux du placard, c'est un appel presque pathétique à la charité et qui prouve, une fois de plus, l'impéritie des autorités : « Des vêtements chauds, des chaussures, gilets, ceintures en laine, étant absolument nécessaires pour combattre le fléau actuel, le président de la Commission centrale sanitaire a l'honneur de faire un appel à la générosité des dames en les suppliant d'envoyer, soit à la préfecture de la Seine, soit à leurs mairies, le résultat de leurs honorables travaux et les dons qu'elles voudraient faire en ce genre à nos compatriotes malades, indigents, malheureux. » Pour donner plus d'intérêt à cette supplique et afin que nul n'en ignore, il est ajouté : « Elles sont priées d'y joindre leurs noms qui ne doivent pas être dérobés à la publique reconnaissance. »

Il n'est pas jusqu'au préfet de la Seine qui ne se mette à genoux pour quémander de la literie :

« Le préfet de la Seine aux habitants de Paris :

« Les habitants de la capitale apprécieront les sentiments qui forcent leur premier magistrat à s'adresser avec insistance à leur générosité... L'administration s'est assuré de nouveaux locaux vastes, bien aérés... Les secours en médicaments, en objets de consommation, n'y manquent pas mais il importe qu'ils soient pourvus de tout le matériel nécessaire. Il serait impossible d'obtenir assez promptement les objets de literie dont on a besoin, si les habitants de Paris ne venaient au secours de ceux qui souffrent le plus... La moindre partie du mobilier dont ils pourraient disposer serait reçue avec une vive reconnaissance *... »

Les initiatives, même officielles, sont désordonnées. On a vraiment l'impression qu'aucun plan général ne préside aux différentes opérations. Sans directive supérieure, mais pour se conformer aux instructions sanitaires sur le choléra, le maire du Ve arrondissement et ses adjoints font distribuer aux indigents vingt mille rations de viande et de bouillon et mille chemises : excellente initiative, mais bien maigre viatique.

En plus des secours, on continue à s'intéresser de très près aux travaux d'assainissement. Le 9 avril, alors que la maladie fait ses plus grands ravages, on met en mouvement « tous les tonneaux d'arrosement » pour le lavage des rues et l'on se félicite que l'eau qui coule ainsi à pleine cannelle « nettoie admirablement la voie publique ** ».

Le 27 mai, alors que la première vague de l'épidémie est presque terminée, une instruction paraît qui fait injonction aux Parisiens d'arroser devant chez eux à dix heures du matin et à deux heures de

* *Id.*, 8 avril 1832.
** *Id*., 9 avril 1832.

l'après-midi pendant la période de chaleur. Cette mesure d'hygiène paraît bien salutaire mais pourquoi ne l'avoir pas prise plus tôt et pourquoi la réserver à la saison chaude ? La rue doit-elle être sale l'hiver ?

Mais voici qui est mieux : dans le nouveau quartier Saint-Georges, on a percé une voie qui se dirige du confluent des rues des Martyrs, Saint-Lazare et du faubourg-Montmartre, vers la barrière Blanche. Faute de crédits, ce percement est resté inachevé, laissant un bouchon contre lequel s'accumulent les eaux en un cloaque infect. Le 9 avril, le préfet de police a considéré la reprise des travaux comme une urgence. Le 9 mai, les habitants du voisinage en sont encore à réclamer au commissaire, aux préfets, au Conseil de salubrité que le chantier, si longtemps abandonné, soit enfin réouvert.

Les premiers jours et les étapes initiales de la lutte contre le choléra ont donc vu le triomphe de la machine administrative en ses décisions et son inefficacité en l'application de celles-ci.

On cherche des hôpitaux *

Cent lits à Beaujon et cent à Saint-Antoine : tels étaient les plans établis pour l'invasion du choléra. Il ne faut pas plus de quarante-huit heures à l'administration pour s'apercevoir que ses prévisions seront largement dépassées à très bref délai et que l'on devra ouvrir des salles dans tous les hôpitaux parisiens. Il le faut bien, d'ailleurs, car les familles ne sauraient admettre que l'on refuse un malade dans l'hôpital de son quartier.

L'Assistance publique dispose d'un assez grand nombre d'établissements.

Dans l'île de la Cité, l'Hôtel-Dieu dresse sa silhouette massive le long de la Seine, sur toute la partie sud du parvis de Notre-Dame. Son sous-sol, battu par les remous du fleuve sur lequel il s'ouvre par de larges arcades, est constitué de caves voûtées appelées « cagnards ». Comme dans un port, on y reçoit les vivres amenés par eau, sur des péniches. C'est aussi dans ces caves qu'est la salle de dépôt d'où partent les morts (34). Outre ces particularités peu salubres qui tiennent

* Sur le rôle joué par l'Assistance publique et l'organisation des hôpitaux appartenant à son domaine, le rapport de Blondel est essentiel et nous le signalons ici pour tout le chapitre (28).

à la situation et qu'on ne peut éviter, il en est une à laquelle il serait facile de porter remède : le caractère pénible du gardiennage. « Dans les autres hôpitaux, écrit *La Lancette*, les portiers se tiennent dans une loge fermée et chauffée ; à l'Hôtel-Dieu, quelque temps qu'il fasse, ils sont exposés une nuit entière devant une porte grillée, à toutes les intempéries de l'air ; le jour, ils ont à résister aux exigences du peuple... »

Le XIIe arrondissement renferme un quartier d'hôpitaux dont Balzac, dans Ferragus (23), dresse la carte. « Au coin de la rue de la Bourbe, la rue d'Enfer traverse l'esplanade de l'Observatoire... L'espace est fermé entre la grille sud du Luxembourg et la grille nord de l'Observatoire, espace sans genre, espace neutre dans Paris. En effet, là, Paris n'est plus ; et là, Paris est encore... C'est un désert. Autour de ce lieu sans nom s'élèvent les Enfants-Trouvés, la Bourbe, l'hôpital Cochin, les Capucins — encore appelés les Vénériens —, l'hospice La Rochefoucauld, les Sourds-Muets, l'hôpital du Val-de-Grâce ; enfin tous les vices et tous les malheurs de Paris ont là leur asile ; et pour que rien ne manquât à cette enceinte philanthropique, la Science y étudie les marées et les longitudes ; M. de Chateaubriand y a mis l'infirmerie Marie-Thérèse, et les Carmélites y ont fondé un couvent... »

Ajoutons à cette énumération la Pitié, la Salpêtrière, Necker, les Enfants-Malades, la Charité, les Incurables, l'hospice de Bicêtre et nous aurons, à peu près, fait le tour des possibilités d'accueil des malades sur la rive gauche. Mais quel accueil ! Janin voit la Bourbe et la Salpêtrière comme des gravures de Goya : — la Bourbe, « le dernier refuge des filles pauvres qui sont devenues mères, des jeunes épouses dont le mari est joueur, des femmes condamnées à mort que le bourreau attend à la porte. A la Bourbe, la misère enfante la misère, la prostitution engendre la prostitution, le crime enfante le crime. Les enfants qui viennent au monde sur les lits souillés n'ont pas d'autre héritage à attendre que le bagne ou l'échafaud... » ; — la Salpêtrière, « l'asile des vieilles femmes au rebut dont la société ne veut plus, même pour en faire des portières ou des marchandes à la toilette. La Salpêtrière est un village entier, populeux comme une ville ; mais, grand Dieu ! quel peuple ! des femmes sans mari, des mères sans enfants, des aïeules sans petits-enfants... On leur donne un dôme doré, mais sous ce dôme le pauvre est seul, et derrière cette pierre de taille, il n'a plus d'autre occupation que de mourir à peu de frais. Les vieillesses entassées dans cet isolement affreux font mal à voir. On compte, malgré soi, toutes les affections brisées qu'un pareil hôpital représente » (41).

Sur la rive droite, il y a moins de bâtiments. L'hôpital Saint-Antoine est complet. On a même évacué les orphelins sur les maisons d'incurables pour y faire de la place. La Maison municipale de santé, l'hôpital Beaujon et Sainte-Périne ne représentent pas beaucoup de lits. Seul Saint-Louis est encore à même de recevoir des cholériques : pour les engager à quitter les lieux, le conseil a fait offrir, aux galeux et aux vénériens qui y séjournaient, une allocation de cent francs. Ainsi put-on aménager les pavillons Saint-Mathieu pour les hommes et Gabrielle pour les femmes. Que leur aspect extérieur, brique et pierre de taille, soit agréable à l'œil, nul ne le conteste, mais ne tombons pas dans l'excès du *Journal des Débats* pour qui « ces deux services sont considérés comme les plus beaux, les plus salubres de cet hôpital. De petites salles parquetées contenant des lits de fer, parfaitement ventilées, rendent le service prompt et facile... » Ce serait oublier qu'à Gabrielle, malgré le dévouement du célèbre Alibert, 20 cholériques sur 63 mourront du 31 mars au 8 avril et 60 sur 171, plus du tiers, du 8 avril au 1er mai.

Au début de l'épidémie, selon les instructions initiales, les cholériques, dans tous les hôpitaux, sont parqués dans des salles réservées. On les isole soigneusement des autres malades et du monde extérieur. Leurs vêtements sont désinfectés ; les visites leur sont interdites ; ceux qui meurent ne passent pas par l'église ; parfois même, les corps ne sont pas rendus aux familles, ce qui renforce les rumeurs d'empoisonnement. Mais, bientôt, leur nombre devient tel qu'ils débordent dans tous les services, se mêlant aux malades ordinaires. Dès lors, les mesures d'isolement sont dépassées : les postes d'infanterie de ligne qui repoussaient la foule indignée des visiteurs aux portes consignées de l'Hôtel-Dieu sont rappelés ; les parents et amis peuvent entrer ; les vannes sont ouvertes à la contagion.

Devant la défaillance des établissements habituels pour accueillir la ruée des patients, on aura recours à des hôpitaux temporaires dont la création, sur le papier, était envisagée depuis plusieurs mois. S'ils avaient pu entrer en fonction dès le départ de l'épidémie, il est évident que, grâce à l'apport supplémentaire de lits, on aurait pu poursuivre l'isolement des cholériques et, peut-être, dans une certaine mesure, réduire l'extension du fléau à des proportions plus accepta-

* *Id.*, 5 avril 1832.

bles. Mais les salles et les couloirs sont surchargés et le mal se répand alors que l'on en est encore à débloquer des crédits. Le 4 avril, le conseil général de la Seine tient une séance extraordinaire qui se contentera de préparer une réunion pour le 7. Ce jour-là, enfin, le préfet de la Seine et le conseil municipal adoptent des propositions que l'administration de l'Assistance publique avait faites depuis longtemps, à savoir la création d'hôpitaux temporaires : 500 000 francs sont alloués qu'il faudra utiliser au plus tôt. L'archevêque de Paris, toujours en quête d'une bonne action, donnait soixante lits dans les bâtiments du petit séminaire de Saint-Sulpice : on daigne les recevoir. Rue de Sèvres, une dépendance de la maison des Lazaristes va être transformée en hôpital. A la barrière des Bons-Hommes, la famille Perier, propriétaire d'un ancien couvent, en fait offre à la ville pour un emploi provisoire : comme il est inoccupé depuis de longues années, il est passablement dégradé et, sur des étages entiers, planchers et fenêtres sont à refaire.

Les Greniers de réserve, appelés aussi Greniers d'abondance, sont encore encombrés par les farines et le blé de la boulangerie de Paris. Situés sur l'ancien emplacement du petit Arsenal, au sud de la Bastille, ce sont cinq grands immeubles de vingt-cinq mètres de large sur vingt-cinq mètres de haut, composés d'un sous-sol, d'un rez-de-chaussée et d'un étage, reliés entre eux par une galerie. Ils avaient été édifiés par Napoléon (62). Ici également, un important travail d'aménagement s'avère indispensable pour transformer ces greniers en hôpitaux.

Il est à peine croyable qu'entre le 7 avril, date à laquelle M. de Bondy, préfet de la Seine, appose sa signature au bas de l'acte portant création des hôpitaux temporaires et la mise à la disposition des malades des premiers lits aux Greniers de réserve, il ne se soit écoulé que six jours. C'est pourtant le 13 avril que ceux-ci commencent à recevoir leurs cholériques ; trois jours plus tard, six cents lits seront disponibles. Le 16 avril, ouvrent les Lazaristes, le 17, le séminaire de Saint-Sulpice qui ne fera son plein de quatre-vingts lits que vers le 27 : des agrégés de la faculté de médecine en ont la charge, « secondés... par les élèves du séminaire qui remplissent avec un zèle évangélique au-dessus de tout éloge, les fonctions de premiers infirmiers * ». Les études de séminariste ne sont guère orientées vers de telles missions mais, en ces temps difficiles, toutes les bonnes volontés sont

* *Id.*, 28 avril 1832.

requises. Ayant déjà fait le circuit des établissements de l'Assistance publique, Mgr de Quélen ne peut manquer de rendre visite aux malades alités dans les salles et dans les cellules du petit séminaire où il prodigue, comme d'habitude, bonnes paroles et gestes généreux. Le couvent de la barrière des Bons-Hommes, pourtant si délabré, entre en fonction le 18 avril et va bientôt offrir quatre cents places.

Au total, en moins de quinze jours, on aura créé près de quinze cents lits. On aurait même pu avoir une magnifique maison de convalescence à Conflans, dans la résidence de campagne que l'archevêque de Paris abandonnait volontiers pour la circonstance, mais le conseil général, dont l'hostilité envers le clergé ne désarme pas, a préféré la lui refuser.

On accepte, en revanche, la largesse du roi. A l'angle de la rue de Berry et du faubourg du Roule, dans l'infirmerie réservée au service de sa maison, il installe des cholériques : cinquante-sept lits ne sont pas à dédaigner. Son équipe médicale va être mise à contribution : M. Marc y sera chef de service ; MM. Pâris et Pasquier fils, attachés ; MM. Sacré et Goudineau, internes. Ils mériteront, pour cette fois, leurs honoraires. A Neuilly enfin, la libéralité royale fait aménager de fond en comble, matériel et médicaments, un local spacieux situé en face de la grille du château : encore trente lits !

Malgré l'empressement dont font preuve les entrepreneurs et la diligence avec laquelle sont conduits les travaux, les hôpitaux temporaires arrivent un peu tard et le cours de l'épidémie les rend, en partie, inutiles. Organisés dès le début de la maladie, ils auraient représenté un appoint précieux, mais c'est au moment où le mal commence à décroître qu'ils entrent en activité. Ils vont tout de même permettre de dégager quelque peu les hôpitaux permanents et de rendre à leur destination habituelle des services comme ceux de Saint-Louis ou des Vénériens. Désormais, c'est vers eux que l'on dirigera de préférence les cholériques. Du 20 au 25 mai, les vacances dépassent deux mille cinq cents, entraînant la fermeture des Lazaristes et de Saint-Sulpice, puis, rapidement, celle de la rue de Clichy. En septembre, tous les hôpitaux temporaires auront été fermés :

— Les Greniers d'abondance seront restés ouverts 156 jours avec un nombre de lits maximum de 840,

— les Bons-Hommes	:	148 jours avec 400 lits,
— la rue de Clichy	:	119 jours avec 60 lits,
— l'hospice des Orphelins	:	51 jours avec 117 lits,
— Saint-Sulpice	:	38 jours avec 82 lits,

— Picpus : 37 jours avec 40 lits,
— les Lazaristes : 35 jours avec 51 lits,
— l'hospice Le Prince : 23 jours avec 24 lits.

Il aura fallu un nombreux personnel pour assurer les soins dans ces salles improvisées. Jamais il n'aura manqué : médecins, pharmaciens et élèves n'auront fait que leur devoir. Mais, pour les tâches les plus humbles, les travaux les plus répugnants, les bonnes volontés n'auront pas failli. Toutes les classes de la société ont fait preuve de courage en ce domaine et il faut reconnaître que des jeunes gens du monde et des femmes de l'aristocratie ont pris leur part de danger et de peine.

Les hôpitaux militaires ne sont pas épargnés. On dit même que le premier cas parisien se serait dévoilé à l'hôpital du Gros-Caillou le 25 mars, bientôt suivi d'un autre, au Val-de-Grâce, le 29 du même mois. La situation du Gros-Caillou dans ce quartier misérable explique sans doute la précocité avec laquelle le fléau y a fait son apparition.

Le courage étant la vertu première du soldat, *Le Moniteur* du 13 avril trouve bon d'ajouter : « ... la mortalité est restée, dans cet établissement, au-dessous de la proportion générale. On y compte des guérisons et un assez grand nombre de convalescents. Le plus grand ordre n'a jamais cessé d'y régner et on remarque, en le visitant, que le moral des militaires qui y sont traités n'est nullement affecté. »

Après avoir suivi l'Empereur dans toutes ses campagnes, Larrey, au faîte de sa gloire, obtient la récompense suprême : le poste de chirurgien en chef de l'hôtel des Invalides. Avant de quitter son service du Gros-Caillou, il fait donner à son fils Hippolyte la charge des cholériques à l'hôpital de la Garde. Les résultats sont désastreux et le pauvre Larrey junior n'y est pour rien. Les contagieux, mêlés aux blessés, aux vénériens, aux malades ordinaires, leur transmettent le choléra. La fièvre s'allume dans tous les lits et, devant cette flambée locale de l'épidémie, la direction fait transférer les cholériques dans le service du grand Broussais au Val-de-Grâce.

Larrey père, de son côté, ordonne des mesures sanitaires dans les salles dont on vient de lui confier la charge. Contre tous les usages établis, il aère ; il interdit de laver les parquets et les fait frotter et « briqueter ». Finie la serpillière ! On gratte, on racle ! Les surveillants s'insurgent contre des pratiques aussi révolutionnaires et le conflit entre le chirurgien en chef et le personnel monte jusqu'à la Commission de salubrité publique et à la Commission centrale. Larrey, n'y comptant que des amis, obtient aussitôt gain de cause. (105).

Il en est des hôpitaux militaires comme des civils. Le besoin de bâtiments supplémentaires se fait bientôt sentir et l'on doit en ouvrir quatre : l'un dans Paris, rue Blanche, dans l'ancien hôpital des Gardes du corps ; les trois autres en banlieue, à Courbevoie, Saint-Denis et Vincennes.

Ceux qui essaient de soigner

Les médecins sont harcelés, débordés, recrus de fatigue. Entre les services aux bureaux et leur clientèle privée, ils ne savent où donner de la tête. Réveillés trois ou quatre fois chaque nuit par des appels angoissés, souvent motivés par une indisposition légère, ils ont aussi à faire face, avec leurs pauvres moyens, aux cas les plus sévères. Après les avoir qualifiés d'empoisonneurs, on en vient à vanter leurs mérites et leur inlassable dévouement. Pour un peu, on les plaindrait ; néanmoins, on ne leur laisse aucun repos ! Si la maladie n'est pas toujours présente, la crainte est là qui demande réconfort : aussi les salons d'attente sont-ils bondés. Certains praticiens qui avaient voulu profiter d'un moment de détente après une journée écrasante ont vu leur porte enfoncée par des fanatiques que la peur tenaillait. Où ne les appelle-t-on pas ? Poumiès de la Siboutie, consultant à grande clientèle, doit partager ses journées entre les soins que réclament ses malades et la cour d'assises où il a été requis juré dans le procès Benoît. En juin, il devra même, en plus, faire le coup de feu comme membre de la garde nationale (47). Les bourgeois aisés qui peuvent les faire venir chez eux, à bon compte, abusent souvent de la situation, et le symptôme le plus minime est prétexte à consultation. L'affolement est tel que l'on n'attend pas. Si le médecin de famille n'est pas immédiatement disponible, on envoie quérir de l'aide chez deux ou trois voisins ou dans les ambulances du quartier. Les demandes se multiplient inutilement et ce temps, gaspillé, volé aux vrais malades et, souvent, aux pauvres, est encore mal rétribué. Que le médecin vienne d'un bureau de secours et l'on fera les plus grandes difficultés pour le payer sous prétexte que ses actes doivent être bénévoles *. Le corps médical parisien est composé, pour une bonne part, de jeunes, peu fortunés, qui gagnent péniblement leur vie. Ils n'ont pas hésité,

* *La Gazette médicale*, 5 mai 1832.

cependant, à offrir gratuitement leurs services aux postes de secours créés dans les arrondissements. Peu de professions peuvent se targuer d'avoir fait preuve d'autant de générosité : les actes notariés, les successions litigieuses n'ont pas été rédigés ou tranchés au rabais ; les marchands de flanelle, les droguistes ont augmenté leur prix *. Aussi, ne doit-on pas s'étonner lorsque, pour une fois, un praticien réputé, dérangé inutilement à deux heures de la nuit « par un noble duc que la peur empêchait de dormir, demande deux cents francs pour sa visite. Deux cents francs, se récria le duc stupéfait, et que m'auriez-vous pris si j'avais réellement le choléra ? Le prix d'une visite ordinaire, répondit le médecin **... »

La frayeur passée, les grands de ce monde oublient parfois, avec la gratitude, le règlement des honoraires. Tel marquis, riche en terres et revenus, se voit réclamer, l'épidémie terminée, le montant du mémoire que son médecin lui présente pour l'avoir tiré de la tombe, veillé jour et nuit et donné, de surcroît, ses soins aux gens de sa maison. Comme le seigneur veut en rabattre sur sa note, le praticien, de guerre lasse, clôt la discussion par cette boutade : « Monsieur, puisque mon mémoire vous paraît trop chargé, je ne vous demande que le prix qu'aurait coûté votre enterrement si je ne vous avais sauvé la vie *** ».

Il ne faut pas croire la charge de Janin : « ... Le choléra à Paris les a fait sortir par millions, ceux qui s'étaient faits peintres, musiciens, sceptiques se sont refaits médecins. Le médecin est tombé sur la ville et il l'a enveloppée de son manteau : aussi, quelque fût le nombre des malades à Paris, il égalait à peine celui des médecins » (68). C'est une médisance car nombreux sont les actes de courage et de dévouement. Dès que l'on connut la présence de cholériques dans les salles de l'Hôtel-Dieu, on vit les praticiens accourir de tout Paris pour s'initier au diagnostic d'une maladie dont ils ignoraient les symptômes et pour apprendre à les traiter. Ils y sont encore, tous les matins, suivant les visites des chefs de service, retrouvant leurs habitudes d'étudiants, insouciants du risque encouru. Ceux qui croient à la contagion — c'est la minorité — ont un mérite considérable à s'exposer ainsi à la maladie, en dépit de la précaution qu'ils prennent, en sortant de l'hôpital, de changer de vêtements et de se laver. Ceux qui n'y croient

* *Id.,* 5 mai 1832.
** *Id.,* 12 mai 1832.
*** *Id.,* 8 septembre 1832.

pas n'en sont pas moins dignes d'estime car, harassés de fatigue au chevet des pauvres, dévoués à leur clientèle, s'alimentant à contre-temps, dormant peu et mal, ils bravent toutes les règles de l'hygiène que l'on prescrit en ce moment et vont, de la sorte, au-devant du danger : « Un seul médecin, dit la comtesse de Boigne (29), dans toute la Faculté de Paris, profita d'un prétexte assez spécieux pour s'éloigner. » Est-il nécessaire de dire qu'il ne pourra plus jamais se présenter devant ses collègues ?

Pour un exemple de couardise, il faudrait citer des centaines de sacrifices. La jeunesse elle-même est digne d'éloges. Au moment de l'ouverture des Greniers d'abondance, les internes de la Salpêtrière, hôpital voisin, proposent au préfet de la Seine d'y prendre des gardes acceptant ainsi, bénévolement, de doubler leur temps de fonction (47). L'offre sera acceptée et les services assurés.

Tous les élèves ne font peut-être pas preuve d'un semblable enthousiasme mais aucun ne fait défaut, pas même Gérard de Nerval qui, après un stage de clerc de notaire entrepris sous la contrainte, commence ses études de médecine dans le même état d'esprit (54). Dès les premiers jours de l'épidémie, il écrit : « Je fais des visites pour le choléra comme font maintenant tous les étudiants, les médecins étant insuffisants de beaucoup pour le nombre de malades. Je vous assure que c'est une chose cruelle. » Il rappellera, plus tard, à son père médecin, le docteur Étienne Labrunie, sa participation aux bureaux de secours : « ... Je ne puis persuader personne ici que je suis un peu médecin, ayant suivi deux ans les cours de l'École et la clinique de l'Hôtel-Dieu. On ne veut pas croire que j'ai soigné des malades pendant le choléra et que j'ai fait alors une centaine de visites avec ou sans toi... » (87). L'expérience aura sans doute été suffisante car il ne tardera pas à abandonner la Faculté.

Le Conseil des hôpitaux, de son côté, met tout en œuvre pour faciliter la tâche du corps médical en le libérant des restrictions thérapeutiques habituelles et en augmentant le personnel. Pour compenser les fatigues inhérentes au surcroît d'activité, on multiplie les rations alimentaires ; les légumes secs, jugés d'une digestion difficile, sont remplacés par des légumes frais, fait en contradiction absolue avec les premières instructions promulguées par la Commission de salubrité. Les hommes, infirmiers, hommes de peine, reçoivent quotidiennement « 84 décagrammes de pain, un litre de vin, un kilogramme de viande et 3 œufs ou leur équivalent ; pour les femmes, 72 décagrammes de pain, 75 centilitres de vin, 75 décagrammes de viande et 3 œufs ». Cette suralimentation insensée ne va durer, il est vrai, que bien peu de temps et, dès le mois de mai, les mesures dites « extraordinaires » de nourriture seront supprimées et le personnel diminué.

Bien entendu, on n'oublie pas de distribuer largement les inévitables ceintures de flanelle et les chaussons de laine. Les élèves sont certainement à la fête : « ... Tous... [sont] nourris ; et au lieu de leur donner un litre de vin rouge des hôpitaux, on leur [alloue] la même quantité de vin de Bordeaux pur. Plus tard, pour varier leur nourriture, on [passe] des marchés avec des restaurateurs qui [sont] chargés de les servir à raison de trois francs cinquante par jour » (28). Ici encore, le festin sera terminé fin avril et les étudiants retrouveront le maigre brouet traditionnel de l'Assistance publique. Il faut ajouter à ces libéralités une « indemnité mensuelle de cent francs qui se [cumule] pour les élèves attachés aux services réguliers de l'Administration avec leur traitement ordinaire » (28). Dès que l'épidémie va décroître, l'allocation sera retirée : elie n'aura donc été versée que durant un mois. Quant aux infirmiers et infirmières supplémentaires, ils perçoivent un gage de cinquante francs par mois, gage que l'on accorde aussi aux serviteurs permanents, en surplus de leur salaire. La générosité du préfet de police y ajouta vingt francs par jour.

Ces gratifications en nature ou en espèces, pour appréciables qu'elles soient, se ressentent cependant d'une certaine mesquinerie car, cessant dès la décroissance de l'épidémie, elles ne seront pas renouvelées lorsque celle-ci redoublera d'intensité : il reste l'impression que ces mesures ont été prises dans l'affolement du début et que, l'habitude venant, et avec une meilleure organisation, on jugera superflu d'honorer les dévouements.

Sur mille cinq cents médecins parisiens qui tous vivent au contact intime du choléra, trente seulement mourront mais c'est déjà beaucoup qu'une perte de un sur cinquante. Et l'on s'afflige davantage quand il s'agit d'un jeune agrégé plein de talent et de promesse comme Dance, qui meurt à la Charité, laissant en chantier un important travail sur l'inflammation veineuse. Presque en même temps que lui, au plus fort de la maladie, le 17 avril, disparaît le docteur Asselin, simple praticien du VIIe arrondissement, tué autant par l'épuisement de ses forces usées jour et nuit dans les bureaux de secours que par le choléra. Boisdeval, qui avait quitté ses insectes pour reprendre du service, y laisse la vie, comme Baretta, le mouleur de pièces anatomiques à la faculté. Le docteur Leroux, que ses quatre-vingt ans auraient pu tenir à l'écart de toute activité, trouve aussi la mort sur ce vrai champ de bataille où tombèrent encore Prost, Petit, Lefebvre, d'Hélancourt et Laugier, professeur de chimie au Jardin du roi *.

Les étudiants seront moins touchés malgré leurs prestations aux bureaux de secours. Sur mille six cents, douze vont périr, soit 7,5 pour mille. On ne peut citer tous les membres du personnel qui succombèrent mais le plus bel exemple d'abnégation restera sans doute celui de sœur Sainte-Marie qui, dans sa salle de l'Hôtel-Dieu, mourante parmi les mourants, apportera aux cholériques ses soins et ses paroles de consolation jusqu'au début de son agonie (47).

Des médecins polonais, réfugiés à Paris depuis l'invasion de leur pays par les troupes du tsar, proposent de mettre leur expérience du choléra au service des Parisiens, et ce ne sont pas des moindres, qu'on en juge : « ... Le Comité national polonais a l'honneur de vous faire connaître, messieurs (il s'adresse à la Commission centrale de salubrité) que le docteur en médecine, M. Antoine Hluszniewicz, membre de la Chambre des députés et du Comité national et M. Boleslas Dobrowsky, médecin-major du quartier général de l'armée polonaise, sont prêts à se présenter devant la commission centrale qui pourra apprécier leur expérience acquise sur les lieux où naguère le choléra faisait de si grands ravages **... »

De même que des médecins français avaient été envoyés en mission à l'étranger pour y observer l'épidémie, on voit circuler dans les salles de nos hôpitaux des sommités venues de toute l'Europe : dans le service de Bouillaud, à la Pitié, les Belges Marc et Fanellon s'instruisent ; Trumpeo et de Rolandis arrivent d'Italie et resteront jusqu'au 10 mai ; des Espagnols sont également venus voir le choléra de près ; un Sarde, le docteur Mojon a quitté Gênes pour monter à Paris à ses frais. Jusqu'au pape Grégoire XVI qui nous a envoyé les docteurs Agostino Cappello et Achille Lupi. C'est une véritable confrérie qui se groupe en une « Société des médecins étrangers pour le choléra » (47).

Saint-Louis, Cochin, la Pitié, l'Hôtel-Dieu, les postes de secours voient également passer des délégations de province, car la connaissance acquise à Paris devra servir si le fléau s'étend, et il s'étendra : de Marseille sont venus Pierre Martin-Roux, Ducros, Martin, Giraud, Cauvière et Rey ; de Lyon, Trolliet, Polinière et Bottex (47). Tous travaillent, observent, prennent des risques.

* *Id.*, 8 mai 1832.

** *Le Journal des débats*, 2 avril 1832.

Les maîtres règnent dans les hôpitaux. Dans les bureaux ou postes de secours ou ambulances, ce sont des cliniciens plus humbles qui officient. Une petite dispute divise l'opinion et, surtout, les professions de santé en ce qui concerne le service dans ces bureaux. S'agit-il d'un volontariat ou d'une obligation ? Dans *La Gazette médicale* du 5 mai, un médecin se plaint d'y passer une demi-journée tous les quatre jours, soit près d'une journée par semaine. Le 8 mai, un certain docteur Pierre écrit : « Le service des bureaux de secours a été, de la part des médecins, tout à fait volontaire ; quelques-uns ont refusé d'y concourir et le pouvoir n'avait aucun moyen de les contraindre. » Cela est si vrai que, pour remédier à l'absentéisme qui désorganise certains postes, le préfet de police est obligé, le 15 avril, de prendre un arrêté, dans lequel il est stipulé, entre autres décisions : « ... Les médecins ou élèves qui auraient, pour discontinuer ou cesser leur service, d'autres causes que celles de la maladie, sont priés de bien vouloir renvoyer leurs commissions, afin que, dans l'intérêt du service, il soit pourvu à leur remplacement... Ceux des médecins ou élèves qui, sans avoir rempli ces formalités, s'abstiendraient de continuer leur service, seront réputés démissionnaires et immédiatement remplacés. » Nulle coercition dans ce texte : chacun est libre de s'abstenir ; on lui demande seulement d'en avertir les responsables.

Certains arrondissements, comme le VIIIe, ne comptent que peu de médecins, une trentaine à peine. Aussi lit-on de véritables appels de détresse : « ... le maire a recours à la philanthropie des personnes qui, ayant des connaissances médicales, voudraient se dévouer au soulagement des malheureux par un service temporaire dans les bureaux de secours *. » Le même jour et dans le même journal, le comte de Kergolay, pour le comte de Tascher, président de la section permanente de la Commission centrale de salubrité, lance une proclamation que l'on sent inquiète ; « ... malgré leur zèle, les élèves en médecine ne sont plus en nombre suffisant pour faire le service des bureaux de secours, que leur service ne peut être secondé que par des gens de bonne volonté et qu'il est du plus haut intérêt que le plus grand nombre possible de citoyens dévoués viennent se joindre à nous... » Et les gens de bonne volonté ne manquent pas, nous l'avons vu.

Pour gagner du temps, dans les déplacements auprès des malades, un cabriolet stationne depuis peu devant chaque bureau de secours.

* *Id.*, 10 avril 1832.

Mais il aura fallu attendre le quinzième jour de l'épidémie pour que cet équipement indispensable soit octroyé par le préfet de police.

Le 25 avril, comme la maladie semble s'apaiser — mais on manifeste peut-être un optimisme prématuré — la même Commission centrale qui, quinze jours plus tôt, quémandait de l'aide à tout venant, suggère de supprimer les commissions des 243 élèves qui œuvraient depuis le 3 avril. Il leur avait été alloué une indemnité mensuelle de cent francs pour Paris et de cent cinquante francs pour la banlieue. D'autres étudiants s'étaient présentés après ce dernier corps de volontaires et, tant que durait l'épidémie, on avait été bien heureux de profiter de leur concours. Or voici qu'aujourd'hui on marchande et qu'on leur refuse ce subside sous prétexte qu'ils n'étaient pas inscrits sur la liste des postes de secours depuis le premier jour * ! En compensation, on propose une médaille à ceux qui auront délivré des soins gratuits et assuré une présence assidue. Ici encore, on rognera.

Les huit étudiants du poste de l'Observatoire n'avaient pas attendu la révélation de telles mesquineries administratives pour offrir les huit cents francs de leurs indemnités aux indigents qu'ils avaient soignés (47).

Aussi, lorsqu'il écrira ses Mémoires, le préfet de police Gisquet, pour se dédouaner, dira ce que lui aura coûté le choléra : 524 000 francs qu'il répartit en 33 groupes de dépenses. On y trouve 40 000 cholériques secourus, ce qui paraît beaucoup ; 27 103,16 francs d'indemnités pour les élèves des bureaux de secours, ce qui dut paraître énorme ; de même que les 38 713,20 francs, versés aux gens de service, infirmiers et brancardiers ; l'éclairage des ambulances et des lanternes rouges s'est monté à 6 924,96 francs ; mais on peut trouver excessive la somme de 9 692,60 francs réservée à l'achat des ceintures de flanelle et des chaussettes de laine pour les gardes municipaux et les sapeurs-pompiers. Passons sur la « haute paye » des infirmières des hôpitaux, le coût du déménagement des farines des Greniers d'abondance ; le prix du chlorure et du vinaigre, les frais de chauffage, les loyers, les bons de soupe, les secours et, toujours... les ceintures de flanelle (53).

Autre marque de gratitude ! Le 9 mai, au moment de l'accalmie, le conseil général des hôpitaux de Paris et hospices annonce la prochaine publication d'un « Compte rendu moral et historique de l'invasion du choléra » où seraient exposés tous les frais relevés

* *Id.*, 2 mai 1832.

durant cette période et nommément louangées toutes les personnes qui s'y seraient distinguées. En 1850, dix-huit ans plus tard, le « Compte rendu » attendra encore son auteur et, malgré tous les efforts pour recueillir les souvenirs en train de s'éteindre, Blondel écrira : « Quant à l'appréciation des services que chaque personne a été appelée à rendre pendant cette cruelle épidémie, on comprend que nous ne pouvions songer à l'entreprendre » (28). Il eût fallu en effet la réunion de tous les membres du conseil pour rédiger un pareil rapport et bien des témoignages lui auraient encore échappé. Une belle intention qui restera lettre morte.

La conduite de Magendie sera exemplaire pendant la durée de l'épidémie : il abandonnera une clientèle privée fort lucrative pour consacrer presque toutes ses journées à ses malades de l'Hôtel-Dieu. Une pièce glissera souvent de sa bourse dans la poche d'un malheureux convalescent. Il ne ménagera ni sa peine, ni son argent, ni son temps, ni ses collaborateurs ; ses internes, Berryer-Fontaine et Tessier, se souviendront des longues heures passées au chevet des mourants. Pour tous ces mérites, le gouvernement lui décernera la croix de la Légion d'honneur. Le même ruban rouge ornera la boutonnière de Cadet-Gassicourt, décidément habile manœuvrier. En revanche, le fils Larrey, malgré sa conduite digne d'éloges, sera rayé de la liste des proposés, sans doute en raison d'une vieille rancune de Soult envers son père (47).

Informé du zèle que déploient les étudiants en médecine dans les postes de secours, le ministre de l'Instruction publique leur promet, le 12 avril, des exemptions de droits d'inscription à la faculté et leur laisse entrevoir d'autres avantages. Le 22 mai, le Conseil royal de l'Instruction publique tient les promesses du ministre, en les allégeant d'ailleurs quelque peu « conformément au tableau déposé à la faculté et d'après les classifications de service qui y sont énoncées *. » D'ailleurs, ajoute *Le Journal des débats*, « de simples mesures académiques ne peuvent sans doute complètement récompenser une si noble conduite qui trouvera surtout son prix dans l'estime générale... »

Il reste la médaille qui fait couler beaucoup d'encre. Le 25 avril, la Commission centrale de salubrité propose qu'une médaille portant sur l'une de ses faces les mots « Service contre le choléra-morbus » soit donnée à toutes les personnes qui se seront dévouées dans les bureaux de secours. On chuchote qu'elle serait en or mais, au fil des

* *Id.*, 24 mai 1832.

semaines, le métal s'avilit : bientôt elle ne sera plus qu'en argent et comme on trouve la dépense encore trop lourde, c'est finalement en bronze qu'on la coulera.

D'incroyables tractations se font, à la fin de 1832, à propos de l'établissement de la liste des bénéficiaires. Une commission, encore une, présidée par le préfet et dont font partie les douze maires de Paris, deux conseillers municipaux, deux membres du Conseil général des hospices, un membre de la commission administrative et un chef de division de la préfecture, décide de limiter à mille le nombre des récipiendaires. Pourquoi mille ? Comme le fait remarquer *La Gazette médicale* du 8 septembre, « c'est la décoration qui doit aller chercher l'honneur et non l'honneur la décoration ». S'il y a plus de mille prétendants à cette distinction, sur quels critères la commission va-t-elle trancher ? Et pourtant, elle tranchera, parfois non sans quelque partialité. Les griefs de Gisquet feront écarter les noms de Bouillaud, de Fabre et de Jules Guérin ; cela n'est qu'un exemple car il faudrait passer la liste au crible pour déceler quelles injustices seront commises, dans un sens ou dans l'autre, pour des raisons personnelles. La médaille en elle-même, réalisée par le graveur Vatinelle, n'est pas un chef-d'œuvre de bon goût : large de 68 millimètres, épaisse de 4, elle porte sur son avers quatre personnages : un malade à demi allongé soutenu par la Ville de Paris au front ceint de tours et, symbole de la médecine, Esculape et son caducée. Dans les airs vole un petit démon aux ailes griffues et agitant des torches : c'est l'influence délétère de l'épidémie. Les mots de « générosité » et « dévouement » complètent le tableau. Sur le revers, dans une couronne de feuilles de chêne est gravée l'inscription suivante : « Louis-Philippe régnant à... le comte d'Argout ministre le comte de Bondy préfet ». Le mot de choléra n'est mentionné nulle part.

En banlieue, on est plus large. Le conseil municipal de Saint-Denis, dès le 7 mai, décide d'offrir à ses médecins une médaille en or, portant simplement sur l'avers l'effigie du roi et sur le revers l'inscription : « A M... médecin, la Ville de Saint-Denis reconnaissante. Choléra de 1832 ».

La pensée médicale

Tout commence encore par une commission, celle que le baron Dupuytren, chirurgien de l'Empire, de la Restauration et de la nouvelle monarchie, propose à l'Académie de médecine de constituer, pour étudier les faits relatifs au choléra de Paris et les réunir en un recueil à l'usage des médecins de province. Ce pourrait être, en effet, une belle œuvre si les opinions convergeaient ; nous allons voir qu'il n'en est pas toujours ainsi.

A propos d'Académie de médecine, vers la fin août, à l'étonnement de chacun, le buste de Louis XVIII que les Trois Glorieuses avaient descendu de son piédestal est réapparu de façon mystérieuse. Il préside désormais les séances de la célèbre assemblée, face à son cousin Louis-Philippe : on pense bien que ce retour n'alla pas sans soulever une discussion houleuse à laquelle la majorité a coupé court. Louis XVIII est revenu dans sa niche, qu'il y reste * !

La pensée médicale s'exprime dans les revues, les livres — et il en paraîtra des centaines sur le sujet —, les cours et conférences et les lettres.

Parmi les revues, *La Gazette médicale* est la plus lue. La direction choisit, tant que durera le choléra, d'en faire le journal de l'épidémie et lui donne le titre de *Journal spécial du choléra-morbus.* On peut y lire les mesures d'hygiène, les rapports officiels, les faits observés en ville et à l'hôpital et le bulletin sanitaire détaillé de la capitale. Profitant de l'occasion, *La Gazette* cherche à élargir son public et propose sa lecture aux profanes : elle insère, dans *Le Journal des débats* du 13 avril, un placard publicitaire destiné à faire monter son tirage. Pour trois numéros par semaine, l'abonnement annuel ne coûte que trente francs. Voici quelques titres alléchants de textes, pris au hasard, bien faits, sans doute, pour revigorer le non-initié déjà tremblant de peur. Le 3 avril : « De l'invasion du choléra-morbus à Paris. [Entendez le nombre des cas et les morts]. Bulletin du 2 avril : Revue des cas de choléra observés à l'Hôtel-Dieu de Paris. Traitement de M. Bally. Revue de l'hôpital de La Charité. Traitement de MM. Banc, Fouquier, Rullier, Rayer et Lherminier. Traitement des médecins de l'hôpital de La Pitié. » Pour ceux qui auront le courage de lire les numéros suivants, ils trouveront, par exemple, le 10 avril : « Le traitement des médecins de l'hôpital Saint-Louis ; le traitement de M. Broussais... Le 12 : l'emploi de l'oxigène [sic] contre le choléra ; l'analyse de l'air atmosphérique de Paris ; le 17 : le choléra-morbus d'Allemagne ; le 19 : le tableau de la mortalité parmi les employés de l'Hôtel-Dieu ; sur le danger des émigrations dans la période actuelle

* *La Gazette médicale,* 8 septembre 1832.

de l'épidémie, etc. Le ministre des Travaux publics prête la main à cette diffusion de *La Gazette* : il en fait assurer le service régulier à tous les préfets et recommande qu'on la divulgue largement.

L'opinion est encore informée par les médecins eux-mêmes, en premier lieu par les plus célèbres sinon les plus grands. Il est incroyable que les leçons données par Broussais au Val-de-Grâce, véritables plaidoyers *pro domo* en même temps qu'exposés alarmistes, reçoivent une caution officielle par leur publication dans *Le Moniteur*. Le droit de réponse n'étant pas de mise dans ce quotidien, Broussais a beau jeu d'imposer ses théories. Bien plus, son éditeur affiche de la publicité dans *Le Journal des débats* le mardi 29 mai pour son livre : *Le Choléra-morbus épidémique observé et traité selon la méthode physiologique.*

Pendant le même temps, Magendie fait une série de cours au Collège de France, auxquels assistent de nombreux non-médecins. Le 30 mai, dans le même *Journal des débats*, on peut lire : « Leçons sur le choléra-morbus faites au Collège de France par M. Magendie. Revues par le professeur »... Le livre de Broussais coûte trois francs cinquante, celui de Magendie, cinq francs. Lequel choisir ?

Par-dessus les querelles d'école dont nous verrons le peu d'importance, se pose la question essentielle de la contagiosité du choléra. Le plus farouche défenseur de la non-contagiosité est Nicolas Chervin qui, depuis plus de quinze ans, parcourt le monde à la recherche de la fièvre jaune. Il la traque en Louisiane, à Saint-Domingue, en Amérique du Sud. Dès qu'il apprend son apparition en Espagne en 1822, il s'y précipite et en conclut qu'« aucun contact n'avait été possible entre les différents sujets ayant contracté la fièvre jaune à Barcelone » (79). Il tenait là l'argument primordial contre la contagion de cette maladie. Il accablera l'Académie de tant de publications qu'elle finira par croire en ses affirmations et quand naîtra le choléra, il fera de même, emportant la conviction de la majeure partie de ses confrères. Il est vrai que, dans les affections franchement contagieuses comme la variole ou la rage, l'organisme émet une substance appelée « virus » telle que croûte, pus, sérosité et que l'inoculation de ce « virus » à un sujet sain reproduit la maladie. Certains sont allés loin dans l'expérimentation afin d'apporter des confirmations à leur hypothèse. Foy, à Varsovie, a respiré pendant une demi-heure l'haleine d'un cholérique, goûté à ses vomissures ; il s'est infesté de son sang veineux et en a réchappé. Verat a fait de même ; Pinel s'est inoculé du mucus intestinal sous la peau de l'avant-bras sans succès. Comment expliquer aussi les cas isolés au sein d'une famille vivant dans un même appartement ? Par quel mystère les ecclésiastiques et tous les membres du corps médical jouissent-ils d'une relative immunité ? (47). C'est à peine si l'on ose donner comme preuve les multiples exemples des gens courageux qui se sont couchés sans dommage dans le lit où venait de mourir un cholérique *. Mais qu'un nourrisson, tétant le lait d'une nourrice malade, vivant à son contact, puisse rester en bonne santé, voilà bien un argument à l'encontre de la contagion **. Enfin, « des intermédiaires nécessaires manquent : si le [fléau] était venu d'Angleterre, il aurait sauté par-dessus certaines villes, certaines régions et, quand il apparaît à Paris, on constate le développement subit et simultané de l'épidémie dans tous les quartiers de la capitale, au lieu d'un progrès de proche en proche... » (92).

Puisque l'inoculation à un sujet sain de « virus », ici les déjections, ne reproduit pas la maladie, on ne peut parler de contagion à moins de réveiller cette vieille notion de miasmes, émissions indéfinissables venues des cadavres ou des matières en décomposition, qu'une médecine positive ne saurait plus accepter. Cela est bon pour le peuple qui reste contagionniste, mais la plupart des médecins adoptent la théorie contraire (92). Aussi, dès le 31 mars, les chefs de service de l'Hôtel-Dieu affirment leur conviction : « Les médecins et chirurgiens de l'Hôtel-Dieu soussignés croient devoir déclarer, dans l'intérêt de la vérité, que, quoique cet hôpital soit jusqu'à présent celui qui ait reçu le plus grand nombre de malades affectés de choléra, ils n'y ont observé aucun fait qui puisse les autoriser à soupçonner que la maladie soit contagieuse.

» Fait à l'Hôtel-Dieu, Paris le 31 mars 1832.

» Signé : Petit, Récamier, Husson, Dupuytren, Magendie, Breschet, Honoré, Guéneau de Mussy, Samson, Caillard, Gendrin, Bailly ***. »

Le 6 avril, les médecins de Saint-Louis, Alibert, Lugol, Biett, Manry, Emery, Gerdy, Jobert, confirment l'opinion de leurs collègues de l'Hôtel-Dieu.

Les médecins et chirurgiens de la Pitié attendront le 30 avril pour se prononcer dans le même sens, après, déclarent-ils, avoir recueilli « des milliers de faits à l'hôpital et en dehors de l'hôpital ».

D'autres voix, cependant, plaident en faveur de la contagion. Un

* *Id.*, 6 septembre 1832.

** *Id.*, 20 septembre 1832.

*** *Le Journal des débats*, 1er avril 1832.

homme qui avait vu l'épidémie de près en Roumanie écrivait, en octobre 1831 : « Le choléra, considéré sous le rapport de son origine, de sa marche et de ses effets, peut être regardé comme une nouvelle contagion qui vient grossir le nombre de celles qui étaient connues jusqu'ici... Le seul moyen, je dirais presque le moyen infaillible de prévenir le mal, c'est l'isolement des premiers malades et la dispersion de la masse des habitants * » Cet homme, Mestiotis, médecin-chef de la principauté de Valachie, président du Comité médical de Bucarest etc., faisait preuve d'une clairvoyance qui manque apparemment à nos autorités médicales. La dissidence gagne du terrain quand un chirurgien de la classe de Velpeau, ancien élève de Bretonneau et donc acquis à la doctrine de spécificité et de contagiosité des maladies aiguës, affirme que le choléra se transmet d'individu à individu. Il observe qu'il « ne s'est manifesté à la Pitié, salle Saint-Jean, qu'à la suite de soins que l'infirmière était allée donner aux cholériques dans les salles de médecine. Notre homme constate même la propagation par voisinage, de lit en lit, note qu'un élève, jusque-là éloigné des hôpitaux, étant venu à la Pitié le matin, est contaminé le soir même : son frère et commensal est pris le lendemain » (47). Pariset est du même avis, lui qui avait cru à la contagiosité de la fièvre jaune à Cadix et de la peste en Égypte. Mais la plupart des médecins parisiens restent aveugles. Comment pourraient-ils, d'ailleurs, démêler l'écheveau des contacts de rue à rue, d'immeuble à immeuble, de logement à logement et d'homme à homme dans une ville où les individualités se fondent. C'est la province qui aura le mérite de reconnaître la vérité et tout particulièrement l'école de Tours où Bretonneau impose la puissance de son intelligence. Des médecins comme Esprit Gendron sauront suivre la marche de la maladie de famille en famille, d'une ferme à l'autre, d'un bourg à l'autre et prouveront que l'épidémie se transmet progressivement. Trousseau, Tourangeau de cœur et de formation, adoptera avec un peu de recul la théorie du maître.

Mais pour l'heure et à Paris, la non-contagion est la doctrine officielle à laquelle presque tout le monde s'est rallié. C'est sur d'autres terrains que s'entretient la discussion dans le monde médical. Il est des écoles qui s'opposent à propos de leur conception générale de la maladie. Le physiologisme de Broussais, véritable système qui connut son heure de gloire aux environs de 1820 mais est actuellement sur le déclin, prétend réduire tous les symptômes et syndromes à un proces-

* *Id.*, 14 avril 1832.

sus élémentaire d'inflammation dont le point de départ serait gastro-intestinal. On peut lire l'exposé de cette création de l'esprit, sans bases scientifiques solides, dans le fameux *Catéchisme de ma médecine physiologique*. Le vitalisme, prôné par l'école de Montpellier, ne vaut guère mieux en faisant intervenir un certain « principe vital immatériel » à l'origine du fonctionnement des organes. Si nous quittons ces philosophies qui s'essaient à définir une théorie universelle des maladies, il reste des gens dont la réputation s'est plus appuyée sur une méthodologie que sur un système global. Ainsi en va-t-il de Magendie qui donne la primauté à la physiologie expérimentale et de Louis, fondateur de l'école numériste pour qui la statistique permet seule de progresser.

C'est ailleurs qu'il faut chercher les raisonnements les plus fructueux. Laennec est mort depuis six ans. Il avait su indiquer une nouvelle direction de recherche grâce à la méthode anatomo-clinique qui consiste à confronter les éléments minutieusement recueillis lors de l'observation du patient avec ceux que fournissent parallèlement l'examen chirurgical ou anatomique de ses organes. Cette méthode, riche d'infinis développements, est aussi celle de cliniciens comme Gendrin ou Delmas dont les études sur le choléra se placent au premier plan, et celle de l'école de Tours.

Le choléra de 1832 n'aura apporté à la pensée médicale qu'un élément de confusion. Il aura permis de balayer les systèmes qui s'écroulaient d'eux-mêmes et dénoncé les fausses gloires de la corporation ; mais cette maladie dont on espérait un progrès dans la connaissance scientifique de l'homme est venue au contraire jeter le trouble dans la culture acquise. Rien n'y résiste : la méthode anatomoclinique est mise en échec car si elle permet d'expliquer les lésions intestinales, elle laisse dans l'ombre les troubles circulatoires qui font toute la sévérité du pronostic. L'épidémiologie se contredit en passant de la ville à la campagne. La statistique va bientôt démolir des règles d'hygiène que l'on croyait bien établies (92). En un mot, non seulement la médecine piétine, mais elle donne même l'impression de régresser.

Tous les hommes non plus n'auront pas franchi sans dommage cette épidémie. Si beaucoup de praticiens en sortiront grandis, certains chefs d'école y auront perdu de leur rayonnement. Magendie, que nous avons vu infatigablement présent au chevet de ses malades, n'en demeure pas moins vaniteux, agressif, obstiné, défendant pied à pied ses thèses indéfendables, méprisant le microscope, niant la contagion, refusant l'anesthésie générale, attaquant férocement la physiologie tissulaire si éblouissante de Bichat (24).

Quant à Broussais, il a l'oreille du gouvernement : ses prescriptions de la médecine physiologique sont diffusées dans les départements à des dizaines de milliers d'exemplaires. Fort de cet appui et solidement campé dans son service, il fait front à toutes les attaques, furieusement, répandant autour de lui l'insulte et l'altercation, n'hésitant pas à proférer des contrevérités pour maintenir, envers et contre tous, la doctrine dont il est si fier. Comme, selon lui, l'inflammation tend toujours à s'aggraver et qu'aucun système régulateur n'est prévu, le choléra est constamment fatal. Les guérisons qu'il obtient sont donc dues à son seul mérite, et il n'a pas de scrupule à en gonfler le nombre. Alors qu'à l'Hôtel-Dieu la mortalité des premiers jours est effroyable et Magendie ne craint pas de l'avouer, Broussais n'enregistre officiellement que 36 décès sur 189 cas, entre le 25 mars et le 9 avril. Le ministre de la Guerre, impressionné par ces chiffres, lui adresse même des félicitations. Une propagande aussi éhontée irrite Jules Guérin, rédacteur en chef de *La Gazette médicale* qui reçoit du ministre du Commerce un blanc-seing pour vérification des statistiques dans les hôpitaux. Broussais refuse de communiquer ses livres. Finalement, c'est par une indiscrétion que les véritables taux de mortalité sont connus. Ils sont parmi les pires : à peine 19 % de rescapés alors que la moyenne dans les autres services est de 30 %. Les *Annales de la médecine physiologique* perdent, petit à petit, leurs meilleurs collaborateurs ; la parution du périodique se fait irrégulière. Le temps n'est plus où, dans son premier tome, en 1822, comme saisi d'une sorte de délire, le pontife du Val-de-Grâce pouvait écrire : « La médecine française se traînait à la remorque de toutes les médecines d'Europe quand parut notre doctrine... La doctrine physiologique est éternelle comme la vérité. Il suffit qu'elle ait brillé aux yeux des hommes pour que son éclat ne puisse désormais être obscurci même pour qu'il s'accroisse et qu'il éclaire un jour la société tout entière. »

Puis c'est la mort de Casimir Perier que Broussais avait pris en charge depuis le début de sa maladie. Dès lors, c'est l'hallali et Jules Guérin donnera le coup de grâce en juillet avec la publication d'un livre cruel où tous les points du système broussaisien sont critiqués sans aménité : *Examen de la doctrine physiologique appliquée à l'étude et au traitement du choléra-morbus, suivi de l'histoire de la maladie de M. C. Perier par les rédacteurs principaux de* La Gazette médicale (57).

Pendant ce temps, André Bazin, qui doit rester quelque peu à l'écart de l'actualité, décerne des éloges aux médecins et affirme : « [ils] ont agi avec courtoisie, ils ont attendu que la maladie se fût apaisée pour proposer leur doctrine, pour mettre au jour leurs débats et leurs modes de traitement, ils ne se sont pas disputés sur le lit du moribond » (25). M. Bazin ne lit sûrement pas les journaux.

Causes fantaisistes et prophylaxies illusoires

Les hypothèses les plus fantaisistes quant aux causes du choléra circulent non seulement dans les milieux populaires mais aussi parmi les sociétés savantes et les gens cultivés. Le pharmacien Duboc met en cause « les irruptions volcaniques [qui] imprègnent l'air de particules cuivreuses arsenicales d'une subtilité tellement mordicante et active qu'elles entrent avec l'air dans les poumons,... infectent les intestins et les viscères, arrêtent la circulation du sang, le coagulent * ». Le géologue Boubée incrimine la nature du terrain ; quant au lieutenant-colonel de Beaumont, considérant que l'épidémie suit les cours d'eau et que la Seine est particulièrement basse cette année, il voit le choléra sortir, tout armé, des terres d'alluvions (47).

Après le sol, les airs : les miasmes, auxquels on croit encore depuis qu'Hippocrate les a inventés, propagés par des vents, des brouillards, des vapeurs, sont rendus responsables du fléau. Et pourquoi pas les météorites ? Le plus sérieusement du monde, l'Académie des sciences examine, dans sa séance du 30 avril, une petite pierre que le physicien Cagnard de Latour a trouvée dans la cour de sa maison mais dont seul son domestique a entendu la chute. L'analyse y trouvera du cuivre et voilà, tombée du ciel, une confirmation de la théorie du pharmacien Duboc **.

Donnant libre cours à leur imagination, certains font aussi appel à la zoologie. Un farceur ayant attaché un gigot à la queue d'un cerf-volant et l'ayant, à la descente, trouvé rongé jusqu'à l'os, on se met à croire à la présence d'insectes nuisibles dans les nuages. C'est même un mouton entier qui, monté dans un ballon au-dessus de Montmartre, en est redescendu tout putréfié.

* *Recherche sur le choléra, ses causes, ses effets et les moyens curatifs et préservatifs de s'en garantir individuellement* par J.A. Duboc, Paris, 1833, 74 p., in 8e, p II, cité in (37).

** *Le Journal des débats*, 1er mai 1832.

Enfin, pour le docteur Hahnemann, « le miasme du choléra-morbus n'est autre chose qu'un animalcule homicide qui s'attache à la peau, aux cheveux, aux habillements,... et qui se communique invisiblement d'un individu à l'autre. * ».

Allant de pair avec ces causes hors du commun, nous voyons se propager des prophylaxies non moins extravagantes.

Certaines sont individuelles et relèvent de la magie. Le prince Troubetskoï, président du Comité sanitaire de Saint-Pétersbourg, recommande de porter, à même la peau, sur la poitrine et enveloppé dans un tissu rouge, un tuyau de plume rempli de vif-argent et scellé de cire à ses deux extrémités. Les thérapeutiques utilisées dans nos milieux hospitaliers sont-elles vraiment plus rationnelles ? Le correspondant du *Journal de la Meuse* a été le témoin d'une véritable résurrection : près de Joinville, une femme, étendue sur son lit, avait toutes les apparences de la mort. Son mari avait déjà fait commander le cercueil et creuser la fosse lorsque, mû par une soudaine intuition, il se saisit d'une poignée d'orties qui poussaient devant sa porte et en frictionna vigoureusement le cadavre. Celui-ci ouvrit les yeux, se réchauffa et entra en convalescence deux jours après. *La Gazette médicale* du 25 septembre ne trouve rien de miraculeux dans cette histoire et explique que « cette femme est un des nombreux exemples de choléra algide dans lesquels les cholériques sont exactement dans un état de mort apparente. Il faut redoubler l'activité des soins et mettre en usage tous les moyens d'excitation connus. Au nombre de ces moyens, l'urtication a été plusieurs fois employée avec succès ».

D'autres méthodes préventives reposent sur des bases scientifiques erronées ou incontrôlées. Les gens de bien, par exemple, portent sur eux une petite cassolette garnie de pastilles odoriférantes à la camomille et à la menthe dont ils respirent l'arôme de temps en temps. Au 6 du boulevard Poissonnière, on vend les filtres-charbon épurateurs de Ducommun recommandés par la Commission sanitaire **. Il vaut mieux, évidemment, boire de l'eau filtrée que celle des égouts mais ce n'est tout de même pas une précaution suffisante. Jour et nuit, depuis quelque temps, près de deux mille personnes se rassemblent au faubourg Saint-Antoine, sans intentions belliqueuses. Elles attendent seulement l'eau merveilleuse qu'un plombier de la rue de la Roquette

* Dissertation sur le choléra-morbus adressée par le docteur Hahnemann à M. le comte S. des Guidi... Lyon, impr. Rusand, 1831, 7 p., in 8e, p 6, cité in ( ).

** *Le Journal des débats,* 10 avril 1832.

fait prendre à ses ouvriers quand ils souffrent de coliques de plomb et qu'il accepte de délivrer généreusement à la population. La garde nationale, la troupe de ligne et la garde municipale maintiennent l'ordre dans cette foule qui défile sans cesse devant la boutique de l'artisan ; le plus grand calme règne. Mais Gendrin, médecin de l'Hôtel-Dieu, rétablit la vérité en rappelant qu'il est l'inventeur de ce remède utilisé largement par les fabricants de céruse : ce n'est qu'une limonade sulfurique, efficace en effet contre les coliques saturnines mais qu'il ne faut pas prescrire systématiquement dans toutes les affections intestinales et surtout pas dans le choléra-morbus *. Boire de la limonade est une chose mais déguster ses urines dénote une déviation du goût que le docteur Garenne ne craint pas d'afficher dans une revue médicale sérieuse : on s'étonne même que la rédaction ait laissé passer une observation aussi stupide **. Sentant un refroidissement dans les jambes, de petits mouvements dans les mains, des douleurs du côlon transverse et « comme de légères étincelles électriques qui partaient de plusieurs points du tube intestinal », Garenne pose son diagnostic : le choléra ! N'ayant rien sous la main et se rappelant que les Anglais et les Belges avaient préconisé les potions salines contre la maladie, il eut le courage de boire l'urine qu'il avait émise pendant la journée dans son vase de nuit. « Je ne pus en avaler que deux gorgées, dit-il, tant je la trouvais détestable ; il en restait, dans le vase, à peu près un demi-litre que je mélangeai avec deux fois autant d'eau. Cette boisson, toute mauvaise qu'elle était, je la continuai. » Trois heures après, il était guéri. Prévention ou thérapeutique, il paraît difficile de généraliser ce procédé aussi peu actif que répugnant.

En revanche, atteignant à la caricature, le docteur Lucien Nass réunit, en un véritable costume anticholérique, toutes les recommandations en vogue : « D'abord, le buste entièrement enveloppé de gomme élastique par-dessus laquelle on appliquera un grand emplâtre de poix, le tout recouvert d'une bande de flanelle de six aunes de longueur. Sur le creux de l'estomac, on placera une plaque de cuivre. La poitrine sera préservée par un sac rempli de sable chaud. Autour du cou, une double bande remplie de poivre et de genièvre. Les oreilles seront bien bouchées avec deux morceaux de coton, imprégnés de camphre. Au nez, on suspendra un grand flacon rempli de vinaigre

* *Id.*, 17 avril 1832.

** *La Gazette médicale de France*, 31 juillet 1832.

des quatre-voleurs et, devant la bouche, on ajustera une branche d'acorus. Par-dessus la bande qui enveloppe le corps, on portera une chemise passée au chlorure de chaux. Des pantalons en flanelle, des bas de fil trempés dans le vinaigre, recouverts de bas de laine frottés de camphre, puis des semelles creuses en cuivre, constamment remplies d'eau chaude par-dessus lesquelles on mettra de gros souliers... » Passons sur la redingote recouverte d'une toile cirée et le chapeau de même ainsi que sur le contenu des poches bourrées de médicaments *.

Il est encore des moyens préventifs dont l'application intéresse une population tout entière. Ainsi le feu, qui purifie tout, est essayé à Orléans : on brûle du bois de genièvre dans les rues et, comme la Belgique et la Hollande, qui se chauffent à la houille, sont exemptes du choléra, le docteur Lucas fait entretenir, en permanence, des feux de charbon de terre devant les maisons **. A Paris, des brasiers flambent aux carrefours, lançant de hautes flammes qui découpent, sur les façades, des ombres mouvantes et désarticulées et rappellent, avec leurs terreurs, les épidémies du Moyen Age. Un entrefilet du *Journal des débats* du 20 avril n'est pas passé inaperçu : « Plusieurs rapports ayant annoncé que le Palais-Royal, les passages éclairés par le gaz et le voisinage des gazomètres avaient été, jusqu'à présent, préservés du choléra, le préfet de police a fait vérifier ces observations qui ont été reconnues exactes ; l'on attribue au gaz cette heureuse exception... » Hélas ! on ne peut songer à faire bénéficier tout Paris du gaz d'éclairage du jour au lendemain. Il faudra trouver autre chose et les idées ne manquent pas. Le docteur Costa et le docteur Heurteloup, considérant l'impureté de l'air de Paris, proposent de faire tirer un grand nombre de coups de canon pour ébranler l'atmosphère. L'Académie de médecine et la Commission sanitaire, saisies du projet, l'ont réfuté comme inutile. Mais il faudra attendre le compte rendu de l'Académie des sciences pour convaincre chacun que rien, dans l'éther, ne justifie les détonations qui, au surplus, seraient propres à ajouter à l'inquiétude de la population. Personne ne semble se soucier de savoir dans quelle mesure les vitres auraient résisté à cette artillerie des carrefours.

* *Le Progrès médical*, 9e année, n° 6, 1932, p. 93.

** Lucas, *Du charbon de terre considéré comme préservatif du choléra-morbus*, Orléans, Imp. Danicourt, Huet, 1833, 28 p. in 8.

Prophylaxie et thérapeutiques officielles

Puisqu'il est établi, une fois pour toutes, que le choléra n'est pas contagieux et que les émanations gouvernementales ont mission de le faire savoir, on ne voit pas pourquoi les déplacements à l'intérieur du pays seraient limités : on peut donc circuler librement sur tout le territoire français. Mais un décret instituant la quarantaine aux frontières n'a pas encore été aboli et, jouant habilement sur les mots, le maire d'une commune des Basses-Alpes va tenter d'isoler son petit pays du reste du monde : « Nous soussigné, adjoint de la ville de Mées, remplissant les fonctions de maire, vu la circulaire de M. le Préfet, en date du 1er avril courant ; vu l'article 6 de la délibération de l'Intendance sanitaire des Basses-Alpes en date du même jour, portant que les individus venant d'un pays infesté ou suspect de l'être, seront soumis à une quarantaine de quinze jours à dater du moment où l'individu qui serait assujetti aurait quitté le lieu infecté ; vu l'article 3 de la même délibération, portant que les objets provenant des lieux infectés ou suspects de l'être seront soumis à la désinfection ; considérant que M. Auguste Chais doit arriver incessamment de Paris, lieu infecté du choléra-morbus et que, dans sa route, il a traversé des pays suspects, nous avons arrêté ce qui suit... » Et, de sa propre autorité, l'adjoint assigne le visiteur à résidence et lui intime l'ordre de désinfecter tout son bagage. Autrement dit, que les Parisiens restent chez eux ! Il va de soi que le préfet mettra fin à un tel abus de pouvoir.

Les Espagnols, eux, ne badinent pas avec la maladie qui vient de France. L'introduction de toute marchandise par voie de terre est prohibée. « Tout voyageur venant d'un pays infecté par le choléra-morbus est assujetti à aller faire quarantaine à Perpignan ou à Bayonne et, s'il s'introduisait en Espagne sans avoir rempli cette formalité, il serait puni de mort, ses hardes brûlées et ses biens saisis. La même peine est pour ceux qui les recevraient. »

Avec moins d'agressivité mais non sans rigueur *, le Mexique ferme également ses portes à tous les navires provenant des pays où règne l'épidémie. Bien mieux : « Les bureaux de poste du royaume ne recevront plus à l'affranchissement aucune lettre pour le Mexique, non plus que pour la Martinique et Haïti, qui leur serait présentée comme

* *La Gazette médicale de France*, 18 septembre 1832.

devant être transportée par les paquebots réguliers entre Bordeaux et Veracruz *. »

Mais que peut-on faire encore à Paris pour prémunir contre le choléra ceux qui ne l'ont pas déjà contracté ? Tout d'abord, leur suggérer de lire, peut-être, les conseils des bons auteurs qui publient, à l'envi, sur la maladie. Pour la seule journée du 30 mars, *Le Journal des débats*, dans une colonne publicitaire intitulée : « Ouvrages nouveaux sur le choléra-morbus, chez J.B. Baillière, Librairie de l'Académie royale de médecine, rue de l'École-de-Médecine, n° 13 bis, à Paris », propose un choix de onze livres dont les prix varient de 1,25 francs pour celui du baron Dupuytren, à 8 francs pour le rapport d'Alexandre Moreau de Journès.

On peut aussi écouter les on-dit. La chaleur est préconisée par tout le monde : « Vénus, dit *Le Figaro*, porterait aujourd'hui une ceinture de flanelle. » La reine elle-même a adopté cet accessoire vestimentaire et en confectionne pour ses serviteurs. L'administration des tabacs, dans sa sollicitude pour les ouvriers qu'elle occupe à la manufacture de Paris, en a fait distribuer une à chacun d'eux **. Le directeur de l'administration des postes a fait délivrer aux facteurs qui font le service de la distribution des lettres, des ceintures et des chaussettes de laine ***.

Le chlore désinfecte l'air ambiant. Tout le monde y croit ou feint d'y croire. George Sand écrit à ce propos, le 7 avril, à A.H. de Latouche : « Dites-nous donc quand vous serez à Paris afin que nous ne perdions pas de temps ou bien, si vous avez peur du choléra, appelez-nous, nous irons vous embrasser chez vous et nous nous ferons passer au chlore auparavant » (101). Le maire du Ier arrondissement, « dont les ressources ne répondent ni à l'urgence ni à la grandeur des besoins » implore la bienfaisance publique de lui donner du chlorure pour ses indigents ****. Chacun répond aux appels selon ses possibilités : Labarraque, très à l'aise, en offre pour quinze mille francs au Comité de salubrité ***** ; il y a de quoi désinfecter toutes les rues de Paris. Un grenadier du 3e bataillon de la 4e légion en donne, plus modestement, vingt-cinq kilos au maire du VIIe arrondissement ******. Mais on peut se demander si toutes ces

* *Le Journal des débats*, 24 septembre 1832.

** *Id.*, 8 août 1832.

*** *Id.*, 9 avril 1832.

**** *Id.*, 2 avril 1832.

***** *Id.*

****** *Id.*

précautions et tous ces sacrifices sont de quelque utilité lorsqu'on lit, dans *La Gazette médicale* du 19 mai, l'entrefilet suivant : « M. Derosne rapporte un fait qui prouve le peu d'efficacité du chlore contre le choléra. Dans une fabrique où cette substance est préparée, on a vu mourir 78 ouvriers sur 178. »

Il ne reste plus que le régime. L'épidémie aura au moins eu ceci de salutaire qu'elle aura contraint les gloutons à modérer leur appétit déréglé. Un gastronome réputé redoutant la maladie par-dessus tout a fait graver, dans le couvercle de sa tabatière, le mot : « choléra-morbus » dont la fréquente lecture l'incite à tempérer ses repas *. Mais il ne faut pas tomber dans l'excès contraire en se sous-alimentant : une nourriture saine et robuste est nécessaire pour résister aux attaques de la maladie. Aussi l'archevêque de Paris autorise-t-il à transgresser certaines règles : « Ayant appris, par l'avis presque unanime des médecins, que le jeûne et l'usage des aliments maigres pouvaient devenir une prédisposition à l'invasion du choléra, nous accordons, pour cette année, jusqu'à la fin du carême, la dispense de l'abstinence des dimanche, lundi, mardi, mercredi et jeudi de chaque semaine, à l'exception, cependant, du jeudi saint. Nous autorisons MM. les curés à se montrer faciles pour accorder les plus grandes dispenses les deux autres jours de la semaine.

» Nous permettons également de rompre le jeûne tous les jours de carême, le vendredi saint excepté... »

Suit une liste d'oraisons à réciter ou chanter après les messes, pendant les offices du matin et du soir, dans les églises, dans les chapelles des communautés, et des recommandations pieuses aux religieuses et aux fidèles qui, si elles ont un pouvoir prophylactique vis-à-vis de l'épidémie, le possèdent contre le gré des autorités municipales et à l'insu du corps médical.

En réalité, ce qu'il faut éviter, c'est l'excès des boissons alcoolisées. Il est certain que l'on a vu des pochards invétérés épargnés par la maladie mais dès qu'un alcoolique est touché, il a peu de chances d'en réchapper : son organisme ne se défend pas et l'évolution s'arrête avant la phase de réaction. C'est dans cet esprit que George Sand, le sachant buveur, écrit à Casimir Dudevant dont elle est séparée : « ... Mais ce que je te conseille et te supplie de faire, c'est d'éviter tout excès de boisson. Avec le temps qui court, il ne faut pas plaisanter. Tous les ivrognes de Paris ont été emportés comme des mouches. Au

* *La Gazette médicale de Paris*, 3 novembre 1832.

reste, les précautions et la sobriété n'empêchent pas le choléra. C'est un poison qui pénètre partout mais on sauve beaucoup de malades et surtout ceux qui se conduisent bien... » (101). Madame Aurore, ex-Dudevant, ne semble nourrir d'illusions ni sur la tempérance de son ancien mari ni sur les garanties que l'on prend contre la maladie.

Il est vrai que, faute de le connaître lui-même et surtout d'en avoir appréhendé les causes, on ne sait rien de la prophylaxie du choléra. On ne fait que répéter des règles d'hygiène élémentaire : éviter l'humidité, le froid des nuits, les nourritures malsaines, l'air confiné, l'abus des liqueurs fortes, etc. Aussi quelques-uns commencent-ils à plaisanter sur les conseils officiels. Apponyi, sortant de chez la reine, apprend, de la comtesse de Boigne, que « l'ambassadeur de Russie n'était malade que pour avoir pris trop de précautions contre le choléra, telle que quatre jattes de chlorure dans la même pièce, puis un régime très échauffant, que tout cela lui avait fait remonter la goutte... » (19). D'ailleurs le rapporteur à la nouvelle commission sur le choléra * prévient qu'il n'est pas sans danger de respirer continuellement l'odeur du camphre ou du chlore et que plusieurs personnes en ont été incommodées pour en avoir abusé.

Le docteur Joseph Roques propose une diététique à laquelle on souscrirait volontiers : « Nous pourrions citer une excellente maison où des amis nombreux se rassemblaient deux à trois fois par semaine, où l'on vivait bien, comme disent les gastronomes, où rien ne fut changé, où l'on continua, d'après notre conseil et notre exemple, à boire modérément du vin de Bordeaux, à prendre du café, même le petit verre d'eau-de-vie, que nous permettions à ceux qui en avaient contracté l'usage et où pourtant tout le monde fut respecté du choléra **. »

Quant aux thérapeutiques, elles procèdent du même empirisme. « On médicamenta au hasard, écrira plus tard A. Dumas, comme un homme surpris par un voleur dans la nuit frappe au hasard, au milieu de l'obscurité, espérant atteindre ce voleur ; la science espadonna dans les ténèbres » (49). Cette réflexion n'est pas tout à fait exacte car s'il est vrai qu'il n'y a pas encore de traitement spécifique pour cette affection, chacun s'essaie à des médications symptomatiques ou même à visée pathogénique. Les techniques sont trop nombreuses et trop nuancées pour être exposées ici mais, à l'intention de celui qui

* *Le Journal des débats*, 19 mai.

** *Le Progrès médical*, 9e année, n° 6, 1932, p. 93.

est atteint du choléra, nous allons donner les grandes orientations entre lesquelles il pourra choisir *.

Ceux qui considèrent qu'il s'agit d'une maladie non inflammatoire la traiteront par des excitants. Toutes les voies possibles de la stimulation seront utilisées et tout d'abord la voie interne ; on tempérera les stimulants par des antiémétiques ou des antidiarrhéiques à base d'opium sous forme de laudanum ou d'extrait thébaïsque. « Gendrin conseille des potions toniques et opiacées à base de cannelle, d'acétate d'ammoniaque, d'extrait thébaïque ; Breschet tient pour la camomille ; Petit pour l'hydrolat de menthe et de mélisse laudanisé ; Honoré vante la liqueur d'Hoffmann et le malaga ; Haynau, l'éther sulfurique et le camphre » (47). Magendie, pour sa part, s'abstiendrait volontiers de toute thérapeutique de ce genre à laquelle il ne croit guère mais, comme il faut faire quelque chose, il lance son fameux « punch » dont les journaux disent que, de tous les traitements, « il est celui qui a obtenu le plus de succès ». En voici la recette à tout hasard :

infusion de camomille	:	une livre
alcool	:	4 onces
citron	:	n° I

On peut stimuler aussi par voie externe, sur des points déterminés, en une sorte de réflexothérapie, par des courants galvaniques ou des vésicatoires pour mettre en branle le système spinal. Il s'agit de déterminer des zones d'irritation. Petit applique, tout le long de la colonne, un linge imbibé de liniment térébenthiné ammoniacal et le repasse au fer chaud. Mais, pour mieux irriter encore, Magendie pousse la méthode jusqu'à l'apparition de brûlures.

Enfin, il faut exciter la peau pour la réchauffer, la rubéfier par des « enveloppements larges et sinapisés auxquels Marchand, suivi par Double et Gimelle, préfèrent l'urtication ; des frictions sèches avec Dupuytren ; des frictions au baume de Fioraventi avec Gendrin ; camphrées, qu'admet aussi Récamier... La Commission de salubrité de la Seine recommande des frictions avec de l'eau-de-vie mêlée de vinaigre, additionnée de farine de moutarde, de camphre, de poivre et d'ail pilé » (47). De quoi parfumer un individu et lui arracher la peau.

Les partisans de l'autre doctrine, du système physiologique, pour

* Le lecteur qui voudrait avoir une idée générale sur les traitements du choléra en 1832 pourra se reporter à Delahaye (47) p. 53 sq. Louis Blanc (76), t. III, p. 293, sq., et Piquemal (92), pp. 61 à 63.

qui tout réside dans l'inflammation du tractus gastro-intestinal, en un mot, ceux qui suivent Broussais, utiliseront des méthodes presque opposées. La congestion interdit l'usage de tout excitant ; la camomille elle-même est dangereuse. Pour éteindre le feu, il n'y a que la diète, de l'eau de gomme et des boissons glacées ou mieux, de la glace à suçer. Il faut, bien entendu, prélever le plus de sang possible puisqu'il afflue dans les lésions phlegmasiques et les entretient. On incise les veines et les artères mais les saignées sont très peu efficaces car la circulation est ralentie chez ces malades cyanosés : les veines écrasées ne laissent sourdre que quelques gouttes d'un sang épais, noirâtre. Le meilleur moyen est d'avoir recours aux sangsues et, sans se poser de questions, on les applique dans les zones supposées enflammées. Le malade vomit-il ? Leur place est à l'épigastre. A-t-il une pesanteur rectale, de la diarrhée ? On les installe en couronne autour de l'anus. Est-il prostré ? On les accroche aux mastoïdes et l'on y ajoute des scarifications du cuir chevelu où des ventouses viendront encore pomper un peu de sang. « Vingt sangsues à la vulve, trente, quarante sangsues aux cuisses sont prescritions courantes à l'Hôtel-Dieu » (47).

Ces petites bêtes, mises à la mode par Broussais, sont devenues d'une utilisation si fréquente dans la pharmacopée que tous les étangs de France en sont épuisés. On est dans l'obligation de les importer de Bohême, de Hongrie et, maintenant, de toute l'Europe. En 1824, on en faisait déjà venir trois cent mille par an ; la médecine physiologique aidant, la consommation est passée à trente-trois millions en 1827. On n'ose plus les compter en 1832 (5).

L'opposition thérapeutique est, en fait, moins tranchée que ne le voudraient les opinions théoriques exprimées par les écoles : l'Hôtel-Dieu ajoute, nous l'avons vu, des sangsues à ses traitements stimulants et le Val-de-Grâce consent, en de rares occasions, à prescrire des remèdes révulsifs comme le mercure ou la quinine. Mais presque tous les médecins s'accordent pour affirmer qu'on doit réchauffer le malade. De simples couvertures ne suffisent pas ; il faut l'appoint de bains chauds, de bouillottes, de briques, de sacs de sable brûlants, de cendres, de sel chaud, d'étuves...

A l'inverse cependant, et contre toute logique, Rostan, médecin-chef des provisoires Greniers d'abondance, fait plonger ses cholériques, déjà froids et cyanosés, dans des bains à 32° ; Récamier préconise des affusions d'eau froide à 16° et Larrey ordonne même des frictions à la glace. Il y en a donc pour tous les goûts.

Si, malgré toutes ces tentatives, le malade parvient aux portes de la convalescence, il faut redoubler de précautions. Sa très grande faiblesse le rend vulnérable aux moindres changements de température. On devra le tonifier, mais d'une façon très progressive. Le vin, à cet égard, est souverain. On commencera par une cuillerée le matin et l'on augmentera les doses sans jamais dépasser trois cuillerées par jour. Le sujet peut s'asseoir deux à trois heures dans l'après-midi, tandis qu'on lui frictionne les membres avec de la teinture de quinquina. Quant aux repas, la raison veut qu'ils n'excèdent pas deux bols de bouillon et un peu de pain les premiers jours. On devra résister à l'appétit vite revenu de ces cholériques car une alimentation trop riche précipiterait la rechute. Petit à petit, on ajoutera des gelées de volaille puis des viandes blanches, en prenant soin de multiplier les repas légers plutôt que de donner trop de nourriture en une seule fois.

Maintenant, celui qui ne croit à rien de tout cela, peut toujours suivre Malgaigne qui attribue les vertus curatives essentielles au psychisme. Il classe les cholériques en trois catégories ; ceux qui ont trop peur de contracter la maladie, ceux qui sont trop imprévoyants et ceux qui sont trop prévoyants, ajoutant : « Souvenez-vous bien qu'on ne meurt du choléra que lorsqu'on le veut bien » (75).

Ceux qui n'ont pas eu de chance

Ce 18 avril, jour sombre pour Paris. Jour de deuil plus noir, s'il est possible, que les autres jours. Jamais le Bulletin sanitaire officiel n'avait donné un nombre de morts aussi lourd : 445 et jamais, Dieu merci ! ce bilan ne sera plus atteint. Encore sommes-nous loin de la réalité car les journaux ont ordre de minimiser les pertes. Bientôt, pendant un court laps de temps, ils omettront même de publier ce Bulletin et Mme de Boigne sait pourquoi : elle reçoit volontiers dans son salon des membres du gouvernement, ce qui attire des curieux « mais lorsque les visites étaient parties et que ces messieurs restaient entre eux, ils cessaient de se contraindre et déroulaient leur effroyable chapelet d'horreurs, m'avouant le chiffre véritable des décès qu'on avait cessé de donner et qui s'est élevé à dix-sept cents dans les vingt-quatre heures » (29). Ce même jour, le digne M. Léon Devaux, auditeur au Conseil d'État, affirme, contre toute évidence, que, dès le début du choléra, la préfecture de la Seine avait pris « les mesures les plus capables d'assurer toutes les branches de l'important service des inhumations [et que] le matériel et le personnel de ce service avait été triplés * ». Or, pas plus qu'elle n'avait été capable de garantir sa salubrité, de se doter d'adduction d'eau potable, d'évacuer ses eaux usées, la ville n'est à même d'ensevelir ses morts.

Dès le premier stade, celui de l'enregistrement des décès, on constate un engorgement des services : le fléau tue trop vite ; les employés de mairie n'ont pas le temps d'aiguiser leur plume. Les familles font la queue aux bureaux de l'état civil : un seul registre ne suffit plus pour l'inscription des décès. On légifère en hâte pour donner pleins pouvoirs au procureur du roi qui augmente aussitôt le nombre des employés et double celui des livres. Les retards s'accumulent cependant dans la rédaction des actes de décès et, pendant quelques jours, on assiste à une course entre l'épidémie et les écritures.

Une autre difficulté surgit au moment de conduire les morts à leur dernière demeure. Les corbillards libres se font rares. On en trouve encore, en payant, mais les chars gratuits que Bazin « reconnaît de loin à l'air ennuyé du cocher qui n'attend pas de pourboire » sont retenus des jours à l'avance.

Dans la rue de Sèvres, complètement dévastée, surtout d'un côté, ils vont et viennent de porte en porte ; ils ne peuvent suffire aux demandes : on leur crie par les fenêtres : « Corbillard, ici ! » Le cocher répond qu'il est chargé et ne peut servir tout le monde (39).

C'est donc au tour de l'entreprise des convois d'être embouteillée. Devant l'ampleur de l'hécatombe, le nombre des véhicules devient insuffisant. La municipalité commande, de toute urgence, cinquante corbillards en surplus à la fabrication desquels vont travailler sept cents ouvriers. Mais quand elle leur demande d'accélérer la cadence et de faire des heures supplémentaires, ils refusent tout net dans la crainte d'un surcroît de fatigue qui ferait d'eux une proie pour la maladie. « Nous préférons la vie à votre haute paye. » L'administration ne peut que s'incliner devant une réponse aussi catégorique. Alors chacun se débrouille et transporte ses morts comme il peut ; qui, empruntant un cabriolet dont la devantière porte la bière ; qui, louant un fiacre ou toute autre voiture où le cercueil, mis en travers, déborde les portières. Comme on ne peut laisser l'initiative privée organiser les funérailles à sa fantaisie, l'idée surgit de demander au ministre de la Guerre le prêt de fourgons d'artillerie. Ils sont parés à servir et, un soir, on décide d'en faire l'essai. On ne recommencera

* *Le Journal des débats*, 20 avril 1832.

pas de si tôt. Il ne suffit pas d'un bâti sur des roues pour transporter des cadavres : encore faut-il qu'il y ait une suspension, laquelle fait défaut aux véhicules militaires ; d'où le bruit de ferraille de ces roues sautant sur les pavés qui réveillera Paris toute une nuit. Mais il y a pis encore. Les cercueils cloués à la hâte ne résistent pas aux secousses et se disloquent, éjectant les corps : ceux-ci se brisent sur la chaussée, laissant échapper leurs liquides putrides. L'expérience ayant tourné au désastre, on va rechercher du côté des voitures civiles parmi lesquelles les tapissières des déménageurs, larges et bien suspendues, paraissent tout indiquées. Couvertes d'un voile noir, elles feront très bien l'affaire. On y entasse les bières dans un ordre symétrique, ce qui permet d'en transporter dix, quinze ou même vingt à la fois, le tout, sanglé par des cordes, montant presque à la hauteur d'un premier étage. Les parents suivent ou non ; chacun pleure un numéro ; le char funèbre arrive aux portes d'une église ; un prêtre jette de l'eau bénite sur ce mobilier insolite ou dit une messe collective et l'on s'en va vers le cimetière.

Paris, la nuit, n'a jamais été aussi lugubre qu'en ce mois d'avril, avec les feux de bois qui achèvent de se consumer sur la chaussée, les lanternes rouges qui grincent à la porte des ambulances, les cris, les sanglots qui sortent des maisons et les cortèges funéraires qui se croisent « à la lueur de torches de goudron » (39). Une vieille femme, un soir, s'accoude à sa fenêtre du faubourg Montmartre et se met à compter les cercueils qui passent. A trois cents, elle se lasse et frissonne ; elle s'alite pour ne plus se relever ; le choléra l'aura envoyée rejoindre ceux qui lui auront procuré sa curieuse distraction d'un soir (47).

Quand on n'a pu trouver ni corbillard, ni tapissière, ni cabriolet, on a encore sa force d'homme. Chateaubriand en témoignera dans ses Mémoires : « M. Pouqueville, venant dîner chez moi, le jour de Pâques, arrivé au boulevard du Mont-Parnasse, fut arrêté par une succession de bières presque toutes portées à bras. Il aperçut, dans cette procession, le cercueil d'une jeune fille sur lequel était déposée une couronne de roses blanches. Une odeur de chlore formait une atmosphère empestée à la suite de cette ambulance fleurie » (39).

Les menuisiers ne fabriquent plus leurs caisses assez vite ; celles-ci resservent plusieurs fois pour le transport ou bien même on s'en passe, ce qui permet de véhiculer plus de monde à la fois en empilant les cadavres tels quels dans les tapissières. On prend tout de même la précaution de les envelopper dans des sacs. Les dépôts mortuaires en sont pleins : on n'enregistre plus des défunts mais des sacs ; des erreurs sont commises sur les noms, sur les quantités, ce qui provoque, parmi les employés, discussions et disputes.

Où sont les prévisions faites par le Conseil de salubrité bien avant l'épidémie ? A l'instar d'une compagnie prévue pour transporter les malades, il avait résolu « d'en établir une autre pour l'enlèvement des morts. Ceux qui seraient chargés de cette triste et pénible tâche devraient être pourvus de chlorures liquides pour s'en laver les mains et le visage suivant l'instruction qui lui serait donnée. Les morts devraient être ensevelis dans des toiles imbibées d'eau chlorurée et conduits à leur dernière demeure sur des voitures couvertes de toile cirée » (6). Pourquoi cette compagnie n'a-t-elle pas aidé ce pauvre ouvrier qui, lassé d'attendre le corbillard, a chargé sa femme sur son dos, l'a portée à l'église Saint-Gervais et, de là, au Père-Lachaise ? Pour la simple raison qu'elle n'a jamais existé que sur le papier. Une association de jeunes hommes « parmi lesquels on citerait les plus beaux noms de France » (29) la remplace dans ce rôle avec beaucoup de courage, mais ils ne sont pas assez nombreux.

Paris est doté de trois grands cimetières, tous situés hors de l'enceinte : celui de l'Est, dit du Père-Lachaise, celui du Nord, le cimetière de Montmartre et celui du Sud ou de Montparnasse. Ils ne suffisent pas car on est obligé d'enterrer de nombreux corps sous la rue du Champ-d'Asile, une rue qui longe le côté sud du cimetière Montparnasse *.

Dans les premiers jours de l'épidémie, les fossoyeurs ont été à la hauteur de leur tâche mais, le nombre des inhumations grandissant sans cesse, ils se sont vus, tout à coup, dans l'impossibilité d'ouvrir les fosses en quantité suffisante. Le bruit s'est répandu, chez eux, que

* En 1895, en effectuant des travaux de terrassement dans la rue Froidevaux, anciennement rue du Champ-d'Asile, des ouvriers mirent au jour un très grand nombre de squelettes humains, entassés pêle-mêle, les uns sur les autres. De ce désordre, on déduisit que les cadavres avaient été inhumés à la hâte pendant une période troublée. Leur état de conservation prouvant leur origine récente, on opta d'abord pour des fédérés de 1871 qui auraient été ensevelis par centaines dans les terrains vagues de Montrouge. En fait, on sait que la plupart de ces fédérés furent enterrés au Père-Lachaise. D'autre part, les fouilles ne permirent de retrouver aucune arme et, ce qui est plus significatif encore, aucune trace de vêtements. Dans ces conditions, l'hypothèse la plus probable est qu'il s'agit de cholériques de l'épidémie de 1832 (66) : la nudité des corps inciterait à penser que cette fosse avait été creusée spécialement pour les personnes décédées dans les hôpitaux. On reprochera, d'ailleurs, à ceux-ci, d'inhumer leurs corps sans tenir compte des règlements municipaux.

la maladie est contagieuse et voilà qu'ils font les plus grandes difficultés pour manipuler les cercueils des cholériques, jusqu'à refuser d'y toucher. Prière et menace sont inefficaces : ils se mettent en grève, une grève qui tourne mal et finit dans le sang. Les dépouilles s'amoncellent sur le sol et personne ne veut reprendre le travail. L'inspecteur général des cimetières reçoit du préfet de la Seine l'ordre de licencier les meneurs et d'embaucher des chômeurs. On balance longtemps mais l'intimidation, les exhortations et les promesses de récompense finissent par avoir raison des plus opiniâtres. Pour les rassurer complètement, on ouvre un bureau de secours près de chaque cimetière.

Dès lors, pioches et pelles entrent de nouveau en action. Chacun connaît le règlement et sait qu'une fosse privée doit mesurer deux pieds de large (80 centimètres) et cinq de profondeur (1,50 à 2 mètres) et qu'il faut fouler soigneusement la terre une fois le corps enfoui afin que les miasmes ne puissent s'échapper. Pour les fosses communes, les instructions sont plus strictes encore : soixante pieds de long (20 mètres) ; pas plus d'un lit de corps qu'on doit recouvrir de chaux vive, on en consommera huit cents mètres cubes pendant l'épidémie, et ensevelir sous 1,50 mètre de terre.

Pour les morts des hôpitaux, on fait des entorses sérieuses aux décrets ; ils sont entassés sur trois rangs, aspergés d'eau chlorurée, chaque couche séparée de l'autre par quarante centimètres de terre. Bien que le trou soit ici creusé à trois mètres vingt, l'amoncellement des cadavres et l'absence de chaux vive font qu'une odeur infecte se dégagera pendant toute la durée de l'épidémie (5).

6.

La mort continue et la vie reprend

Ils ne mouraient pas tous...

Le fléau frappe maintenant sans distinction de classe : aussi voit-on des gens de conséquence en être atteints gravement.

Le 8 avril — c'est le moment où l'épidémie est le plus redoutable — le comte de Caumont-Laforce est entre la vie et la mort pendant trois jours. L'état de son cœur, surtout, donne des inquiétudes et, pour que la réaction se fasse au mieux, on le frictionne si fort que tout son corps n'est plus qu'une plaie. La duchesse de Maillé est si violemment secouée qu'elle ne se rétablira tout à fait qu'après plusieurs années.

Chez Mme de Boigne, les domestiques, les parents, chacun y passe à son tour : « Je n'ai perdu personne dans ma maison ; mais le lundi..., je vis mon cocher, auquel je venais de donner un ordre, se promener à grands pas dans la cour recherchant le soleil : il venait d'être pris. Dix minutes après il était entre les mains des médecins qu'on avait été quérir à l'ambulance la plus voisine, une heure, ensuite, à la mort, et, le soir, sauvé ; mais il lui a fallu bien des semaines pour se remettre. La longueur des convalescences pour la plus légère atteinte, constatait de l'extrême malignité du mal.

» Ma belle-sœur, Mme d'Osmond, pour une très faible atteinte de choléra, fut six semaines sans pouvoir supporter d'autre aliment qu'une cuillerée de bouillon de poulet de trois heures en trois heures... et pourtant, lorsqu'elle fut prise, le fléau était à son déclin » (29).

Le président Séguier, atteint parmi les premiers, reprend trop tôt ses activités et, après avoir présidé, le 27 avril, la première chambre de la Cour royale, est victime d'une rechute qui l'oblige à s'aliter de nouveau. Le Palais ne le reverra que le 22 mai.

Les imprudences, au décours de cette maladie, sont parfois plus lourdement sanctionnées. Bien qu'entrassent dans ses attributions la protection de la santé publique, le ministre du Commerce, M. d'Argout, n'a pas été épargné. Légèrement indisposé dans la journée du 16 avril, il n'a pas voulu interrompre ses activités qu'il a poursuivies jusqu'au lendemain ; cette témérité lui a valu de passer la nuit du 17 dans un état de grande agitation et très oppressé ; une saignée faite à huit heures du matin l'a soulagé mais le répit n'a été que de courte durée. Dès le 19, son état devient alarmant au point que trois bulletins de santé sont publiés chaque jour ; on multiplie les saignées et l'on a recours aux sangsues. Le 29 avril, on apprend enfin que sa convalescence est aussi heureuse que rapide et que tout annonce, pour une époque très rapprochée, son complet rétablissement. Par ordonnance du roi en date du 28 mai, il pourra reprendre ses fonctions le 1er juin.

Le 17 avril, le marquis de Sémonville annonce, à la Chambre des pairs, que le comte de Lagarde et le comte Caffarelli ont subi les attaques du mal et que le baron Séguier se remet : nous avons vu que cette nouvelle était prématurée.

Un personnage de haut vol, le prince déchu Jules de Polignac, ami intime de Charles X et pilier de son gouvernement, n'est pas davantage à l'abri du choléra qui vient le chercher derrière les barreaux du fort de Ham où le nouveau régime l'a enfermé.

Il est aussi des rescapés peu ordinaires parmi les petites gens, non pas seulement de ces cholériques qui réchappent d'une attaque particulièrement grave mais de ces personnages qui reviennent presque de l'au-delà comme le lancier qu'on emportait au cimetière de Provins : au moment où la bière glissait doucement dans la fosse, on entendit des cris étouffés ; on fit sauter le couvercle et le soldat se dressa, épouvanté ; le mort prématuré retourna à l'hôpital à pied.

A l'opposé de ces moribonds qui finissent par regagner le monde des vivants, combien de petits malades ou de personnes qui croient l'être. Qui, en ces jours d'angoisse, n'a pas ressenti des lassitudes dans les membres, des maux de tête, qui n'a pas eu son sommeil troublé, ses intestins dérangés ? Certains éprouvent ces troubles par réelle inquiétude, d'autres les simulent ou se vantent de les avoir eus pour ne pas être en reste : n'oublions pas que le président du Conseil et le ministre du Commerce sont gravement atteints. Peut-on faire moins ?

La Mode, journal des tenants de l'ancien régime, violemment opposé à la monarchie de Juillet, ne manque pas une occasion d'en persifler les partisans : « Depuis que Casimir Perier a été attaqué par le choléra, c'est de bon goût d'avoir le choléra. Tout bon et loyal serviteur du ministère tient à avoir eu, lui aussi, sa petite attaque. A chacun il faut son petit bulletin dans les journaux. Au reste, personne ne tremble pour ces aimables malades. Leur choléra est tout à fait inoffensif. C'est le meilleur diable de choléra que l'on puisse voir. » Le 13 avril, on annonce que M. Pagès, magistrat et député, n'est que légèrement touché. Pour Guizot, ce ne sera rien de plus, son état n'inspire aucun tourment ; c'est même une bénédiction car « L.L.M.M. le roi et la reine ont envoyé savoir de ses nouvelles », ce qui se dit aussitôt dans la presse. Charles de Rémusat raconte, à qui veut l'entendre, qu'il suffit de quelques précautions pour guérir des premiers malaises et éviter les rechutes : il le sait pour « avoir été fort éprouvé pendant quelques jours » (98).

On est fier d'avoir connu un défunt d'importance et de pouvoir raconter le cours de sa maladie, mais on est encore plus fier de l'avoir eue soi-même. Les médecins, à cet égard, sont privilégiés : « Il y a cela de commode pour nous, dans les circonstances actuelles, écrit l'un d'eux, c'est que nous ne pouvons pas être malades sans passer pour des victimes. Si le choléra vous saisit, ce ne peut être qu'auprès du grabat pestilentiel d'un cholérique, quand même votre conscience vous dirait que c'est le résultat d'une indigestion prise aux Provençaux *.

Toute pudeur est bannie : « Dieu sait que l'on n'avait pas de secret les uns pour les autres. Chacun rendait compte de l'état de ses entrailles, cela se qualifiait de prodromes ; et les plus délicats ne s'effarouchaient ni se scandalisaient de ces étranges détails » (29). *Le Journal des débats*, parlant du président Séguier, écrit, tout crûment : « Les vomissements et les spasmes ont cessé *. » Et, dans une lettre du 12 mai à son ancien mari, Casimir Dudevant, George Sand entre dans les détails : « ... Maurice m'écrit qu'il a le dévoiement. J'espère que cela n'a pas continué mais s'il n'était pas guéri, fais-lui avaler, je te prie, quelques tasses de décoction de tête de pavot et du riz avec du sirop de gomme. Cela est bien aisé à faire et, dans ce temps de choléra, il ne faut pas badiner avec les petites indispositions, surtout la

* *La Gazette médicale*, 19 mai 1832.
* *Le Journal des débats*, 14 avril 1832.

diarrhée ne doit pas être négligée, car c'est une prédisposition... Solange a eu aussi un peu de dévoiement... » (101).

Les gens de lettres paraissent visés mais qui prendrait au sérieux le prétendu choléra de Chateaubriand qui ne dure que quelques instants et dont la postérité recueillera tout de même la description héroïque : « Une nuit, je me sentis attaqué : je fus saisi d'un frisson avec des crampes dans les jambes ; je ne voulus pas sonner de peur d'effrayer Mme de Chateaubriand. Je me levai : je chargeai mon lit de tout ce que je rencontrai dans la chambre et, me remettant sous mes couvertures, une sueur abondante me tira d'affaire. Mais je demeurai brisé et ce fut dans cet état de malaise que je fus forcé d'écrire ma brochure sur les 12 000 francs de Mme la duchesse de Berry » (39). Quant à Alexandre Dumas, il est difficile de savoir s'il a été victime de l'épidémie tant son récit est peu crédible : il ressent d'abord des tremblements dans les jambes, puis il pâlit et est secoué de frissons ; à ce moment, il avale un grand verre d'éther que sa servante lui apporte par erreur et tombe dans un coma de deux heures ; à son réveil, il se retrouve dans un bain de vapeur qu'un médecin lui administre sous les couvertures ; après six jours passés au lit, sa maladie est terminée (49). Qui d'autre que l'auteur pourrait voir ici la description du terrible fléau ? Dans la famille Hugo, c'est la panique : « Tu as peut-être appris par les journaux, écrit Victor Hugo à son oncle le général Louis Hugo, qu'un de mes enfants, mon pauvre gros Charlot, avait été malade du choléra. Dieu merci ! nous l'avons sauvé. Mais ta femme, qui est mère, se figurera aisément les angoisses de la mienne » (64 c). En effet, un soir d'avril, le petit Charles rentre de l'école tout pâle et vomissant. Le docteur Louis croit à une indigestion mais comme les vomissements redoublent et que l'enfant boit sans parvenir à étancher sa soif, on commence à parler de choléra. Bientôt, il devient froid, rigide : l'œil s'enfonce dans l'orbite, les joues se creusent. Le médecin prescrit le réchauffement ; le père passe la nuit à le frictionner avec une flanelle chaude au point de faire saigner la peau fragile. Au matin, le visage se recolore, le corps se ranime. « Trois jours après la joie était rentrée à la maison avec la santé du petit malade, et Charles pouvait dire qu'il était deux fois l'enfant de son père obstiné... » (64 d). Sainte-Beuve, familier de la maison et balançant entre son amour pour la mère et son amitié pour le père, remet les faits à une plus juste place :« Le choléra du petit Charlot, qui a été réel, a été très exagéré ; il n'a duré que quelques heures, et traité par le médecin et par les soins du père, s'est vite dissipé... » (64 c). Balzac, pour sa part, ne tire aucune vanité de ces sortes de troubles. C'est avec simplicité qu'il avoue à Delphine de Girardin avoir un abcès du visage : « J'en ai encore pour trois jours de souffrance et de désespoir ; mais ce n'est pas le choléra et personne ne peut dire : "M. de Balzac a le choléra, nous allons le perdre !" » (23).

Tout ce qui est maladie prend, en ce moment, de l'importance. Le piquet de garde au palais des Tuileries fait partie de l'étiquette. Le 15 avril, quelques gardes nationaux du 2e escadron qui doivent le composer sont saisis par des indispositions et ne peuvent être remplacés à temps. Aussitôt les officiers de cette garde les relèvent au service. Informé de ce geste noble, Louis-Philippe les invite à dîner le soir même *. Rien ne se serait passé de la sorte s'il n'y avait eu le climat créé par l'épidémie.

Heureux sont ceux qui lisent dans les gazettes leur notice nécrologique, qui peuvent jouir de leur célébrité posthume car les nouvelles vont si vite qu'elles précèdent parfois l'événement et parfois en faussent la chute. C'est ce qui est arrivé à M. de Kermorial, membre de la Chambre des députés dont on vient d'annoncer le décès alors qu'il ne souffrait que d'une légère indisposition. Le supposé défunt en est quitte pour une « prière d'insérer » **.

Le choléra a laissé derrière lui une kyrielle de drames ; aussi ne faut-il pas en jouir comme en a fait, semble-t-il, George Sand. Le 14 avril, elle écrit à sa mère : « J'ai été très malade cette nuit, ma chère maman, à tel point que mes amis et mes portiers épouvantés ont décidé que j'avais le choléra... Deux de mes plus dévoués amis sont couchés dans mon salon, l'un par terre, l'autre je ne sais où... » (101). C'est bien de cette dernière phrase que naît le doute : si George Sand avoue la présence de ses amis en en donnant son explication, c'est qu'un autre intime, nommé Pierret et plus familièrement Pierrot, a frappé à la porte ce matin-là et a été étonné par le spectacle de ces deux personnages vautrés dans le salon. Si la scène n'avait eu aucun témoin, il est bien probable que Mme Maurice Dupin n'aurait jamais reçu cette lettre. Comme quelqu'un pris en faute et qui veut se justifier, George Sand récidive le lendemain : « Soyez sans inquiétude, chère mère, je me porte tout à fait bien aujourd'hui... Je serai heureuse de voir mon vieux Pierrot, mais, s'il vient à huit heures du matin, il faudra qu'il sonne bien fort pour m'éveiller car je dors

* *Id.*, 18 avril 1832.
** *Id.*, 30 mars 1832.

comme une bûche et je n'ai personne pour ouvrir la porte. » L'insistance est un peu lourde et Mme Dupin mère, pas dupe, ne répondra pas. Afin de donner plus de crédibilité à ses dires, George Sand multiplie les lettres sur son choléra : le 15 avril, elle écrit aussi à Charles Duvernet, le 22 à Casimir et Maurice Dudevant, mais elle minimise les symptômes : « J'ai eu une petite attaque, du thé bien chaud et des couvertures de laine ont suffi pour m'en débarrasser. A présent, je me porte extraordinairement bien. » Nous sommes loin du : « J'ai été très malade... », écrit sous le coup de l'émotion et, décidément, on ne peut s'empêcher de soupçonner que cette prétendue maladie a couvert quelque turpitude. N'oublions pas cependant que, dans cet immeuble du 25, quai Saint-Michel, le fléau, montant d'étage en étage, a emporté six personnes et ne s'est arrêté qu'à la porte de l'appartement mansardé de George Sand.

Toutes les personnes signalées comme cholériques ne le sont pas forcément : le 30 mars, c'est un tambour qui s'effondre, rue de la Paix, frappé d'une attaque d'apoplexie ; c'est aussi, le long du parapet du pont Marie, un homme, ivre mort, sur lequel des ouvriers placent une pancarte portant cette inscription : « Mort du choléra » ; c'est encore, quai de Béthune, une femme dans le même état et que l'on classe indûment comme cholérique. Trois cas à retirer de la liste : c'est peu, mais il y en a peut-être d'autres et le nombre des victimes serait donc moins important qu'on ne le dit. On se rassure comme on peut. *

Il y a aussi les simulateurs qui exploitent la pitié publique comme ce commissionnaire qui, passant rue Neuve-de-Seine, près de la rue de Tournon, tombe brusquement à la renverse, agité de mouvements convulsifs et laissant sourdre de ses lèvres une bave violacée. Malgré ses appels à la charité, on se rend vite compte de la supercherie : il avait tout simplement mâché un bouquet de violettes et s'en était barbouillé le visage pour faire croire à la cyanose. Un séjour au poste de police le guérira tout à fait **. Le 26 avril, place du Châtelet, c'est encore un faux malade qui commence à apitoyer l'entourage sur son sort et qui retrouve instantanément toutes ses forces à la vue d'un médecin armé d'une lancette et qui lui propose une saignée.

Mais ce ne sont là que minces escroqueries plutôt divertissantes, car il y a pire. Rue Coquillière, une fillette de cinq ans est morte ces

* *Id.*, 31 mars 1832.

** *Id.*, 2 avril 1832.

jours-ci à la suite de convulsions et sa mère l'a déclarée à l'état civil décédée du choléra. Or, quelques jours après, les langues viennent à se délier et le commissaire de police apprend des voisins que l'enfant pourrait avoir succombé à de mauvais traitements. Le Parquet, saisi, ordonne une exhumation ; mais, dans la fosse commune du cimetière Montmartre, la chaux vive avait déjà effacé toute trace. Affaire à suivre.

Des morts plus grands que les autres

Cette fois, on ne peut plus se moquer. Finis les simagrées, les petits malaises et les faux semblants ; la mort est là devant laquelle il faut s'incliner et elle va frapper haut. Les titres nobiliaires, les positions sociales élevées, les plus hautes fonctions ne sont plus d'aucun secours à ceux que l'épidémie a désignés pour victimes. Si, les premiers jours, le peuple avait pu croire qu'il serait seul immolé sous les regards faussement apitoyés des possédants, il peut se rendre compte, à présent, que l'aisance ne met pas à l'abri du fléau.

En ouvrant la séance du 17 avril, le baron Pasquier, président de la Chambre des pairs, rappelle le décès du marquis de Sainte-Croix qui, atteint le lundi 9 à six heures du soir, rendait l'âme le lendemain avant midi. Le choléra expédie la besogne en ces premiers jours. M. de Maleville, qui avait terminé une brillante carrière de magistrat à la Cour de cassation, suivait de peu son collègue de Sainte-Croix. Mais quand le président annonce que le vicomte Cassini, tout récemment promu pair de France, a été enlevé à son tour, la stupeur règne dans l'assemblée. Enfin, son discours s'achève sur ces simples mots : « Un autre de vos collègues ne peut partager vos travaux ; M. le comte Molé a été frappé dans ses plus chères affections par la perte de sa fille aînée. »

En effet, Mme de Champlâtreux, que son père idolâtrait, s'est éteinte. Cette jeune personne de vingt ans, fraîche, vive, ravissante, intelligente, mère d'un enfant de neuf mois, laisse sa famille dans un profond désespoir. Mme Molé craignait beaucoup l'épidémie et voulait se réfugier en Suisse avec les siens ; Mme de Labriche, la grand-mère, n'y consentait qu'à condition d'être accompagnée par son médecin traitant. Celui-ci ayant refusé pour rester à son poste par devoir, toute la famille Molé défit ses bagages. Mal lui en prit, car le samedi 14 à six heures du soir, Mme de Champlâtreux ressentait les premières attaques d'un mal si violent qu'elle n'y survécut que quelques heures, jusqu'à l'aube du dimanche des Rameaux.

C'est alors un dimanche bien triste qui commence dans les appartements de Mme de Boigne. A peine vient-on d'évoquer le décès de la fille du comte Molé que le marquis de Castries, arrivant, demande des nouvelles de Mme de Montcalm dont il a trouvé la porte fermée. M. Portal l'avait pourtant quittée à six heures et devait passer la revoir dans la soirée. On ne s'inquiète pas trop mais on « envoie » tout de même chez elle : elle était morte à dix heures (29). Mme de Montcalm, sœur du duc de Richelieu, tenait un salon où fréquentait l'élite des hommes de notre temps ; l'ambassadeur de Russie n'y avait pas manqué une soirée depuis trente ans. Mme de Boigne feint l'affliction mais se réjouit en réalité car elle devine déjà qu'elle va hériter les habitués de Mme de Montcalm. Plus instruite et plus spirituelle, peut-être plus jolie, du moins autrefois, elle manque certainement de ces qualités de cœur et de cette générosité qui faisaient quelque peu délaisser sa compagnie compassée au profit de celle de sa rivale involontaire (19). La journée n'est pas terminée que quelqu'un assure M. de Glandevès à toute extrémité : on envoie encore et le courrier revient avec la nouvelle d'un décès supplémentaire. Le vendredi 13, jour mémorable, on avait déjà perdu la comtesse de Chabrol-Chameane ; demain, lundi 16, c'est la marquise d'Étampes qui disparaîtra et, la nuit suivante, la baronne de Laître. Les arbres généalogiques de la noblesse sont rudement secoués par le vent sec de cet avril.

La diplomatie perd un de ses représentants distingués en la personne du prince Castel Cicala, ambassadeur de Naples. On le dit mort d'une « inflammation du tube intestinal » mais la périphrase ne trompe personne et ne console ni la princesse ni sa fille, Mlle Dorothée Ruffo, dont la douleur fait peine à voir.

Nous avons déjà dit que la Chambre des députés se dépeuple. Parmi les absents, il en est de définitifs : M. Crignon-Bonvallet, député du Loir-et-Cher, mort le 11 avril ; M. Chedeau, député-maire de Metz, mort le 13 ; M. de La Pommeraye, député du Calvados, mort le 16, et ce n'est que le commencement de la liste. Le bedonnant mais honorable M. de Schonen, que son obésité paraissait rendre plus vulnérable, a mieux résisté que son fils qui est au nombre des victimes du 16 avril.

Au tour du Parquet : M. Urguet de Saint-Ouen, secrétaire en chef du Parquet du procureur général près la Cour de cassation, nous a quittés le 11 avril puis, le 15, M. Cahier, ancien avocat général à la Cour de cassation qui venait juste de prendre sa retraite.

Le choléra frappe maintenant en aveugle autant parmi les gens de qualité que chez les plus misérables. Le lieutenant général baron Dalesme, commandant de l'hôtel des Invalides, compagnon d'armes du maréchal Jourdan, n'avait survécu aux combats militaires que pour finir sur un lit de malade. Thémistocle Mamocordato, grec, ex-capitaine au service français, membre de la Légion d'honneur, est sur la liste des morts du 15 avril. Mme de Saulses de Freycinet, femme de l'illustre marin avec qui elle avait fait le tour du monde, a succombé à l'épidémie après s'être épuisée à en sauver son mari. M. Musset Patay, chef de bureau de la justice militaire au ministère de la Guerre, est mort le 9 avril à l'âge de soixante ans. En ouvrant son journal, le lecteur passera rapidement sur cette annonce nécrologique encore que l'homme s'était lié d'amitié avec Louis-Philippe, alors duc d'Orléans, du temps où ils étaient tous deux à Vendôme en 1791 (27). Certains sauront peut-être qu'il est le père d'un certain Alfred, auteur d'un recueil de vers. Paul de Musset, son autre fils, racontera plus tard que le choléra, au plus fort de sa virulence, l'avait emporté alors qu'il souffrait d'une crise de goutte. Le chagrin d'Alfred, dont les larmes coulaient aisément pour des peines de cœur, resta, pour une fois, muet : « C'était comme il le disait, une de ces douleurs sans larmes qui ne deviennent jamais douces et dont le souvenir conserve toujours son amertume et son horreur, car la mort nous frappe autre part que l'amour. » Bientôt d'ailleurs, avec la mort de son père, viendront les soucis matériels et le jeune Alfred dit à son frère : « Sans l'aisance, point de loisirs et sans loisirs, point de poésie. » Si le prochain volume de vers n'a pas de succès, il est décidé à s'engager dans les hussards du duc de Chartres. Il s'en faudra d'un rien que l'épidémie ne prive indirectement le romantisme d'un de ses meilleurs soutiens (86).

On voit disparaître aussi, en ces jours de deuil, des hommes plus simples mais qui s'étaient acquis une petite renommée grâce à leurs mérites. Les libraires et imprimeurs perdent un de leurs plus vieux représentants en la personne de M. Lenormant père ; M. Augustin, miniaturiste en vogue, ne fera plus le portrait des gens de la bonne société et M. Poréet fils ne dirigera plus sa fabrique de mousseline de Tarare. Entre les lignes des faire-part, il faut savoir lire, avec la tristesse de ceux qui restent, les détresses matérielles qui résultent souvent des décès. Quant à M. Audin-Rouvière, s'il est mort, c'est peut-être en partie de sa faute : n'avait-il pas eu l'audace d'écrire un ouvrage intitulé *La Médecine sans le médecin* ?

Le mardi 15 mai, l'Académie des sciences reste pétrifiée à l'annonce de la disparition soudaine de son membre le plus illustre, le baron Cuvier. Un moment, on crut qu'il avait succombé à une attaque du choléra, qu'il avait été « pris », selon l'expression en cours. Il n'en est rien : le 7 mai, il avait éprouvé une difficulté pour avaler les aliments solides ; en quelques jours, ses membres supérieurs puis ses membres inférieurs se paralysèrent et il mourut le 13 mai à vingt-deux heures trente. Il assista, lucide, à sa fin et posa lui-même son diagnostic : maladie de la moelle épinière. L'autopsie que fera Berard le 15 mai en apportera la confirmation en révélant que de très volumineuses saillies osseuses hérissaient toutes les vertèbres cervicales. Une chute faite peu de temps avant les premiers symptômes avait sans doute amorcé une compression du tissu nerveux *. Il avait eu le temps de dicter son testament et, sans doute peu confiant dans la reconnaissance publique, il avait rappelé qu'il avait fait quarante mille francs de frais dans son appartement du Muséum ; il demandait, en conséquence, qu'on en laissât la jouissance à sa femme, sa vie durant, ce qu'accorda aussitôt le roi par l'entremise de Montalivet (116). Dans les milieux cultivés, la mort du savant fait une profonde impression. Il était pair de France, conseiller d'État, membre du Conseil royal de l'Instruction publique, secrétaire perpétuel de l'Académie des sciences, membre de l'Académie française, membre libre de l'Académie des inscriptions et belles-lettres, professeur d'histoire naturelle au Collège de France, directeur du Jardin des plantes et professeur d'anatomie comparée **. Il paraît difficile d'accumuler plus de titres honorifiques sur la même tête et l'on imagine que des obsèques nationales seront le moindre hommage dû à un savant aussi illustre et si universellement admiré. De savants escamotages vont intervenir pour limiter l'ampleur de la cérémonie. Le ministre de la Guerre avait donné l'ordre que, pendant la durée du choléra, aucun détachement de troupes ne fît partie d'un cortège funèbre ; le choléra va diminuant mais l'ordre ne sera pas levé — un grand officier de la Légion d'honneur s'en ira, accompagné de seuls civils. Comme Perier vient de mourir, Louis-Philippe convoque le Conseil des ministres pour le

* *La Gazette médicale*, 15 mai 1832.

** *Le Journal des débats*, 13 mai 1832.

matin même des obsèques de Cuvier : donc, ni troupe, ni ministre, sauf le garde des Sceaux — on ne peut moins faire — mais la ferveur du peuple, des députations du Conseil d'État, de l'Académie française, des Académies des sciences, des inscriptions et belles-lettres, de médecine, des Chambres des pairs et des députés, de l'École polytechnique. Le cercueil est porté tour à tour par des élèves du Jardin des plantes, des Écoles d'Alfort, de droit et de médecine. Les coins du poêle sont tenus par MM. Pasquier, président de la Chambre des pairs, Devaux, conseiller d'État, Arago, secrétaire de l'Académie des sciences et Villemain, vice-président du Conseil de l'Instruction publique. Après un service à l'église réformée des Billettes, Georges Cuvier sera inhumé au Père-Lachaise où de nombreux discours rappelleront les multiples aspects de son génie. En dépit de la négligence officielle, ses funérailles auront été dignes de l'homme et de son œuvre.

Pour l'Académie des sciences, Louis-Philippe commande à Pradier un buste du savant. Le bureau du *Journal des débats* ouvre deux souscriptions : l'une pour un cénotaphe à élever au Jardin des plantes — David d'Angers, le sculpteur des grands de ce monde, va s'y attaquer ; l'autre pour une statue de bronze qui sera dressée sur la place principale de Montbéliard, devant sa maison natale : Dupuytren, avec une somme de cinquante francs, ouvrira la liste des souscripteurs.

Mort d'un homme d'État

Le Moniteur, dimanche 8 avril : « Samedi, sept heures du matin. M. le président du Conseil souffrant depuis quelques jours, a été saisi hier matin par une indisposition qui s'annonçait avec une certaine gravité, mais les secours qu'il a reçus ont promptement dissipé les symptômes qui semblaient annoncer la déclaration d'une maladie sérieuse et, ce matin, son état était considéré comme ne devant inspirer aucune inquiétude. » Que de circonlocutions pour celer la vérité. *Le Journal des débats* écrit plus franchement : « La maladie de M. le président du Conseil dont le caractère, dans les premiers moments, aurait pu laisser quelques doutes, a présenté bientôt des symptômes tels qu'il n'a plus été possible de méconnaître le choléra-morbus... »

D'ailleurs, la veille, Broussais avait déjà donné de la glace et fait poser trente-cinq sangsues à l'épigastre et vingt-cinq à l'anus. Le doute n'est plus permis et, dès que la Bourse apprend la nouvelle, les cours fléchissent.

Riche banquier, né d'une famille opulente et puissante, élu député de Paris en 1817, il alliait à son libéralisme un goût marqué pour l'ordre. Aussi, dès les débuts de la monarchie de Juillet, il manifesta son mécontentement contre le laisser-aller du ministère Laffitte. Comme la situation se dégradait dangereusement, Louis-Philippe, à contrecœur, le chargea, le 13 mars 1831, de former le nouveau gouvernement. Bien que fortement engagé dans la politique, il avait hésité à accepter cette tâche qui lui semblait incompatible avec sa santé chancelante et disait déjà à ses amis : « Vous le voulez, vous m'y forcez. Eh bien ! J'accepte... Mais, sachez-le bien, vous me tuez. C'est un meurtre ! C'est une vie que vous exigez de moi ! Vous ignorez tout ce que je souffre et que je vais mourir à la peine ! Oui, vous le verrez, avant un an j'aurai succombé !... » (77). Il ne s'était pas trompé de beaucoup. Mais, pendant un an, courageusement, avec une énergie qui le consumait, il imposa son « système » qu'on peut résumer brièvement : ordre à l'intérieur et paix à l'extérieur. Avec ces bases simples, il réprima vigoureusement les émeutes parisiennes et la révolte des canuts lyonnais ; il refusa d'apporter l'aide de la France aux révoltés de Pologne et d'Italie, clamant que « le sang des Français n'appartenait qu'à la France ». Cette politique de non-engagement lui valut de solides inimitiés. Toutefois, en accord avec les Anglais, il sauvegarda l'indépendance de la Belgique ; les Autrichiens ayant occupé Bologne, il envoya deux frégates devant Ancône, possession pontificale et l'investit. Ce diable d'homme voulait que le roi ait les apparences du règne mais sans gouverner : il l'obligea à quitter son Palais-Royal pour les somptueux appartements des Tuileries mais il ne toléra sa présence au Conseil des ministres que pour entériner des décisions déjà prises en dehors de lui ; d'où de fréquentes frictions.

Dès le 5 avril, donc, effrondré sur un canapé, il affirmait à Montalivet qu'il voyait pour la dernière fois : « Je vous l'ai déjà dit, je sortirai du ministère les pieds en avant » (84). Le 9 avril, les nouvelles sont bonnes : la santé de M. Casimir Perier s'est encore améliorée dans la journé du 8 et il a envoyé, à la préfecture de la Seine, douze lits complets et garnis de draps, pour être employés au service des hôpitaux supplémentaires. Le bulletin de santé du mercredi 11 avril déclare : « M. le président du Conseil a bien supporté ce matin un commencement d'alimentation. Des ménagements seront nécessaires pendant les premiers jours, mais la guérison paraît assurée. » Le samedi 14, son état est si satisfaisant qu'on ne juge plus nécessaire de fournir régulièrement des renseignements sur le cours de la maladie. Aux bonnes nouvelles du président, les membres de la conférence de Londres se sont aussitôt rendus chez notre ambassadeur, le prince de Talleyrand, pour lui témoigner combien le retour de Perier aux affaires contribuera à la paix de l'Europe. En fait, dès le 18 avril, on convoque un autre consultant, le docteur La Corbière qui, broussaisien dans l'âme, ne fait qu'aggraver les prescriptions de son maître.

Le 21, le patient est agité de crises convulsives et la famille, le 22, fait venir un neurologue de Charenton, le docteur Esquirol qui, contre les Broussais, père et fils, Lagnier et La Corbière, parvient à obtenir, pendant quarante-huit heures, la suppression des saignées.

La presse d'opposition s'en donne à cœur joie. *Le National* annonce que le premier ministre est aliéné et *La Tribune* confirme : « C'est un malheureux se débattant dans sa camisole de force. »

Le 27, les feuilles officielles reconnaissent que la convalescence est bien pénible ; on n'ose même plus parler de convalescence au début de mai. Entre-temps, Esquirol a eu l'audace de prescrire quelques cuillerées de bouillon et un peu de calomel : les physiologistes mettent l'aggravation des symptômes sur le compte de cette thérapeutique intempestive. Esquirol se retire. Les médecins ne parvenant pas à se mettre d'accord et la maladie prenant une tournure inquiétante, on fait appel en cachette à des charlatans, des magnétiseurs. Le 8 mai, la Bourse étant au plus bas, on fait circuler le bruit, pour relancer les affaires, que l'état du président du Conseil s'améliore de jour en jour. Le 9, on peut lire dans *Le Journal des débats :* « Il y a tout lieu de croire que le rétablissement de M. le président du Conseil sera plus prompt qu'on n'osait l'espérer » et, comble du mensonge : « Nous pouvons garantir les faits ci-dessus. » Le 15, on ne donne même plus de bulletin de santé, car chacun sait que Casimir Perier agonise depuis plusieurs jours ; les nouvelles médicales sont remplacées par des aphorismes politiques pour préparer les lendemains : « Ce que l'on appelle le système du 13 mars existait avant le ministère de M. Casimir Perier ; il avait et il a encore d'autres représentants et d'autres défenseurs que M. Casimir Perier ; il survivra à M. Casimir Perier si le malheur veut que M. Casimir Perier soit enlevé à la France... » Maintenant, on est pressé d'en finir ; cette lutte d'un homme contre son destin n'a que trop duré ; d'autres attendent la place. Le président du Conseil la cède le mercredi 16 mai à sept heures du matin. C'est la joie dans l'opposition et la fête dans les prisons. *La Tribune* ne craint pas de reproduire la lettre suivante : « A Monsieur le rédacteur de *La Tribune.* A la nouvelle de la mort du président du Conseil, les détenus politiques soussignés, carlistes et républicains, ont unanimement résolu qu'une illumination générale aurait lieu ce soir à l'extérieur de leurs humides cabanons. — Signé : le baron de Schauenbourg henriquinquiste *, Roger, Toutain, Lemesle, id. — Pelvilain, républicain et patriote, Considère, Deganne, id. — Prison de la Force, le 17 mai 1832. »

Bien entendu, les médecins qui avaient soigné Perier tiennent à vérifier leur diagnostic, et quoi de mieux pour affirmer une maladie qu'une autopsie dans les règles ? MM. Broussais, Spurzheim, Husson, Marjolin, Esquirol, Bourdois, Casimir Broussais, La Corbière, Gaubert, François Broussais, Emery et M. de Lombre, ce dernier au nom de la famille, en signent le compte rendu que la presse n'hésite pas à reproduire *in extenso.* Il occupe une colonne entière de la première page in-folio du *Journal des débats* du 19 mai : « Le jeudi 17 mai 1832, à neuf heures du matin, les soussignés réunis à l'hôtel du ministère de l'Intérieur pour y procéder à l'ouverture du corps de M. Casimir Perier, président du Conseil des ministres, décédé dans ledit hôtel le 16 mai à sept heures du matin, ont été introduits dans une chambre située au premier étage où ils ont trouvé le corps de M. Casimir Perier couché dans le lit où il avait expiré la veille.

» Ils l'ont placé sur une table et ont procédé à l'autopsie qui a été faite sous leurs yeux par M. le docteur Gaubert assisté de M. Husson fils, élève en médecine du Val-de-Grâce... » Suit un compte rendu extrêmement précis, organe par organe, où aucun détail n'est épargné au lecteur, depuis la boîte crânienne jusqu'au bas-ventre en passant par le thorax. A la courte honte d'Esquirol, le cerveau est intact mais, triomphe de Broussais, l'essentiel des lésions consiste en une vascularisation inflammatoire de presque tout le tube digestif.

Le malheureux n'en a pas encore fini avec les médecins. Comme Bérard avait déjà affirmé que le poids du cerveau de Cuvier, trois livres et dix onces, dépassait de beaucoup les plus lourds qu'il ait rencontrés (deux livres et dix onces), il en avait tiré des conclusions quant à son intelligence. De plus, il y avait compté plus de circonvolutions que dans un cerveau normal. Spurzheim ne se gêna pas pour lui faire remarquer que le poids ne faisait rien à l'affaire et que le nombre des circonvolutions était le même chez tout un chacun, ce en quoi il avait raison. Mais où il est peut-être dans l'erreur, c'est lorsqu'il fait, avec

* Partisan de Henri V, titre que donnaient les légitimistes au fils de la duchesse de Berry, petit-fils de Charles X.

beaucoup de soin, la description phrénologique du cerveau de Perier, selon la nomenclature de Gall, tant prisée depuis une trentaine d'années : « ... grand développement de l'organe qui dénote la circonspection et de ceux qui font prendre une décision forte quand les circonstances l'exigent... L'organe de la ruse offre à peine la moitié du développement ordinaire, tandis que les portions cérébrales qui renferment les organes des sentiments supérieurs tels que ceux de l'idéalité, de la merveillosité, de l'espérance, de la conscienciosité, et surtout de la fermeté et des facultés de réflexions prédominent ⋆... »

Le corps est rendu à la famille après ces étonnantes constatations ; les obsèques auront lieu samedi. Le convoi partira de l'hôtel de l'Intérieur à 11 heures du matin. Les amis qui n'auraient pas reçu leurs billets peuvent se considérer néanmoins comme invités. Un grand nombre de députés se réuniront d'abord à la bibliothèque de la Chambre et partiront de là en corps constitué. La Chambre de commerce, dont Perier avait été membre, sera fière d'assister à la cérémonie au grand complet. La plupart des électeurs du 1er arrondissement, où le défunt avait conquis son premier mandat de député, n'oublient pas et viendront manifester la gloire de l'avoir connu et élu. Un grand nombre de fabricants et de négociants de Paris — qui font connaître leur nom dans les journaux — fermeront leurs magasins et assisteront au convoi.

Trois jours après le cortège de Cuvier, Paris voit défiler les funérailles de Casimir Perier. Cette fois, il y a de la troupe. En tête vient le duc d'Otrante, officier supérieur de la garde nationale, puis la garde municipale à cheval, puis la ligne, la gendarmerie, les dragons, la garde nationale. Le char funèbre, attelé de quatre chevaux, est accompagné par le garde des Sceaux, le ministre de la Guerre, le président de la Chambre des pairs et le vice-président de la Chambre des députés qui tiennent les coins du poêle.

Derrière le char, les deux fils du président, en grand deuil, suivis par les corps constitués de l'État, les membres du corps diplomatique, les ministres, et un grand nombre de voitures dont celles du roi, de l'ambassadeur d'Angleterre et de l'ambassadeur d'Autriche. Puis encore de la troupe, des civils et des gardes nationaux venus spontanément, plus de vingt mille. Halte à Saint-Thomas-d'Aquin, discours au Père-Lachaise et inhumation. Voilà une cérémonie prestigieuse. *La Tribune*, que son républicanisme aveugle, la réduit à un banal

⋆ *Le Journal des débats,* 17 et 22 mai 1832.

enterrement, délaissé par la majeure partie de la population : « Le public a profité du premier jour de beau temps pour se livrer au plaisir de la promenade ; il y avait foule de promeneurs et d'équipages sur les boulevards ; mais du deuil, de la douleur, pas. On avait cependant convoqué le ban et l'arrière-ban du Juste Milieu sans pouvoir réunir en tout plus de quinze cents hommes. » Un tel étalage de mauvaise foi se retrouve dans toute la presse d'opposition qui sous-évalue ce que les feuilles officielles ont tendance à grossir. Si les républicains exultent de voir leur principal ennemi abattu, les carlistes sont plus modérés dans leur satisfaction car ils lui devaient tout de même leur tranquillité et la conservation de leurs biens. Soult intrigue depuis plusieurs jours et voudrait bien occuper la place vacante mais Louis-Philippe tient maintenant à gouverner seul. Il n'aimait pas Perier qui, de son côté, ne le tenait pas en haute estime. « Le roi... le roi... c'est un bêta », dit-il un jour à Rémusat, et Louis-Philippe affichait sa vanité en affirmant : « J'ai chevauché Perier, j'en chevaucherai bien d'autres » (98). Porté sur les comparaisons équestres, il comparait aussi un ministre à un relais de poste : « J'ai quelquefois de bons chevaux et le voyage est commode ; mais j'arrive à un relais où je suis obligé de prendre des chevaux fringants et rétifs ; il faut bien faire la route et, après tout, ce n'est qu'un relais » (66). Il ne regrettera pas son premier ministre : « Perier est mort. Est-ce un bien ? Est-ce un mal ? » Et quand la duchesse de Talleyrand déplorera la mort de l'homme d'État, il lui répondra ces seuls mots : « C'est comme cette pauvre Mme de Champlâtreux » (98). Le roi est enfin libre : « J'avais beau faire, dira-t-il, tout ce qui se faisait de bon était attribué à Casimir Perier et les incidents malheureux retombaient toujours à ma charge. Aujourd'hui, au moins, on verra que c'est moi qui règne seul, tout seul » (77).

Il va pouvoir « conduire son fiacre lui-même » (43).

Mais le ministre défunt sert encore à quelques-uns car on va maintenant ouvrir une souscription pour l'érection de son monument. C'est à qui sera le premier sur la liste. Excellente initiative de MM. Saivres, Chéron, Viguier, inspecteur de l'académie de Paris et Chopin, avocat à la Cour royale : ils ont envoyé des lettres au *Journal des débats* pour proposer cette souscription : leurs noms figurent en bonne place dans le numéro du 19 mai. M. Chopin, avocat, gardera quelque temps la tête avec un versement de cent francs, mais il sera rejoint bientôt par le général Bugeaud, membre de la Chambre des députés, qui versera la même obole. M. Eynard le dépassera le jour même avec la somme de trois cents francs et, le 23 mai, c'est le comte d'Argout qui remporte la palme avec ses cinq cents francs. Ouverte le 20 mai, la souscription atteint déjà 15 025,60 francs le 24. Il arrivera de l'argent de toutes les localités de France où les directeurs des postes seront habilités à recevoir les donations. Le 30 août, 45 087,10 francs auront été versés par la France conservatrice, tirés sou à sou des goussets des partisans de Juste Milieu, des bourgeois satisfaits d'avoir accompli leur geste de reconnaissance envers leur meilleur défenseur.

Est-il nécessaire de dire qu'on a constitué une commission pour surveiller l'exécution du monument ? Elle aurait manqué ; elle est présidée par M. Séguier ; quant au banquier Delessert, l'utilisation des compétences veut qu'il en soit le trésorier.

Gai ! Gai ! La vie est belle

Les premiers jours, l'annonce de l'épidémie stupéfia et les activités parurent comme suspendues. Le rythme croissant des décès troubla la population et quand le choléra s'attaqua aux gens aisés, il y eut un bref mouvement de panique ; mais comme on s'habitue à tout, même au désastre, la vie parisienne reprend progressivement son rythme alors que la mort poursuit inlassablement son œuvre.

La province, qui s'inquiète du sort de la capitale, écrit beaucoup pour avoir des informations de fraîche date : le nombre des dépêches à l'arrivée, qui montait ordinairement à 16 ou 18 000, est passé à environ 38 000. Bien que dans une proportion moindre, le nombre de lettres qui partent de Paris est également en forte augmentation. Ce courrier surabondant est parfois pessimiste et noircit le tableau du choléra ; parfois il raconte tout simplement que la capitale vit, s'amuse, boit et mange.

Les salons où l'aristocratie se ruine à lancer ses invitations, à recevoir à jour fixe, ou même à tenir table ouverte chaque jour pour les familiers, n'ont jamais fermé leurs portes. Les visiteurs les plus craintifs les ont parfois désertés un temps mais les voilà qui reviennent car autant vaudrait mourir que de se laisser oublier. Les bourgeois fréquentent plutôt les clubs où les femmes ne sont pas admises et où l'on fume ; l'épidémie ne les a pas ruinés non plus que les cafés où se retrouve souvent une clientèle d'habitués d'un rang social moins élevé (15).

Le 1er avril, tandis que l'inquiétude grandit, la reine donna Maria et la duchesse de Bragance rendent visite à la famille royale ; les réceptions diplomatiques se poursuivent et le roi accorde audience à l'ambassadeur d'Angleterre et à celui du Brésil. Le duc d'Orléans, qui est de toutes les fêtes, participe à la soirée offerte par le marquis Marmier, colonel de la 1re légion de la garde nationale. Les journaux satiriques n'appellent plus le duc que « le Grand Poulot » et l'on dispute entre *La Mode, Les Cancans* et *La Caricature* pour savoir qui des trois a eu l'idée du sobriquet et quelle en est l'origine : c'est *La Mode* qui a raison en alléguant qu'en Normandie, les bonnes femmes surnomment ainsi leur premier-né qui est toujours plus grand que les autres et celui que l'on préfère (56).

A l'ambassade d'Autriche, il y a foule le 3 avril. La seule précaution que prennent les invités est de choisir plutôt les boissons chaudes. On y est, paraît-il, d'une gaieté folle. Apponyi qui, comme le Grand Poulot, fréquente tous les bons endroits, se trouve, trois jours après, au concert donné chez le baron Delmar sous la baguette de Rossini : *La Création* de Haydn. Rubini est encore là avec Lablache, Consul et Benatti, parmi d'autres, et les chœurs d'hommes sont dirigés par le duc de Montesquiou-Fezensac. Parmi les dames, outre les artistes, participe une belle brochette d'aristocrates où l'on remarque Mme Delmar, la duchesse de Rauzan, la marquise de Caraman, Mlle de Fezensac, la comtesse Potocka, la comtesse de la Redorte, Mlle Greffulhe et la duchesse de Vallombrosa. Les femmes du monde ont, de nos jours, beaucoup de talent et leur demi-cercle, sur l'estrade, était des plus gracieux. Sans la moindre transition, le narrateur ajoute, avec ingénuité ou cynisme : « Dans les hôpitaux, on compte 1 000 à 1 200 malades par jour, mais on n'en avoue que 826 dans le bulletin d'aujourd'hui... Cependant, la vie mondaine n'est changée en rien. » (19).

Le 15 juillet, lors de la seconde vague du choléra qui emportera jusqu'à 700 malades par jour, le même Apponyi se réjouira de pouvoir fréquenter assidûment les « salons de la marquise de Bellissen et de la duchesse de Rauzan, quelquefois ceux de Mme de Rumford, de lady Granad et de lady Forbes, de Mme Cuningham et autres petites coteries ». Dans la chaleur étouffante de l'été, tandis que les cholériques agonisent entre leurs draps trempés de sueur, les réceptions de l'ambassade d'Autriche battent leur plein sur les terrasses du jardin où l'on va, de table en table, entre les massifs de fleurs éclairés de lampes cachées (19).

Certains font moins de frais pour réunir quelques amis. Chez Dumas, c'est tous les soirs qu'on vient bavarder quelques instants ou de longues heures : cela le détend, paraît-il, de son travail de la journée — il écrit actuellement *Gaule et France*, ce qui le fatigue beaucoup. Voici venir Fourcade, Boulanger, Collin, Châtillon. Delanoue est là tous les jours. Victor Hugo, après s'être fait prier, récite ses derniers poèmes ; quant à Liszt, il est toujours tout prêt à se mettre au piano avec la vigueur qu'on lui connaît. Aucun d'entre eux ne songe plus au choléra car ils ont calculé, une fois pour toutes, en mauvais statisticiens, que « cinq cents trépassés par jour sur un million d'hommes, ce n'était pas tout à fait un mort sur mille vivants et l'on avait, à tout prendre, bien plus de chances d'être un des mille vivants que d'être le mort » (49).

Il est vraiment étrange de constater comme on parle avant tout de fêtes et de rires en cette période tragique. On sourit à la lecture de *La Mode* dont la première page du 1er avril, où l'on s'attendait à lire des nouvelles du fléau, voire des pamphlets contre l'imprévoyance du gouvernement, contient des titres en forme de canular. On y apprend, entre autres, « que MM. de Chateaubriand, de Dreux-Brézé, de Fitz-James et de Connoy étaient allés faire visite aux Tuileries, à Louis-Philippe, qui les avait reçus avec une bienveillance toute particulière ; que M. le maréchal Soult, se trouvant assez riche de sa fortune personnelle, avait écrit au *Moniteur* une lettre dans laquelle il déclarait renoncer à son traitement de maréchal ; que le roi Louis-Philippe, ne voulant plus être gardé, désormais, que par l'amour de son peuple, avait donné l'ordre de faire combler les fossés des Tuileries et de supprimer les portes du château ; ... que la démolition de Sainte-Pélagie était imminente, les prisonniers pour délits commis par la voie de la presse manquant absolument pour remplir ses préaux, etc. (56). Rien de tout cela n'est bien féroce tandis que chez Victor Hugo on a le rire plus amer, à la limite du mauvais goût. Fontaney y rencontre, le 28 avril, Paul Foucher qui lit un drame et Boulanger qui sirote une tasse de thé : « Nous avons ri prodigieusement d'anecdotes cholériques... les fossoyeurs sautant et dansant sur les corps pour les tasser dans les enterrements d'hospice pendant la nuit » (64 a).

Liszt vient souvent aussi jouer chez Hugo : le 16 avril, il interprète une marche funèbre de Beethoven et Fontaney d'admirer : « C'était magnifique ! Qu'il y aurait quelque chose de beau à faire là ! Tous les morts du choléra se promenant à Notre-Dame avec leurs linceuls ! » Délicate image ! Le même soir — comment fait-il pour être partout à la fois ? — il donne à l'ambassade d'Autriche un concerto de Weber. Le 18, Liszt est encore chez Hugo, le maître de maison fort gai, sa femme et ses petits-enfants aussi, et c'est, à nouveau, la même marche funèbre de Beethoven.

Un autre virtuose qui se prodigue en cette saison, c'est Paganini, le violoniste dont toute l'Europe s'est entichée. Une aura de mystère l'entoure : on dit même qu'il perfectionna son art au cours d'une longue incarcération dont il aurait été puni pour un crime obscur. Ce qui est certain, c'est que personne n'avait poussé aussi loin les possibilités du violon, à tel point que, trouvant le répertoire insuffisant pour manifester son habileté, il écrit ses propres œuvres dans lesquelles il accumule les difficultés. La musique est même parfois tout à fait étrangère aux rétablissements dont il éblouit le public comme lorsque, en plein concert, l'archet se brise ou qu'une corde casse.

Vers le début d'avril, il propose, au ministre du Commerce, de jouer pour les indigents cholériques. Véron s'empresse de l'accueillir à l'Opéra et le vendredi saint 20 avril, c'est devant une salle comble qu'il triomphe et offre aux déshérités 9 750 francs. Malgré l'extension de l'épidémie, il reste dans la capitale, donnant aux autres musiciens une leçon de courage que le chroniqueur du *Journal des débats* sait relever au passage : « Depuis deux mois, Paganini est à Paris, et je n'ai rien dit encore des trois concerts qu'il a donnés... Le vent du choléra est tombé des nues à Paris et, de ce point de départ, cette trombe funeste a soufflé de tous côtés. Elle a poussé Rossini jusqu'aux bords de la Garonne ; Rubini a été emporté à Milan par-dessus les Alpes ; Mme Devrient à Londres, et Santini écrit de Munich pour s'excuser auprès de ses amis sur ce que l'"*immensa foura* l'a empêché de faire ses adieux en précipitant son départ". On annonce un dernier concert pour le 21 mai à l'Opéra mais, retenu à Paris, il jouera encore une fois le 1er juin, à l'Académie royale de musique, un concerto, une sonate sur le thème de Haydn, et une « sonate à doubles croches à mouvement perpétuel ».

On aime la musique dans la capitale mais les programmes sont souvent disparates. Qu'on en juge par celui que donne la Société des concerts du Conservatoire le 29 avril, non pas au profit de quelconques malheureux mais au bénéfice de ses anciens pensionnaires ; on y trouve, à la suite, « la *Symphonie en ut* de Beethoven, un air italien chanté par Mlle Dories, un solo de hautbois composé et exécuté par M. Vogt, la finale de *Médée* avec chœurs, musique de Cherubini, un solo de piano exécuté par M. Ackan et la *Symphonie en Si bémol* de Haydn * ».

Nous n'avons pas oublié la tristesse des théâtres aux premiers jours du choléra, l'Odéon ouvert pour un seul spectateur, l'Opéra remboursant les billets le 7 avril, mais la panique ne vas pas durer et si les salles ne jouent pas à bureaux fermés tous les soirs, les directeurs se feront un honneur d'afficher leurs spectacles réguliers. Paris ne manque pas de distractions. L'Opéra que Véron, retiré de la médecine, dirige maintenant de main de maître ; l'Opéra-Comique, seul à être fermé de longs mois ; la Comédie-Française qui, le 2 avril, présente le *Louis XI* de Casimir Delavigne, pièce si prisée qu'elle la remettra à son répertoire à partir du 21 mai ; en alternance, les amateurs de classiques reverront *Tartuffe, Le Cid, Cinna, Le Jeu de l'amour et du hasard* ; le Théâtre italien qui connaîtra cette année les débuts de Giulia et Giuditta Grisi ; le Gymnase qui crée, le 2 avril, *Le Serrurier,* où l'on rit, paraît-il, beaucoup ; le Vaudeville, les Variétés, le Palais-Royal, réouvert depuis un peu moins d'un an dans l'ancienne salle Montpensier remise à neuf : curieusement, ces trois théâtres proposent trois ou quatre pièces en un acte ; la Gaîté, l'Ambigu, les Folies dramatiques vont voir revenir leur public et surtout le théâtre de la Porte-Saint-Martin que régente astucieusement Harel ; les Funambules où Gaspard Deburau se fait encore applaudir dans la pantomime ; le théâtre du Panthéon, né sous de mauvais auspices le 18 mars 1832 mais qui, dès le 5 avril, mi par charité, mi pour attirer la clientèle, annonce une représentation extraordinaire au bénéfice des bureaux de secours du IIe arrondissement. Le Gymnase en fera autant le vendredi 13 avril au profit des hôpitaux. Au Néorama, on s'étonne pour 1,50 franc devant les sites de Saint-Pierre de Rome ; enfin le Cirque olympique, ex-cirque Franconi, reconstruit après un incendie, donne des pièces à grand spectacle où des armées entières, au moins leur simulacre, s'opposent sur la piste ; pour les enfants, il retrouve la formule du cirque traditionnel et George Sand y emmènera sa petite Solange voir les éléphants.

La Taglioni triomphe à l'Opéra. Son père, danseur et chorégraphe, l'a si bien formée que même ses longs bras qui la désavantageaient deviennent un atout : elle les croise sur la poitrine ou les allonge en joignant les poignets dans des poses si gracieuses qu'elles feront école. C'est elle encore qui a supprimé le large pantalon qui dépassait la

* *Le Journal des débats,* 27 avril 1832.

jupe pour le remplacer par le léger tutu et le maillot collant. Aussi, les messieurs de l'orchestre attendent-ils la « bouffante » où le ralentissement d'une pirouette débutée vivement fait s'enfler la courte jupe de gaze. Le 27 avril, pour son départ, elle remplit toujours l'Opéra en dansant *La Sylphide.* Le 9 avril, malgré la crise, Véron avait fait reprendre *Robert le Diable* et, comme cela n'avait pas trop mal marché, il l'a redonné le 13.

Le mois de juin voit la création de *La Tentation de saint Antoine* qui, pour sa troisième représentation, le 27, fait huit mille francs de recette. Apponyi n'apprécie guère la pièce : « La scène de l'Opéra est, en ce moment, couverte de diables de toutes les espèces... Cela ennuie à la longue ; et puis il fait une chaleur étouffante ; malgré cela, j'y vais cependant assez souvent... mais c'est pour causer plus intimement avec telle ou telle dame » (19).

Le 19 mai, les rampes de tous les théâtres auraient dû être éteintes alors qu'elles brillent de tous leurs feux. Quoi que l'on puisse penser de Perier, il avait, par sa fermeté, sauvé la monarchie de Juillet : malgré les griefs qu'il avait contre lui, Louis-Philippe aurait pu déclarer journée de deuil national celle des obsèques de son premier ministre. Mais le roi a la rancune tenace et mesquine et toutes les salles jouent ce soir.

Alexandre Dumas écrit dans la joie. Mlle Dupont, soubrette de la Comédie-Française vient, le 18 avril, lui demander une pièce en un acte où elle pourrait faire entrer aussi Mlle Mars. L'auteur habite rue Saint-Lazare, dans le square d'Orléans ; de sa fenêtre, il assiste chaque jour au passage de cinquante à soixante convois en direction du cimetière Montmartre. C'est dans ce décor qu'il bâcle, en deux jours, une de ses comédies les plus gaies intitulée *Le Mari de la veuve.* Mlle Mars, spécialiste des rôles d'ingénue et de coquette, a 53 ans ! Sa rentrée est accueillie sans enthousiasme par ses chères camarades de plateau. Quant à l'œuvre, mal reçue par la critique, tombant en pleine épidémie, elle dépassera tout de même les trois cents représentations. C'est cependant avec *La Tour de Nesle* que Dumas connaîtra son plus grand succès : la foule s'y presse comme aux plus beaux jours mais nous sommes le 23 mai, alors que la maladie a cessé de faire planer sur la capitale l'angoisse des premières semaines. Pour le seul mois de juin, le théâtre de la Porte-Saint-Martin, qui a le bonheur de l'abriter, n'a pas fait moins de 57 750 francs. La préparation avait été pourtant agitée. Mlle George avait été pressentie pour tenir la tête d'affiche avec Frédérick Lemaître mais celui-ci, indépendamment de tout son talent et malgré son caractère violent, irascible, est un couard. Sa peur du choléra le retenait à la campagne en dépit des mises en demeure d'Harel de venir aux répétitions. Ce n'est que lorsqu'on eut distribué son rôle à Bocage qu'il revint précipitamment et réclama réparation. Harel demeura intraitable. Bocage, à qui Frédérick alla jusqu'à proposer cinq mille francs pour retrouver son rôle, resta de marbre et fit la création (49).

Les gens de lettres font aussi connaître leur production. Certaines parutions peuvent paraître inopportunes, tels les *Contes drolatiques* de Balzac qui sortent le 4 avril. A la même date, on souscrit pour les œuvres de M. de Lamartine, membre de l'Académie française. Comme la souscription ne rencontre pas l'accueil espéré par l'éditeur, on baisse les prix et, dès le 7 avril, *Le Journal des débats* annonce un rabais à dix francs au lieu de trente-quatre francs. Six cents exemplaires de deux volumes sont ainsi mis sur le marché ; ils contiennent toutes *Les Méditations, La Mort de Socrate,* le dernier chant du *Pèlerinage d'Harold, Le Chant du sacre, Les Epîtres* et des poésies diverses. On peut même acquérir l'ouvrage en quatre livraisons à partir de 2,50 francs par semaine.

Le 30 mai, c'est l'auteur déjà célèbre de *Cinq-Mars,* Alfred de Vigny, qui fait paraître *Stello.*

Les peintres sont moins bien lotis puisque, le 9 avril, le « directeur des musées royaux » a l'honneur de prévenir le public et MM. les artistes que l'exposition de l'ouvrage des artistes vivants qui était annoncée pour le 1er mai prochain vient d'être ajournée ». L'année du choléra vera tout de même la naissance d'un chef-d'œuvre : après de nombreuses et infructueuses séances de pose, Ingres trouve enfin l'attitude massive qui campe, dans sa puissance, le directeur du *Journal des débats,* M. Bertin (14).

En dépit de l'épidémie, les études ne devraient pas être trop perturbées. Il est des étudiants qui ont fui Paris. Ce n'est pas le cas du duc d'Aumale car Louis-Philippe a tenu à ce que le petit prince poursuivit son année à Henri-IV, tout uniment. Le 13 avril, M. de Montalivet, ministre de l'Instruction publique, va se rendre compte par lui-même de l'état des locaux et peut constater que les instructions ont été suivies à la lettre. Il en est de même à Saint-Louis et à Louis-le-Grand : ce dernier établissement, toutefois, perdra deux surveillants d'études. Ce qui préoccupe les élèves, en cette saison, c'est avant tout de savoir si les vacances de Pâques seront maintenues. Certains chefs de famille auraient souhaité leur suspension, préférant savoir leurs enfants à l'abri entre les murs d'un lycée. Les proviseurs en ont décidé autrement en considération de la fatigue qu'eût entraînée la suite ininterrompue des études. Vivent donc les vacances !

Pendant la première quinzaine d'avril, certains étudiants en droit n'ont pu prendre leurs inscriptions pour le trimestre courant. N'importe ! Une ordonnance royale du 22 avril maintient le registre ouvert jusqu'au 15 juin.

Des malandrins auront tiré leur épingle du jeu grâce au choléra, comme cette petite garce d'Adolphine Larme, jeune meneuse de bande de seize ans et receleuse qui avait dévoyé deux garnements de treize et dix-sept ans. Son coup date du mois de février, mais l'épidémie a enlevé son père et sa mère, employés à la Conciergerie : c'est sans aucun doute pour cette raison que le jury, apitoyé, s'est prononcé pour l'acquittement.

Et la vie continue. Au mois de juin, c'est le moment de s'assurer contre le recrutement car le tirage au sort est fixé au 27. Des assurances mutuelles proposent leurs services dans tous les journaux : il suffit d'avoir de l'argent. Une agence au 10, boulevard Montmartre précise toutefois que « les conditions de l'assurance, cette année, sont tellement douces qu'elles se trouvent à la portée de toutes les fortunes * ». On se demande, dans ces conditions, si le choix des conscrits ne va pas se faire uniquement dans la lie de la population. La maison Boëhler surenchérit : rien à verser d'avance ; on ne paie qu'à la « libération du jeune homme ** ».

L'insouciance est décidément de tous les temps. Considérons, par exemple, la journée du 15 mai : on fait l'autopsie de Cuvier ; l'état de santé de Perier donne les plus graves inquiétudes à la bourgeoisie ; le général Lamarque, porte-drapeau de l'opposition républicaine, est sérieusement touché par l'épidémie. Or qu'est-ce qui préoccupe le bon peuple ? 56, 31, 58, 25, 26, les numéros gagnants au tirage de la Loterie royale !

Quelle que soit la conjoncture, en dépit de ses divisions et du nombre des absents, le Parlement, selon sa routine, vote des lois. Le 7 avril, c'est M. d'Argout qui parvient à imposer sa double loi sur la pêche à la morue et à la baleine. Le sujet paraît futile en un temps pareil ; il est, en réalité, d'importance car il reflète la tendance libérale du gouvernement qui s'oriente vers un marché de libre concurrence.

* *Le Journal des débats*, 4 juin 1832.
** *Id.*, 17 juin 1832.

Lassé d'aider, à coups de primes sans cesse grandissantes, c'est-à-dire d'impôts prélevés sur la masse des contribuables, une industrie incapable de se défendre contre les entreprises étrangères, l'État décide de supprimer sa subvention aux marins-pêcheurs. C'en sera terminé dorénavant des subsides qui, au lieu d'encourager les initiatives, confortent leurs bénéficiaires dans l'immobilisme.

Trois jours plus tard, le 10 avril, est entériné le règlement de comptes entre Charles X et Louis-Philippe. Selon cette loi, le roi déchu et sa famille ne pourraient plus conserver de biens meubles ou immeubles sur le territoire français. Un délai d'un an est accordé pour la vente des biens libres ; pour les biens litigieux, même délai d'un an à partir du moment où leur propriétaire en aurait été déterminé ; enfin, pour les biens confiés à l'administration provisoire de l'ancienne dotation de la couronne, il faudrait statuer sur la liquidation de la précédente liste civile. Louis-Philippe veille au grain ; les émeutes et l'épidémie ne lui font pas perdre la tête car, dès qu'il est question d'argent, il se révèle un redoutable homme d'affaires. En l'occurrence, tout en feignant de le spolier, il fait comprendre à Charles X qu'il entend ne pas le léser : il sait très bien que celui-ci ne vendra pas ses biens libres, à moins d'y être contraint ; il suffira dès lors de ne pas actionner les Domaines ; en ce qui concerne les biens litigieux, rien ne presse d'en attribuer la propriété à tel ou tel ; quant à ceux dépendant de l'ancienne dotation de la couronne, on peut ralentir la liquidation de la liste civile en dédommageant au minimum et petit à petit les créanciers. Ainsi, Louis-Philippe conserve la jouissance de tous les biens du dernier roi légitime sans avoir l'air de les accaparer. Le tour de passe-passe est admirablement réussi (43).

Afin qu'il ne reste aucun doute sur la scission entre l'Ancien et le Nouveau régime, on fêtera, chaque année, l'anniversaire des journées de Juillet 1830. En 1832, une grande cérémonie se déroulera au Champ-de-Mars, mais elle nécessite des travaux de terrassement. Or des fosses communes y avaient été creusées à la hâte, au moment des combats, pour inhumer les victimes des Trois Glorieuses tombées dans ce quartier. « Des signes funéraires placés çà et là sur ces fosses communes révèlent les noms de quelques-unes de ces victimes. » On prévient simplement les familles que leurs morts, enterrés là depuis moins de deux ans, vont être enfouis plus profondément encore sous des remblais de terre. Cet avertissement aurait-il une valeur symbolique et voudrait-on ensevelir la révolution avec les révolutionnaires ? Certains y songent.

L'alimentation est une des préoccupations essentielles des Parisiens. Il avait été bien recommandé d'éviter les débordements en tous genres et notamment l'abus des boissons fortes. Cet avis ne semble pas avoir été entendu par tous et les organes de la presse gouvernementale croient que les excès auxquels se livrent beaucoup d'ouvriers le dimanche ont pu contribuer à augmenter le nombre d'accidents. « C'est en effet bien moins à la misère qu'à la débauche que l'on doit attribuer l'envahissement du choléra ; sur dix malades que nous interrogeons, il y en a huit ou neuf qui avouent s'être livrés à des excès de vin et de liqueurs *. » Explication facile qu'invoquent les organismes officiels pour se dédouaner mais il faudra trouver autre chose quand la bourgeoisie sera atteinte à son tour. Il est cependant tout à fait exact que les excès du dimanche s'inscrivent sur les registres des hôpitaux sous forme d'une assez forte augmentation des entrées de cholériques chaque lundi. Un domestique du baron Koller, à l'ambassade d'Autriche, a contracté la maladie pour avoir bu trop d'eau de framboise. Aux réceptions de cette ambassade, on a supprimé les glaces, les boissons acides et l'on a remarqué que les visiteurs prennent plus de thé qu'à l'ordinaire. En juillet, lors des fortes chaleurs, c'est à la consommation excessive de melons, appétissants et bon marché, qu'on attribuera la recrudescence de l'épidémie (19). Ceux qui en ont les moyens peuvent faire une cure de laitage à la laiterie Sainte-Anne, 11, route de Choisy, à la barrière d'Italie ; il est même recommandé de s'installer dans un des cabinets construits au-dessus des étables et d'y respirer la douce vapeur qui en monte et qui est si salutaire pour les affections de poitrine **.

Les riches gourmands ont frémi : Germain Chevet, dit l'Ancien, dit le Grand, vient de mourir du choléra. Ils ont cru un moment qu'ils ne pourraient plus se nourrir. Bien sûr, il reste Corcellet, mais rien n'égale la boutique du Palais-Royal où le premier traiteur de Paris vend les produits les plus raffinés en provenance de la France entière et de l'étranger. Heureusement, tout en veillant à l'excellence de ses marchandises, le commerçant avait trouvé le temps de faire dix-sept enfants et c'est le petit dernier, le dix-septième, Chevet II, qui va reprendre le flambeau. Il surpassera son père et servira des dîners éblouissants dans toutes les cours d'Europe (20). La haute bourgeoisie pourra encore manger ; la petite aussi et le choléra aide même à la

* *Id.*, 3 avril 1832.

** *Id.*, 30 juin 1832.

réclame de quelques restaurateurs audacieux : « Un des meilleurs moyens de se préserver du choléra recommandé par un de nos plus célèbres médecins, c'est un bon régime. M. Julien, restaurateur, se croit en droit de signaler sa maison comme étant bien exposée pour le bon air, une cuisine succulente, une cave bien garnie, rue d'Enfer n° 23, à la grille du Luxembourg *. »

Pour la majeure partie de la population, le prix du pain, base de la nourriture quotidienne, est le souci majeur. Déjà très cher, à quinze sous et demi les quatre livres en avril, il sera porté à seize sous et demi pendant la première quinzaine de juin : cette augmentation, apparemment minime, sera ressentie comme un vrai drame par la plupart des familles. Il faudra attendre le 16 septembre pour que le prix du pain amorce une baisse, confirmée le 16 octobre. Une nouvelle baisse le 1er novembre sera accueillie comme une bénédiction et mise au crédit du gouvernement (111).

Voici que le prix de la viande de boucherie monte en même temps que la denrée se fait rare. C'est la conséquence d'une loi économique élémentaire. Chaque année, vers la fin du carême, les arrivages de bestiaux diminuent puisque la consommation de viande est réduite. On s'est encore conformé, ce mois d'avril, aux données des années précédentes mais on a tout simplement oublié que, sur recommandation des médecins, les achats de viande enregistrent une forte majoration. Excès de la demande, baisse de l'offre, et les prix sont à la hausse. Cependant, les bouchers se plaignent ; en vendant le bœuf entre quarante et soixante-quinze centimes la livre, ils prétendent perdre treize centimes ; pour le mouton, ils y vont de leur poche de quinze centimes et, pour le veau, de dix. C'est du moins ce qu'affirme leur syndicat. En tout cas, ils prétendent à l'estime de leur clientèle et refusent d'être considérés comme des spéculateurs.

Si la viande manque, on peut manger du thon. La manière dont il est présenté prouve que les Parisiens le connaissent mal ou pas du tout : « On vient de recevoir, au Bazar provençal, rue du Bac, n° 104, des tranches de thon, frais et cuit, tout prêt à manger. Ce bon poisson, le plus ferme de tous, est celui qui, par sa substance, approche le plus de la viande et offre, en ce moment, la plus grande ressource. Il y en a de cinq et six francs *. » Qu'on se rassure ! Si la viande a manqué un temps, il n'aura fallu que quelques jours pour qu'un excédent d'arrivage de bestiaux fasse baisser les cours. Il en est tant arrivé de

* *Id.*, 18 avril 1832.

Normandie, de Bretagne et de l'Est, qu'on a même dû en renvoyer. Les bouchers vont-ils pouvoir enfin gagner leur vie ? Voici le tour des charcutiers : ils font faillite depuis que le corps médical a interdit le porc comme trop échauffant ; ils ont envoyé une députation à la préfecture de police puis à la Commission centrale de salubrité. Ils sont quatre cents à Paris qui emploient près de mille six cents personnes ; avec les familles, cela fait environ quatre mille individus qui, faute de vente, sont privés de ressources et sont obligés, depuis cinq semaines, de consommer les morceaux périssables de leur fabrication. Ils font remarquer au passage qu'il n'y a pas plus de cholériques chez eux que dans le reste de la population *. Très hypocritement, la Commission centrale de salubrité leur répond qu'elle n'avait aucunement l'intention de nuire à une profession quelconque et qu'elle n'a jamais interdit quoi que ce soit en promulgant ses recommandations... elle a tout bonnement pensé : 1. que l'usage modéré de la charcuterie ne saurait être nuisible, surtout lorsqu'on en use habituellement et que cette charcuterie est de bonne qualité ; 2. qu'il en est de même de la bière ou de toute autre boisson lorsqu'elle est bien préparée. « En général, dans tout ce qu'elle a publié, la Commission n'a voulu que prévenir les inconvénients et même les dangers qui résultent de la mauvaise qualité des choses et de l'abus qu'on en pourrait faire **. » Les bouchers se défendent, les charcutiers attaquent, la Commission dément et, au milieu de ce tohu-bohu, la rébellion a tôt fait d'annexer les uns et les autres en un libelle agressif : « ... Mais ce n'est pas tout : par suite des ordonnances ou des prescriptions, voilà les charcutiers, herbagistes, fruitiers, légumistes, marchands de poisson sans débit et, avec eux, tous ceux qui travaillent sous leurs ordres, privés d'ouvrage ; et les marchands de vin, d'eau-de-vie, de liqueurs, de cidre, de bière, etc., etc., et les ouvriers des ports, et les brasseurs, et une foule d'autres hommes de divers états, que vont-ils devenir ?... » Qui eût cru que le choléra allait mettre sur la paille tant de malheureux commerçants et les réduire à cette situation de misère que connaissait seulement jusqu'alors une grande partie de leur clientèle ?

* *Id.*, 6 mai 1832.

* *Id.*, 8 mai 1832.

Toutes les bontés que l'on a pour vous

Rien n'est véritablement organisé, comme nous l'avons vu : les aides, subventions, secours sont fonction de la bonne volonté des donateurs. La générosité pallie le manque de lois sociales. La charité individuelle est sans doute dans la nature de l'homme et fut mise en pratique de tout temps mais si les uns savent la faire sans éclaboussures, d'autres font un peu trop sentir le poids de leurs bienfaits : donner aux pauvres est devenu presque un devoir pour le notable et lui permet, en quelque sorte, d'affirmer sa notoriété. Le petit bourgeois accentue la distance qui le sépare des indigents en leur offrant des dons.

La philanthropie collective, peut-être plus désintéressée parce qu'anonyme, est une acquisition des dernières années de l'Ancien Régime (44).

Mais s'il est vrai que chacun donne à la mesure de ses moyens ou de sa bonté, la vanité paraît dépassée : les actes charitables, en ces temps de grande détresse, semblent effacer les différences de classe et le même lien de malheur unit celui qui offre et celui qui reçoit.

Cependant, l'opposition a beau jeu de critiquer les libéralités désordonnées qui sentent le paternalisme et manquent d'efficacité : « Si Paris avait eu... seulement une municipalité puissante, cette municipalité n'eût pas été condamnée à attendre les souscriptions ; une municipalité vraie n'eût pas permis que la vie du pauvre dépendît de l'aumône du riche ; elle eût évalué les besoins probables ; elle eût requis d'urgence des secours et eût été obéie *. »

En effet, les premières réactions de l'Administration manquent de vigueur : l'Assistance publique ne peut libérer que vingt mille francs pour secours d'urgence aux familles les plus misérables. Quant à la ville, elle vote, le 5 avril, un budget dérisoire de trente-quatre mille francs de vêtements.

Aussi, sans qu'aucun appel officiel ait été fait, on voit, dès le 29 mars, un habitant du faubourg Saint-Honoré remettre au préfet de la Seine la somme, considérable pour un particulier, de trois mille francs. Ce premier bienfaiteur accroît encore son mérite en voulant garder l'anonymat. Le même jour, deux avocats, l'un qui ne dévoile pas son nom et l'autre qui fait savoir qu'il est Me Ripault, avocat aux conseils du roi, déposent chacun cinquante francs au bureau du *Journal des débats*. A peine les faits sont-ils connus que d'autres donateurs

* *Id.*, 12 avril 1832.

se présentent : le préfet de la Seine reçoit encore cinq mille francs du banquier Aguado et mille francs de la banque Paccard et Cie. Le 1er avril, la liste de souscription du *Journal des débats* s'ouvre officiellement avec cinq noms : M. Félix : 100 francs ; M. Partarieu-Lafosse, substitut du procureur général : 100 francs ; Me Ripault, avocat : 50 francs ; anonyme : 30 francs.

Dans la famille royale, chacun commence à distribuer selon les penchants de son cœur mais, au début, à un rythme lent. C'est la reine qui écrit à la comtesse de Bondy combien la préoccupe le sort des indigents du IXe arrondissement : elle leur fera répartir des bas, des ceintures et des couvertures de laine. Depuis trois mois déjà, son fils Orléans avait fait servir, dans divers quartiers de Paris, deux mille rations de légumes gras assaisonnés. Puis, c'est la grosse somme : le 1er avril, le roi et sa famille déposent cent huit mille francs à la Caisse municipale, au profit des pauvres. Louis-Philippe avertit en même temps le ministre du Commerce qu'il tient cinq cent mille francs à sa disposition pour servir aux besoins de la capitale et des autres villes du royaume. Le peuple apprendra sans doute avec émotion que « les jeunes princes et princesses de la famille royale ont résolu de détourner de leurs plaisirs les petites sommes qui jusqu'ici y étaient destinées pour les consacrer au soulagement de l'infortune... et tout cela indépendamment des aumônes journalières que l'exemple de leurs parents leur a appris à taire et à cacher *. » Quelques jours plus tard, le duc d'Aumale fait remettre deux mille bons de soupe au maire du XIIe arrondissement et participe pour cinquante francs à la collecte générale du collège Henri-IV. Le duc de Nemours a une cassette plus importante en raison de ses dix-huit ans : il a déjà donné quatre mille francs pour les indigents et il verse, pour la seconde fois, cinq cents francs à la Société philanthropique dont il est le président. Tout ce qui n'est pas absolument indispensable en matière de literie, bois, matelas, draps, tant dans les maisons royales de Paris que dans celles de province, est adressé aux hospices. Le lundi 9 avril, deux cents matelas ont été déposés dans les magasins de la ville et mille lits complets seront prêts avant la fin de la semaine. C'est un appoint non négligeable. Les appartements de la reine sont transformés en lingerie d'hôpital : on y voit un incessant va-et-vient de ballots de toutes sortes de linges et vêtements. Les dons de la reine sont le plus souvent tenus secrets : il est impossible de faire le total de ce que les malheureux

* *Id.*, 5 avril 1832.

doivent à sa générosité. Celle-ci se manifeste même sous forme d'initiatives inattendues : elle a, par exemple, versé au directeur du Mont-de-Piété assez d'argent pour permettre de restituer aux pauvres du linge et des couvertures qu'ils avaient été contraints d'engager. Madame Adélaïde, sœur du roi, a un cœur d'or : elle participe aussi à l'envoi de vêtements chauds ; ses rentes annuelles s'élèvent à la coquette somme de huit cent mille francs sur lesquels elle prélève régulièrement le sixième pour les pauvres ; cette année, elle va distribuer plus de cinq cent mille francs de revenus et ce, sans la moindre ostentation, à l'exemple de sa belle-sœur (27). Louis-Philippe, entouré de personnes compétentes qui gèrent ses biens, leur adjoint, en 1832, un « conseiller de bienfaisance ». Ainsi, guidé dans ses dépenses charitables, le roi fera, en cette année plus funeste pour la France que pour son immense fortune, les dons suivants, dont le comte de Montalivet dresse la liste : « A d'anciens serviteurs de la famille d'Orléans : vingt mille francs. Trousseaux pour maisons d'éducation : six mille francs. Dons aux hommes de lettres et artistes : soixante mille francs. Anciens pensionnaires de la liste civile de Charles X : soixante-treize mille francs. Indigents de Paris : deux cent deux mille francs. Indigents de province : soixante-douze mille francs. Dons spéciaux pour le choléra : cinq cent soixante-dix-sept mille francs » (84).

Qu'en est-il donc de l'appétit immodéré du roi des Français pour les biens matériels ? Mme de Genlis, qui avait été chargée de son éducation, dira un jour à Victor Hugo : « Il était ladre, je n'ai pas pu en faire un homme généreux. Libéral, tant qu'on voudra ; généreux, non ! » (43).

Son avarice était proverbiale dès avant son arrivée au pouvoir, et les journaux satiriques ne manquent pas de la monter en épingle. *La Mode*, pour échapper à la censure, le désigne sous le nom d'Un tel : « Un tel a résolu de se procurer quelques ressources en faisant établir, à l'entrée du jardin des Tuileries, un bureau pour les cannes et les parapluies. » ; « Un tel va mettre en commandite l'exploitation des bassins des mêmes Tuileries et en expédier l'eau comme minérale. » *Les Cancans*, publiés par Bérard, font des gorges chaudes sur la pingrerie d'un nommé Chose facile à identifier :... « Chose loue sa loge au Gymnase, économie ; il revend les pâtés qui restent à sa table, économie ; il retire le crottin à ses palefreniers, économie... Depuis quelque temps, Chose prête beaucoup, mais c'est à rire » (27). Au plus fort de l'épidémie, un bruit insistant court les salons : on continue à envoyer de grosses sommes d'argent aux États-Unis pour le compte du roi des Français (19). Toutes ces épigrammes sont-elles compatibles avec l'inventaire des libéralités dressé par Montalivet ? Certes oui ! Louis-Philippe avait connu de sérieuses difficultés matérielles durant sa jeunesse au point de donner, dans un collège suisse, des leçons de langues vivantes, de mathématiques et de dessin ; il tient maintenant sa fortune et entend ne point la lâcher. Après avoir joué le rôle que l'on sait dans la spoliation sournoise des biens de Charles X, il avait participé, en 1831, à une lutte ouverte pour l'estimation de sa liste civile : il prétendait obtenir dix-huit millions, plus quatre millions de revenus en terres et en forêts, onze palais magnifiques, un mobilier somptueux, près de deux millions cinq cent cinquante mille francs, un *Opuscule sur la prompte organisation d'un bureau de secours*, trompé son monde avec son aspect faussement bonhomme et ses goûts simples ; il fallut, bien entendu, rogner sur de telles sommes. Les lettres au vitriol de Louis de Cormenin dans *Le courrier français* et *Le National* eurent une influence décisive sur les notes de la Chambre et l'on mit en avant les trois consuls dont Bonaparte qui coûtaient à peine un million à la France, le président des États-Unis qui se contentait de cent vingt-cinq mille francs par mois et le roi d'Angleterre qui, malgré tout son faste, faisait marcher sa maison avec moins de sept millions par an. Après une discussion de plusieurs jours au cours de laquelle M. de Ludre proposa de n'octroyer que quatre millions, les députés accordèrent finalement une liste civile de douze millions ; avec les deux millions du domaine privé, les quatre ou cinq de l'ancien apanage d'Orléans, Louis-Philippe percevait tout de même la somme considérable de dix-huit à dix-neuf millions de francs chaque année (43). C'est là qu'apparaît le côté factice de la charité royale et la rigueur de M. de Cormenin lorsqu'il déclarait « que recommander la liste civile comme une caisse de prévoyance ouverte aux malheureux était un sophisme misérable attendu que c'est le peuple, le menu peuple, qui paie la liste civile, et qu'il est dérisoire de prendre aux pauvres leur argent pour leur faire du bien ; que le prince irresponsable ne saurait être un distributeur plus intelligent des deniers publics que des ministres dont la responsabilité garantit la gestion... » (76).

Le Trésor public ouvre largement ses caisses ou, plus exactement, sur proposition du ministre des Travaux publics, les Chambres lui soutirent un crédit extraordinaire de deux millions en faveur des cholériques dans le besoin. Le président du Conseil, trois jours avant de tomber malade, fait prélever, sur le crédit de cinq millions ouvert à son ministère, la somme de cent mille francs pour la verser dans la caisse de la souscription. A titre privé, il donne, comme chacun de ses ministres, mille francs.

Les secrétaires généraux, aux revenus moindres, font l'effort d'offrir trois cents francs. Il faudrait connaître la fortune de chacun pour juger son degré d'altruisme mais cinq cents francs pour le directeur du *Journal des débats* paraissent une bagatelle comme la même somme doit être une goutte d'eau dans la mer des droits de l'auteur de *Robert le Diable*, M. Meyerbeer. M. Cambacérès aîné puise mille francs dans sa bourse, tandis que le comte de Turenne, pair de France, se contente de remettre cent francs ; toute la famille de Montesquiou répond à l'appel : le comte et la comtesse avec deux cents francs, le vicomte avec cinquante.

On organise maintenant des souscriptions chez tous les notaires de Paris. La Caisse municipale reçoit mille francs — on a dû se passer le mot dans les milieux diplomatiques — des ambassadeurs d'Angleterre, d'Autriche et de Sardaigne ; le maréchal Jourdan, gouverneur des Invalides, offre généreusement cinq cents francs. Les professionnels du théâtre préfèrent verser à la caisse du *Journal des débats* : Véron, le directeur de l'Opéra, comme la Taglioni, sa danseuse étoile, cent francs chacun. Publicité non déguisée, un certain M. Lemott qui se dit, au passage, « inventeur des frictions électriques », remet cinquante francs. Vers le 10 avril, l'élan est pris : on publie toujours les listes des souscripteurs mais les noms sont imprimés en caractères minuscules ; seule l'importance de la somme accrochera désormais le regard du lecteur.

Il est bon de consacrer un petit peu de son avoir aux déshérités mais il est non moins charitable de leur attribuer des dons en nature. C'est ce que fait la baronne de Rothschild qui dépose, à la mairie du IIe, 78 couvertures de laine, 28 douzaines de paires de bas et une grosse de ceintures de flanelle. D'autres personnes bien nées en font autant : M. de Rougement, M. Bourruet-Aubertot. Mme Marmier a ouvert un atelier depuis le début d'avril où de grands noms viennent s'illustrer dans la charité : Mmes de Courbonne, duchesse de Massa, marquise de Praslin, Ernestine Choiseul, comtesse de la Tour du Pin, Mlle de Tracy, Mme de Billing, Mme Guizot, Mme de Behague, aidées de l'extérieur par plusieurs autres dames comme Mmes de Boissières, de Sagey, comtesse Dubois. Il n'a pas dû régner une activité de ruche dans cet ouvroir dont voici la production à la mi-mai, soit en un mois et demi : 192 chemises, 151 paires de chaussons, 247 ceintures, 30 gilets de flanelle, 6 couvertures, 12 chemises d'enfant *. Mme Lezeau, qui dirige la succursale des élèves de la Légion d'honneur, demande des laines et flanelles à toutes les dames qui ne pourraient les travailler elles-mêmes : elle a trois cents jeunes personnes toutes prêtes à se mettre à l'ouvrage **. Les banquiers Mallet prêtent leur maison du 39 de la rue de Clichy pour en faire un hôpital ; ils y installent quelques lits mais ils en réclament d'autres car ils ne sauraient tout faire par eux-mêmes. Mme la maréchale Soult envoie 10 lits entièrement garnis.

Ce que l'administration n'avait su prévoir ni aménager, la générosité privée est en train de le réaliser petit à petit. Mais que d'efforts demande une telle entreprise ! La charité évangélique en guide beaucoup. Certains sont moins désintéressés. Il est probable que le rectificatif du *Journal des débats* du 6 avril est une « prière d'insérer » déguisée : « Nous avons omis de faire connaître que Mme Barthe avait envoyé à la préfecture de la Seine des vêtements, chaussons de flanelle et ceintures destinés aux indigents. » Voilà qui est fait ! La grande bonté de Mme Barthe passera à la postérité. On nous dit aussi que Mme la comtesse de Laboullaye-Marillac est une dame vertueuse qui a exposé sa vie et sacrifié une partie de sa fortune. Nous l'apprenons par le journal du 12 août. C'est fort bien, mais pourquoi faire faire une lithographie la représentant prodiguant ses soins aux cholériques, même si ladite œuvre doit être vendue au profit des malades ? Le bienfait est un peu voyant.

L'anonymat renforce le mérite des dons collectifs qui, de surcroît, sont parfois le fait de gens peu fortunés. Les militaires sont du nombre : 200 francs prélevés sur le fonds de la Ire compagnie de chasseurs du 1er bataillon de la 6e légion ; 1 063 francs totalisés en une souscription volontaire des officiers, sous-officiers et soldats de la garde municipale de Paris ; une journée de solde en faveur des indigents de Saint-Denis, de la part du 12e léger ; 1 600 francs en provenance de la compagnie de grenadiers du 2e bataillon de la 6e légion pour la mairie du VIe ; jusqu'au régiment envoyé en garnison à Ancône qui offre la demi-journée de solde supplémentaire octroyée pour la fête du roi. Et combien d'autres qui, sans vouloir qu'on les nomme, renoncent à une parcelle de leur bien-être.

* *Le Journal des débats*, 21 mai.

** *Id.*, 8 avril 1832.

Les avoués ont déjà, pour certains d'entre eux, versé une contribution à titre personnel dans leurs mairies respectives. Le 5 avril, la chambre des avoués de première instance de la Seine arrête qu'en sus elle versera à la Caisse municipale la somme de trois mille francs. Le même organisme va recevoir encore prochainement une somme de deux mille francs de la Société du Cercle, 14, boulevard Montmartre, dont les membres avaient déjà versé mille francs ; l'anonymat est de rigueur. La Société philanthropique de Paris va dépenser, en 1832, 134 590,63 francs.

Il est des maisons importantes qui n'ont pas besoin de publicité : Saint-Gobain est de celles-là. C'est donc avec un parfait désintéressement que les administrateurs proposent de livrer au gouvernement soixante quintaux métriques de chlorure de chaux, chaque semaine, au prix coûtant, à quoi ils ajoutent un don personnel de mille deux cents kilos. Cette mesure sera sans doute propre aussi à stabiliser le marché du chlorure dont les cours avaient tendance à monter vivement du fait de la spéculation *. C'est aussi sans espoir de compensation que M. Richart, pharmacien de la rue du Faubourg-Saint-Martin, fait don de tous les médicaments qu'il a été chargé de fournir au poste de la rue Mauconseil **. M. Robinet, 23, rue de Beaune, efface également le montant de toutes les fournitures de médicaments qu'il a effectuées sur les ordonnances délivrées dans les postes médicaux ***. Lorsqu'on voit le docteur Belliol offrir, pour deux francs, un *Opuscule sur la prompte organisation d'un bureau de secours*, on redoute une publicité au rendement fructueux mais la dernière ligne indiquant que la vente se fait « au profit des pauvres » rassure le lecteur sur les bonnes intentions de l'auteur ****. Au musée Colbert, 2, rue Vivienne, les artistes exposent au profit des « indigents épidémiques » du XIIe : le clou du Salon est la toile de Gros représentant la bataille des Pyramides où les Parisiens peuvent reconnaître de jeunes généraux depuis lors illustres. La presse assure qu'une « brillante société continue à suivre cette exposition » et que le rapport du 6 au 22 mai est de 1 528 francs ***** ; à 50 centimes par personne, cela représente, sauf erreur, 3 056 entrées en quinze jours : on ne peut pas dire qu'il y a foule.

* *Id.*, 3 avril 1832.

** *Id.*, 31 mai 1832.

*** *Id.*, 23 juin 1832.

**** *Id.*, 12 mai 1832.

***** *Id.*, 23 mai 1832.

La charité suscite parfois des querelles. La duchesse de Berry adresse douze mille francs au vicomte de Chateaubriand afin qu'il en fasse bon usage au bénéfice des « indigents attaqués de la contagion ». Celui-ci propose la somme au comte de Bondy, préfet de la Seine et, comme il n'en reçoit pas de nouvelles, il dépêche son secrétaire dans les mairies, avec mission de remettre mille francs à chacun des maires : sept sont absents, un refuse, quatre acceptent. Surgit alors la réponse du préfet : « Monsieur le vicomte, Je regrette de ne pouvoir accepter, au nom de la ville de Paris, les douze mille francs que vous m'avez fait l'honneur de m'adresser. Dans l'origine des fonds que vous m'offrez, on verrait, sous une bienfaisante apparence, une combinaison politique contre laquelle la population protesterait tout entière par son refus » (38). Malgré les injonctions supérieures, M. Cronier, maire du IXe arrondissement, garde les mille francs : il est aussitôt destitué ; ses trois collègues qui n'avaient pas décliné le « denier de la veuve » s'empressèrent de le restituer. Un qui ne s'est pas laissé circonvenir, et on ne peut lui en tenir rigueur étant donné sa prise de position politique, c'est M. Gassicourt : il a vu assez clair dans cette ténébreuse affaire et refuse d'emblée la donation — il est le seul. Sa lettre à Chateaubriand est sans ambiguïté : « Monsieur, il n'est personne qui ne soit moralement convaincu que cette dame agit très activement et répand des sommes bien autrement considérables que celles dont elle vous a confié l'emploi, pour exciter des troubles dans notre pays et y faire éclater la guerre civile [N'oublions pas l'agitation vendéenne.] L'aumône qu'elle a la prétention de faire n'est qu'un moyen d'attirer sur elle et sur son parti une attention et une bienveillance que ses intentions sont loin de justifier... » Mais les rumeurs vont si vite dans Paris que Chateaubriand se voit bientôt assiégé par « une armée d'indigents, bureaux de bienfaisance et de charité, ouvriers de toutes espèces, femmes et enfants, Polonais et Italiens exilés, littérateurs, artistes, militaires... » Il distribue çà et là huit mille francs et propose les quatre mille francs qui restent à l'archevêque de Paris qui, lui, n'a cure de la source du bienfait ; il bénit la main qui le donne et va répartir la somme entre les curés des douze principales paroisses (39). Moins d'une semaine après cette passe d'armes entre le soutien des légitimistes et les représentants du Juste Milieu, le comité des décorés de Juillet mendie, sans vergogne et, disons-le, avec une extrême maladresse, auprès du vicomte, une obole en faveur de ses déshérités. Chateaubriand se garde bien de refuser l'avantage que lui donne cette requête et répond, en retour : « Messieurs, je vous remercie infiniment de vous être adressés à moi pour venir au secours de quelques pères de famille malheureux. Je m'empresse de vous envoyer la somme de cent francs : je regrette de n'avoir pas un don plus considérable à vous offrir... » (39). Pas un mot de refus des douze mille francs ; la classe a parlé : c'est la réponse dans la dignité à Cadet-Gassicourt.

Les fonds, recueillis de tous côtés, vont être répartis mais ils le sont d'abord avec parcimonie. Le 4 avril, le comte de Bondy donne vingt-quatre mille francs aux bureaux de bienfaisance sur le crédit qui lui a été alloué et soixante mille francs sur les fonds versés par la famille royale. Le 5 avril, le bureau du VIIIe arrondissement pourra ainsi faire aux indigents une distribution extraordinaire de 22 102 pains de 4 livres, 5 313 kilos de viande de bœuf, 5 000 paires de chaussettes et, bien sûr, 5 000 ceintures de laine. Le 30 avril, dans le 1er arrondissement, la joie éclate car la municipalité a décidé une attribution de pain et de viande aux plus miséreux en commémoration de la Saint-Philippe : le roi partagera sûrement cette liesse.

Enfin, à la mi-juillet, la souscription au profit des pauvres souffrant du choléra atteindra la somme de 746 666,70 francs. La moitié aura été engloutie dans les postes de secours dont on a vu l'efficacité problématique. Sur l'autre moitié, 349 386,30 francs auront servi à la distribution d'aliments, de vêtements, de chaussures et de literie. Il reste 23 947,05 francs dont les orphelins vont avoir bien besoin.

Pendant ce temps, l'Église n'est pas restée inactive. Sa position s'est sérieusement dégradée depuis quelques années et il lui faut rattraper le chemin perdu ; avec le choléra, l'occasion s'en présente mais les prêtres ne réclament rien pour eux. Peut-on reprocher à une religion et à ses représentants de vouloir reconquérir des fidèles ? Peut-on lui faire grief d'exercer la charité qu'elle considère comme une des vertus cardinales ? C'est pourquoi, sans éclat, sans amertume, sans cérémonie expiatoire, on voit le vieux curé de Saint-Germain-l'Auxerrois, chassé de son église depuis plus d'un an, retrouver le chemin de son presbytère pour apporter à ses paroissiens mourants les secours de la religion. L'archevêque de Paris, Mgr de Quélen, dont on avait pillé la demeure, réapparaît et s'inscrit d'emblée sur la liste d'une caisse municipale, pour la somme de dix mille francs, là où les ministres ne versent que mille francs et les pairs de France cent francs. Il met en garde ses curés de prêter le flanc aux accusations selon lesquelles les prêtres soutiendraient toujours l'Ancien Régime ; il leur recommande de répondre comme saint-Paul, au milieu des partis qui se déchiraient : « Je suis pour Dieu et pour les pauvres. » L'Église, à son tour, propose donc à ses ouailles de verser leur obole. Cela commence par un sermon fait, le mardi saint, à Saint-Vincent-de-Paul, par l'abbé Combolos, vicaire général de Rouen, au cours d'une assemblée de charité où la quête est faite par Mme de Joly-Fraissinet et Mme Victor du Closel. Puis l'archevêque de Paris, après avoir demandé une quarantaine de prières, ordonne que le montant de la quête du jour de la Quasimodo, ordinairement réservé pour les séminaires, soit dévolu aux besoins des cholériques nécessiteux.

Les plus défavorisés ayant reçu les secours indispensables, voici que surgit une nouvelle catégorie de sujets dont la population aura à s'occuper. L'épidémie a fait de tels ravages au sein de certaines familles que père et mère ont été emportés, laissant de jeunes enfants dans le plus grand dénuement : on les appelle les « orphelins du choléra » et leur nombre grandit chaque jour. C'est une charge importante : il ne s'agit plus de distribuer quelques rations de soupe grasse ou une ceinture de flanelle ; ces enfants devront être élevés pendant de nombreuses années et la générosité, pour eux, devra se multiplier. Les initiatives des bureaux de bienfaisance et des particuliers sont vite complétées par celle de l'administration qui leur ouvre les portes d'une maison de refuge dirigée par M. Debelleyme ; on y admet ces enfants jusqu'à l'âge de douze ans sur production de leur acte de naissance et de l'acte de décès de leurs parents ; la demande d'admission doit être présentée au préfet de police ou à M. Jourdan, administrateur des hospices. La maison de M. Debelleyme est située rue de Lourcine mais ce n'est qu'un asile et, tous les jours, les malheureux orphelins sont conduits pour y recevoir des soins et quelques rudiments d'instruction dans un établissement rue Saint-Hippolyte administré par un autre homme dévoué au bien public, M. Cochin (47). De tous les côtés les secours arrivent, diversifiés dans leur nature. Le Comité de la société de la morale chrétienne pour le placement en apprentissage des jeunes orphelins, qui existait bien avant l'épidémie, offre d'adopter six orphelins du choléra, de pourvoir à leur entretien et de leur faire apprendre un état. Il accepte aussi d'en placer et d'en patronner vingt autres mais, ses moyens étant limités, il ne pourra en assurer les frais d'entretien et d'apprentissage *. M. de Manne, maître de pension à Saint-Germain-en-Laye, veut bien se charger entièrement, durant tout le temps de ses études, d'un enfant de 5 à 6 ans mais

* *Le Journal des débats*, 20 avril 1832.

vierge de toute formation scolaire et dûment vacciné. Si des personnes aisées veulent bien verser la somme modique de trois cents francs pour chacun et par an, il fera même l'effort d'en prendre encore six autres dans son pensionnat *. *Le Journal des débats* a ouvert une souscription supplémentaire et les Américains à Paris ne veulent pas être en reste : on y voit les noms de S. Welles pour mille francs, de l'ambassadeur W.C. Rives pour cinq cents francs et, pour la même somme, le déjà célèbre Fenimore Cooper. On peut aussi déposer son obole dans les secrétariats des mairies ; le maire du VIe arrondissement lance un appel pressant le 12 mai, pour imiter son collègue du IIIe, un nommé J.-J. Rousseau. Celui du IXe cite en exemple à ses administrés le don de quinze mille francs que la reine vient de faire au préfet de la Seine. Une réunion des maires est prévue pour le 10 juillet afin de répartir les fonds qu'ils ont obtenus par souscription. Au début du mois de septembre, voici comment s'établira cette répartition :

Ier	arrt :	7 492,32 F	pour	225	orphelins
IVe	" :	3 196,75 F	"	96	"
V[e]	" :	4 395,04 F	"	172	"
VIe	" :	8 091,81 F	"	243	"
VIIe	" :	8 324,85 F	"	250	"
VIIIe	" :	10 988,85 F	"	330	"
IXe	" :	12 653,75 F	"	380	"
X[e]	" :	16 649,65 F	"	500	"
XIe	" :	7 192,70 F	"	216	"
XIIe	" :	13 319,81 F	"	400	"
Maison de refuge	:	9 989,84 F	"	300	"
au total		102 295,37 F		3 112	orphelins secourus, soit en

moyenne, par orphelin, la faible donation de 32,87 francs qui ne permet vraiment pas une aide efficace.

Mgr de Quélen se préoccupe lui aussi de la détresse des enfants et crée l'Œuvre des orphelins de Saint-Vincent-de-Paul, où tous les emplois et charges seront remplis bénévolement. On attend MM. les curés pour dresser, dans chacune de leurs paroisses, la liste des orphelins du choléra, et des fidèles de toutes les classes pour apporter leur contribution (97). Pour donner l'exemple et en dépit des menaces,

* *Le Journal des débats*, 20 avril 1832.

l'archevêque de Paris monte en chaire à Saint-Roch le 28 décembre : son sermon désarme les plus hostiles et trente-trois mille francs tombent dans les corbeilles des quêteuses auxquels s'ajouteront trente mille francs le lendemain à Notre-Dame (47). Le comité de la Société israélite de secours et d'encouragement va pensionner également, dans la mesure de ses moyens, quelques orphelins. Les victimes de l'épidémie ne sont pas seules dans le besoin et on aurait tendance, en ces temps de maladie, à oublier les autres malheureux. Le comité en faveur des réfugiés polonais a sollicité les dames de bonne volonté et les artistes afin d'en obtenir des dons pour ouvrir une tombola. La loterie polonaise aurait rapporté une somme convenable.

On s'inquiète aussi tout spécialement de la santé des orphelins de Juillet, ceux dont les parents avaient succombé pour la bonne cause lors des Trois Glorieuses. M. Ymbert, maître des requêtes, avait été chargé, par une ordonnance royale du 25 août 1831, de veiller à leur bien-être. Il s'acquitte de sa tâche avec un zèle intempestif et presque injurieux lorsqu'il écrit aux médecins : « ... Lorsqu'une épidémie funeste envahit la capitale, il devient urgent d'environner les orphelins de précautions rassurantes et de secours éclairés * » Y aurait-il plusieurs façons de soigner selon que l'on est puissant ou misérable, entouré de parents ou seul au monde ?

Un incendie a ravagé dix-huit magasins à Bercy, dans la nuit du 3 au 4 mai, détruisant 1 400 pièces de vin dans l'entrepôt de MM. Jean Pardon et Cie, ce qui occasionne une perte de 140 000 francs, supportée par quelques marchands de vin de Paris. Alors, puisque l'on souscrit pour un buste et une statue en hommage à Cuvier, pour un monument funéraire à la mémoire de Perier, pour les indigents frappés du choléra, pour les enfants que laissent les victimes, pourquoi ne pas ouvrir une liste en faveur des débitants de boisson lésés dans leurs intérêts : c'est ce que l'on fait sur-le-champ à Bercy et chez divers notaires **.

Profiteurs, escrocs et charlatans ***

Au sein des pires calamités, il se trouve toujours des individus prêts à

* *Id.*, 13 avril 1832.

** *Id.*, 10 mai 1832.

*** Nombre des publicités ci-dessous énumérées figurent dans les journaux de l'époque. Nous n'avons pas jugé utile de donner la référence pour chacune d'elles.

tirer profit de la situation en abusant le plus souvent de la crédulité inquiète des pauvres gens. C'est au grand jour que le charlatanisme s'étale et les profiteurs font imprimer leur réclame sans la moindre honte. Il serait trop long de montrer du doigt chacun de ceux qui font fortune en ce moment grâce à l'angoisse que fait naître l'épidémie. Quelques exemples suffiront pour montrer jusqu'où la conjonction de la malhonnêteté et de la rouerie peut entraîner certains ; des méthodes apparemment les plus estimables jusqu'aux ficelles les plus grosses, tous les moyens sont bons pour s'enrichir.

Plusieurs pharmaciens, devant la demande massive de médicaments et surtout de préparation chlorurée, augmentent leur prix. Pour s'efforcer de calmer le marché, les autorités achètent une très grande quantité de chlore qu'elles vont revendre au prix coûtant mais en vain. Le camphre a triplé en quelques jours. Dès le 1er et le 2 avril, des publicités apparaissent pour vanter des sachets contre le choléra-morbus, sans indiquer ce qu'ils contiennent. Si les vendeurs veulent se signaler au public, qu'ils soient en même temps désignés comme profiteurs : Dublanc, pharmacien rue du Temple n° 139 — on rencontrera son nom plusieurs jours de suite ; Jutier, même profession, place de la Croix-Rouge, sans compter leurs nombreux confrères qui proposent des chlorures de chaux et chlorures de soude ! Le produit fait fureur : on trouve chez Flandin, marchand parfumeur, sis rue Richelieu n°61, en face de la Bibliothèque, une eau aromatique chlorurée qui serait efficace contre toutes les maladies contagieuses et jouirait de toutes les propriétés de l'eau de Cologne. On peut se procurer, chez Béchet jeune, libraire de la faculté de médecine, pour le prix modeste de cinq francs, un opuscule sur *L'Art de préparer les chlorures*. Mais le meilleur attrape-nigaud est dû à M. Esprit, pharmacien, Grande-Rue de Chaillot, n°42 ; il a imaginé de réunir, dans ses boîtes, tous les médicaments dont on conseille l'emploi en attendant l'arrivée du médecin. Il y joint un extrait de *L'Instruction populaire*, indiquant comment reconnaître la maladie et donner les premiers secours. La boîte la moins chère est à dix francs, la plus chère à quarante. Invoquer l'autorité de médecins célèbres pour affirmer le pouvoir de l'huile essentielle de menthe (anglaise), de camomille et de cajeput des Indes, faire venir ces produits d'une maison de Londres et réussir à les imposer à Paris n'est pas à la portée du premier venu. Offrir cinq cents flacons de vinaigre des quatre-voleurs comme produit désinfectant au bureau de bienfaisance du XIe arrondissement, c'est un acte généreux ; faire savoir qu'il provient de la maison

Maille, Robillard, Segond et Cie, cela devient de la réclame dont profite également M. Pochet-Desroches, le faïencier qui fournit les flacons gratis.

La commission sanitaire ayant recommandé l'usage des eaux filtrées, on va prôner la vente des filtres-charbon épurateurs (Ducommun, boulevard Poissonnière, n° 6) en spécifiant que la Société de médecine assure, grâce à leur emploi, « la santé et la vie ». Mais on peut aussi faire venir de Galinau, dans le duché de Nassau, une eau aux propriétés antiémétiques remarquables, la plus efficace du genre des « acidules carboniques, natroneuses et salées ». Certains grossistes proposent un choix d'eaux minérales gazeuses - Seltz, Galinau, Spa, Bussang, Pougues - et livrent à domicile. On peut suivre aussi l'exemple d'Oertel : comme il vit à Anspach, en Bavière, il n'a pas vu un cholérique de sa vie mais il affirme que, depuis plus de vingt ans, il « guérit les maladies les plus désespérées et les plus diverses avec de l'eau fraîche ». De l'eau fraîche toute simple et par tous les moyens : en boisson, en bains froids, en aspersions, en compresses sur le ventre, en pulvérisation dans la chambre. Oertel n'est pas un charlatan ; c'est, tout au plus, un illuminé.

La laine et la flanelle sont hors de prix et leurs propriétés sont vantées avec plus ou moins d'honnêteté. On trouve des « ceintures hygiéniques contre le choléra-morbus, confectionnées d'après les instructions du conseil supérieur de santé au Palais-Royal, 159, à Jean de Bourgogne ». Rien de très répréhensible dans cette annonce. Mais quand Mlle Simon, rue de la Sourdière, n° 21, affirme que ses ceintures à elle, « soit par leur forme, soit par la nature des substances dont elles sont imprégnées, doivent être préférées à toutes autres » le procédé frise l'escroquerie. Au coin de la rue du Temple et du Boulevard, on vend des ceintures de laine écarlate du plus bel effet mais pas plus efficaces que d'autres, non plus que celles confectionnées à la « fabrique des tissus simples imperméables gommés au caoutchouc », rue Notre-Dame-des-Victoires, n° 40. De pharmacien en bonnetier, on voyage dans le Paris de la prophylaxie. N'oublions pas le Bon Pasteur au carrefour de l'Odéon, n° 1, qui propose aussi des gilets et chaussons de flanelle.

De leur côté, les soyeux se défendent : « La soie et les drogues qui entrent dans les préparations qui servent à la teindre sont regardées comme un préservatif de cette maladie », déclare *L'Écho de la Fabrique* du 8 avril (113).

Les livres sur le choléra se multiplient. Il en sort des dizaines chaque semaine ; leurs auteurs ne s'enrichiront pas mais leur marchands y trouveront leur compte, sinon pourquoi la librairie universelle, ancienne et moderne de Bohaire, boulevard des Italiens, n° 10, au coin de la rue Laffitte, annoncerait-elle qu'elle possède tous les bons titres sur le sujet ?

Boire du thé préserve, paraît-il, de l'épidémie. Il en irait de même de « l'usage habituel du café de santé et du café chocolat rafraîchissant (breveté). Voyez l'avis sanitaire en lecture dans tous les cabinets littéraires et il se distribue gratis à la maison générale, rue Beauregard, n° 6 ». Le docteur Baud préconise même ce fameux café en cataplasmes sur l'estomac. Debauve et Gallais, les chocolatiers de la rue des Saints-Pères, s'autorisent des recommandations du corps médical pour vanter les mérites de leurs chocolats hygiéniques. Que ne vendrait-on pas au nom du choléra ? Les oranges sont employées dans son traitement. Voici qui convient parfaitement à M. Poisson, rue du Roule, n° 11, qui trouvant les fruits trop chers et de mauvaise qualité, préconise « son excellent sirop d'oranges rouges » qui fait tout aussi bien : 2 et 4 francs la bouteille !

L'adjectif « propre » et le nom « choléra » sont antinomiques. Au nom de la propreté, il faut donc préférer le « pain à la mécanique ». Selon le même principe, Taffin, faubourg du Temple, n° 17, désinfectera toute literie avec des vapeurs chlorurées. Ce bienfaiteur, trop longtemps ignoré, » ayant jusqu'à ce jour négligé tous moyens de publicité, croit devoir, en la circonstance présente, faire connaître au public tous les avantages de son procédé ». Il faut aussi changer souvent les vêtements de dessous mais le lavage ordinaire à l'eau et au savon ne les nettoie pas complètement et les fait rétrécir. Il vaut mieux les confier « aux établissements de teinture et de nettoyage du Grand-Saint-Maurice, rue du Roule, n° 21, près le Pont-Neuf, où on les nettoie à fond en quarante-huit heures ; ils sont foulés et passés au souffre *(sic)*... »

Il faut transpirer, dit-on, lorsqu'on est pris : cela fait partie des instructions élémentaires. On doit donc s'attendre à voir fleurir des brevets divers et des appareils de tout genre destinés à provoquer la sudation. Voici l'exemple d'un médecin qui ose proposer, dans *Le Journal des débats* du 21 avril, un « bain de vapeur, simple, commode et portatif, aromatique et sulfureux, de l'invention du capitaine Jekill, de la marine royale de Londres. Se trouve chez Deleuil, médecin breveté, seul dépositaire du modèle, rue Dauphine, 24, en face de la rue du Pont-de-Lodi. Ce bain, le plus commode qui ait été mis en usage pour guérir toutes sortes de maladies, telles que goutte, rhumatismes, maladies de la peau, a été essayé avec succès par son auteur pour guérir les maladies pestilentielles et particulièrement le choléra-morbus ». Suit une démonstration de l'effet thérapeutique de l'engin qui peut être considérée comme un des plus beaux morceaux de jargon charlatanesque et vaut d'être citée : « Si l'on considère que la transpiration est le remède le plus efficace et le plus prompt pour guérir le choléra-morbus, comme le prouve le docteur Huçelli, médecin au service de la Russie, qui n'a employé qu'un bain de vapeur imparfait, et a sauvé malgré cela 90 malades sur 100 par ce seul moyen, et encore, dit-il, ceux qui n'ont pas été guéris se sont présentés trop tard, il est bon de faire connaître que l'auteur de cet appareil, le docteur Jekill, s'est sauvé lui-même, avec son bain, du choléra. Un grand nombre de marins en pleine mer et attaqués de la fièvre jaune, ayant fait usage du même appareil, se sont trouvés soulagés comme par enchantement... » Après une foule d'autres considérations tout aussi mensongères suit une longue description de l'étuve qui justifie enfin son prix de deux cents francs si la chaudière est en cuivre, mais que l'on peut réduire à trente francs en utilisant des matériaux moins nobles.

Les lieux bas et humides étant propices au choléra et les lieux élevés en étant préservés, une bonne dame genevoise, animée d'un élan de générosité envers l'humanité souffrante, Mme Girardier, maison Moulinié, n° 31, à la Cité Genève, fait le sacrifice de se retirer au village de Saint-Gervais-les-Bains, en Savoie, près du mont Blanc et offre « quelques logements et la pension alimentaire aux personnes qui, craignant [la] funeste épidémie, désirent y échapper ». Pour la dédommager de ses frais, ce qui est bien naturel, elle ne demande que trois cents francs par mois et même seulement deux cent cinquante francs si l'on prend pour deux mois. Mais il faut s'inscrire impérativement avant la fin avril.

Inquiète de l'exploitation de la crédulité publique, la Commission centrale de salubrité adresse aux rédacteurs de journaux une lettre qui est publiée le 6 avril, par laquelle elle leur demande de refuser l'insertion de toute annonce de médicament qui n'aurait pas la sanction du gouvernement. Il faut reconnaître que, ce même jour, la page publicitaire reste vierge de tout placard. Dès le lendemain, la parution des réclames abusives reprend au même rythme.

Les escrocs œuvrent maintenant à visage découvert. « Duboc, Jacques-Amable, chimiste et pharmacien, 52, rue de la Roquette, débite avec le sirop d'or, l'Eau des saints Pères du désert et le Baume d'Islande, l'Eau salutaire concentrée anticholérique... Il en a délivré à des baronnes, à des vicomtesses, au personnel du château des Tuileries, soit six mille personnes qui ont consommé six cents flacons et sont demeurées indemnes... » (47), « Les dragées égyptiennes » tiennent le ventre libre, fortifient l'estomac, calment les douleurs de goutte et de rhumatisme et préviennent l'apoplexie. Elles sont, bien sûr, préventives contre le choléra. Cinq francs la boîte et trois francs la demie chez certains pharmaciens qui donnent leurs noms. Des contrefaçons apparaissent qui suscitent des disputes entre charlatans. Il faut savoir que « le dépôt général du comestible oriental — si efficace en ces temps d'épidémie — est chez le sieur Bourlet d'Amboise, ex-officier de l'empereur des Turcs, seul importateur. Tout flacon qui ne serait pas signé et scellé de son cachet turc qui a été contrefait par les sieurs Hulot, ex-notaire, et Guérin, pharmacien, contenant des substances qui ne sont pas les siennes, et le prospectus pour le racahout que ces contrefacteurs font circuler est fait avec des pièces et titres honorifiques appartenant au sieur Bourlet, propriétaire du dépôt des Potages orientaux, aux armes ottomanes, rue des Fossés-Montmartre, n° 19 ».

Si l'administration n'a pas de prise réelle sur les journaux qui sont prêts à accueillir la moindre source de profit, elle sanctionne du moins le commerce illicite. Pendant le seul mois d'avril, « trente à quarante personnes ont été traduites en police correctionnelle pour vente de remèdes non autorisés ou pour avoir vendu des médicaments sans avoir la qualité de pharmacien * ».

Il n'y a pas de petits bénéfices, dit-on parfois par périphrase. C'est ce que pense sans doute la « Compagnie royale d'assurances sur la vie » qui fait savoir, en gros caractères, que, malgré l'épidémie régnante, elle n'augmentera pas ses primes. Gageons qu'elle espère bien se rattraper en accroissant le nombre de ses assurés. Elle multiplie ses annonces et indique, toujours pour confirmer son sérieux, que le président honoraire de son conseil d'administration est le banquier Laffitte et le président en titre, Casimir Perier lui-même, lequel, assuré ou non, à sa propre compagnie, est en train d'agoniser. L'Union, rue Grange-Batelière, n° 1, pour ne pas être en reste d'altruisme, décide également de maintenir au même tarif ses primes d'assurance sur la vie. « Ainsi, dit-elle pour attirer la clientèle, les

* *Le Journal des débats,* 24 mai 1832.

craintes que peut inspirer cette maladie seront adoucies par la certitude que tout homme peut acquérir, moyennant une prime modique, de laisser un capital, en cas de mort, à sa veuve et à ses enfants. »

Enfin, il y a les vrais voleurs, non pas seulement les boulangers qui fraudent sur le poids du pain — ceux-là sont de tous les temps et les tribunaux ont la main lourde, amende et peines de prison — mais surtout ceux qui, sans pitié pour les cholériques, abusent de leur détresse. Les infirmiers bénévoles ou presque — dix francs par mois — de l'Hôtel-Dieu, parvenus eux-mêmes au dernier degré de la misère, songent plus à se chauffer et à détrousser les malades qu'à leur apporter des soins. Magendie a dû en chasser plusieurs de son service. On dit même qu'il rôde des prostituées dans les salles, à la recherche de tout ce qui peut encore traîner dans les vêtements (80). Broussais a observé la même filouterie dans sa clientèle privée chez des gardes-malades peu scrupuleux, soucieux surtout de s'empiffrer et de voler quelque argent chez leurs clients (32).

En somme, si l'on rencontre des cœurs purs que remplit un dévouement sans réserve ou des gens bien intentionnés mais heureux de le faire savoir, l'épidémie a aussi démasqué une canaille aux appétits sordides qui espère en sa prolongation pour satisfaire ses intérêts.

7.

De l'épidémie à l'émeute

Mort de Lamarque et rumeurs d'émeute

Le 13 avril, la presse officielle annonce, en un communiqué laconique, que « M. le général Lamarque est malade du choléra ». La nouvelle inquiète fort les milieux républicains dont il est le porte-drapeau. Maximilien, général comte Lamarque, est en effet député des Landes où il est né, à Saint-Sever en 1770 ; il siège à la Chambre entre la gauche et l'extrême gauche ; lorsqu'il monte à la tribune, même ses adversaires les plus acharnés font silence en raison de l'estime qu'ils ne peuvent s'empêcher de lui porter et de l'éclat de son talent d'orateur. Les humbles aiment en lui leur défenseur et la foule se rappelle avec émotion ses faits de gloire : l'assaut de l'île de Caprée, réputée imprenable, où Hudson Lowe dut capituler, la Calabre, le Tyrol, Wagram où il défit les Autrichiens. L'homme conserve au fond de son cœur la haine de Wellington dont il a étudié la tactique et contre qui il brûle de se mesurer à nouveau pour venger la défaite de Waterloo. Rêve impossible ! Il conservera toute sa vie la rancœur du prix payé pour le retour des Bourbons : « La paix de 1815 n'est pas une paix ; c'est une halte dans la boue. » De Sainte-Hélène, l'Empereur l'avait désigné avec Gérard et Drouet d'Erlon pour être nommé maréchal de France : par la mauvaise volonté de Louis-Philippe, Lamarque n'est encore que général. Pendant de longues semaines, ses amis seront partagés entre la crainte et l'espoir que suscitent des périodes d'amélioration et de rechute alarmante. « Je n'ai pas assez fait pour la France », dit-il dans ses moments de lucidité. A Broussais et Lisfranc, ses médecins et amis, il ne cache pas son pessimisme car, dès les premiers jours, ils pressent qu'il est condamné. Au plus profond du désespoir, il s'est fait apporter l'épée d'honneur que lui avaient décernée les officiers des Cent-jours : « Ils me l'avaient donnée pour que je m'en servisse et je ne m'en servirai pas ! » Après avoir répété à trois reprises : « Honneur ! Patrie ! » le 1er juin à onze heures et demie du soir, le général Lamarque entre dans la légende (34, 49, 64 c).

Mais, avant l'inhumation, une formalité reste à accomplir, l'autopsie. Le dimanche 3 juin, à huit heures et demie du matin, le docteur Boyer y procède dans l'appartement même du général, en l'hôtel de Choiseul, rue Saint-Honoré, en présence de la fine fleur de la médecine parisienne : Broussais, Lisfranc, Larrey, Fouquier, Renaudin, Spurzheim, Cornac, Wolowsky, Fournerel, Casimir Broussais, Montain de Lyon, Gobert, Lacorbière, Caron du Villard, Lespès, Troncin et Ricord. Il n'aura pas fallu moins de dix-huit sommités pour rédiger un procès verbal où il est surtout question de lésions gastro-intestinales avec arborescences vasculaires, piqueté hémorragique, matière gélatiniforme sanguinolente, en somme les lésions du choléra que l'on avait déjà vues chez Perier *. Mais qui songerait à s'offusquer d'une telle pratique lorsqu'il s'agit de connaître la cause réelle du décès d'un homme de premier plan ? Où les mœurs médicales deviennent critiquables, c'est lorsqu'elles aboutissent à des excès comme ceux que soulève la passion récente pour la phrénologie. On peut ressentir comme une profanation des restes du député sa décapitation et l'envoi de sa tête aux fins d'étude à la Société phrénologique : Appert, lui-même, qui préside les séances de cette association soi-disant scientifique, en est offusqué ; il le sera bien davantage encore en apprenant que, dans le cercueil de Lamarque, c'est la tête d'un autre individu qui surmontera le corps (18). Mais tout cela n'est sans doute qu'une histoire car Alexandre Dumas a défilé le matin même des obsèques devant le lit de parade où, dit-il, « le général, en grand uniforme, était couché sur son lit et avait la main gantée sur son épée nue ; sa tête était belle et sa dignité s'était accrue de la majesté de la mort ». Qui faut-il croire ? (49).

« Une fois l'orage épidémique apaisé, les passions révolutionnaires s'éveilleront », disait un bulletin de police du 23 avril (111). Or, le 31 mai, le *Bulletin officiel sanitaire* donne 9 malades décédés du choléra dans les hôpitaux et 5 à domicile soit 9 de moins que la veille. Il y a loin de ces chiffres aux 356 décès avoués du 9 avril et l'on a vrai-

* *La Gazette médicale*, 9 juin 1832.

ment l'impression que l'épidémie s'éteint. Pourtant, la période exceptionnelle que les Parisiens viennent de vivre a modifié leur comportement et nous avons déjà vu se réveiller, par instants, « les fureurs les plus primitives de l'existence individuelle et collective » (40) conditionnées par la lutte quotidienne pour la vie.

Le malaise social persiste, l'agitation politique redouble : Paris, guéri du choléra, va tomber malade de l'émeute. Il va connaître « la crise la plus extraordinaire, peut-être, dont il soit fait mention dans l'histoire », déclarera Louis Blanc (76). Le marasme économique qui paralysait le pays depuis la Révolution de Juillet 1830 s'était atténué et, dès février 1832, on se reprenait à espérer. Les industriels, dont les fabriques n'avaient cessé de produire, ne fût-ce qu'au ralenti, pour éviter le chômage total, allaient enfin pouvoir écouler leurs stocks et réembaucher. L'épidémie donna un coup d'arrêt à la reprise et les ouvriers retombèrent dans leur misère. D'événement en événement — révolte des canuts, soulèvement des chiffonniers, accusations d'empoisonnement — le malheur qui les accable finit par les rapprocher. Premiers atteints, assistant impuissants à la fuite des riches, perdant souvent par là même leur emploi, ils ressentent l'épidémie comme une malédiction dirigée contre eux. En même temps qu'elle réalise leur unité, elle les jette dans les bras des républicains qui avaient d'ailleurs fait le nécessaire pour attiser leur mécontentement et les attirer vers eux. Ce parti vient enfin de réaliser quel puissant moyen d'action lui offre cette classe méprisée où la honte engendre la colère qu'ils n'auront qu'à soulever puis, au besoin, à canaliser (50). Il suffit aussi de lire l'évaluation de la somme des produits du sol et de toutes les industries en France et sa répartition selon les classes d'individus pour y voir, dans l'inégalité des revenus, une des causes importantes de la révolte qui gronde. Émile de Girardin estime le total des revenus généraux avant le prélèvement de l'impôt, des octrois, etc., à 6 396 789 000 francs *.

Avec une distribution équitable, chaque sujet percevrait 198,33 francs par an soit 54 centimes par jour. Or en divisant la population en 12 catégories, on obtient les résultats suivants :

* *Le Journal des débats,* 22 mai 1832.

CLASSES	NOMBRE D'INDIVIDUS	REVENU TOTAL	PAR TÊTE ET PAR AN	PAR TÊTE ET PAR AN
1	152 000	608 000 000	4 000	10,96
2	150 000	375 000 000	2 500	6,85
3	150 000	150 000 000	1 000	2,74
4	400 000	240 000 000	600	1,64
5	400 000	160 000 000	400	1,10
6	1 000 000	350 000 000	350	0,96
7	2 000 000	600 000 000	300	0,82
8	2 000 000	500 000 000	250	0,69
9	3 500 000	700 000 000	200	0,55
10	7 500 000	1 125 000 000	150	0,41
11	7 500 000	900 000 000	120	0,33
12	7 500 000	688 789 000	91,84	0,25
Total :	32 252 000	6 396 789 000		

Les six premières classes que l'on peut qualifier d'aisées ne représentent que 2 252 000 individus ; les six dernières, pauvres ou même misérables, en totalisent 30 000 000. Tout commentaire serait inutile.

Les légitimistes sont divisés en deux tendances : l'une, exprimée par *La Gazette de France,* qui voudrait le retour des Bourbons par des moyens légaux, c'est-à-dire par une action sur les idées, l'autre, prônée par *La Quotidienne,* qui préférerait avoir recours à la violence. *La Gazette de France* a beau jeu de démontrer aux républicains la vanité de leurs soulèvements et de leurs complots, à Lyon, à Grenoble, à Paris, toujours écrasés : une union parlementaire serait plus efficace pour renverser le régime. Il s'en faut de peu que ne s'amorce une collusion entre carlistes et républicains. Ces derniers, d'ailleurs, par l'intermédiaire de *La Tribune,* conseillent en retour aux légitimistes de cesser leurs actions inutiles dans le Maine et la Vendée pour venir les épauler à Paris où pourrait véritablement se jouer l'avenir du pays (53). Le bas Maine et le Maine angevin se soulèvent trop tôt, le 23 mai ; l'Ille-et-Vilaine le 28 alors que les deux premiers sont déjà matés ; défaite à son tour, elle passe le flambeau à la Vendée qui tombe entre le 4 et le 7 juin. Il était temps, car une concertation de tous les insurgés royalistes de l'Ouest et des républicains de Paris eût risqué d'être fatale pour la monarchie de Juillet.

Dès le 5 mai, la fièvre s'empare du corps républicain. Prenant prétexte de l'anniversaire de la mort de l'Empereur, il appelle secrètement ses adeptes à se rendre place Vendôme pour y déposer des couronnes d'immortelles : qu'importe le souvenir de Napoléon, seul compte le geste hostile envers Louis-Philippe. Gisquet, avisé du complot, fait quadriller la place par des agents de la force publique. En dépit de ces précautions, des cris séditieux s'élèvent dans la soirée, des bousculades affolent le peuple venu en curieux, des coups de feu partent. Trois hommes sont arrêtés qui seront condamnés à de lourdes peines de travaux forcés (53).

On se rappelle qu'Évariste Galois, mathématicien de génie à 21 ans, avait été à nouveau emprisonné à Sainte-Pélagie le 23 octobre 1831 pour menées antigouvernementales. L'épidémie étant venue, on l'avait transféré dans une maison de santé où le règlement autorisait quelques libertés. C'est ainsi qu'il se lia, pour son malheur, à une jeune personne dont l'infidélité et les amours turbulentes furent cause d'un duel entre Évariste et un inconnu, sans doute un galant. Le 30 mai, au petit jour, Galois est grièvement blessé ; le 31, il meurt à Cochin. Le 1er juin, les membres de la Société des amis du peuple, dont il était un des affiliés les plus actifs, tentent de se réunir dans leur local de la rue Saint-André-des-Arts après en avoir brisé les scellés posés par la police : il s'agit de fomenter des troubles lors du convoi de leur ami. Mais la mort du général Lamarque leur fournit à point une occasion plus solennelle et c'est, dans le calme pour lui retrouvé, que le corps d'un de nos plus grands mathématiciens sera jeté dans la fosse commune du cimetière Montparnasse (108).

Le 4 juin, alors que la famille en pleurs prépare les funérailles du héros disparu, aussi dignement que le permet le tribut modeste du gouvernement, la révolte républicaine s'organise. « Un sieur O'Reilly, chef de la Société des réclamants de Juillet, fait remettre six mille pierres à fusil, six cent cinquante épinglettes et trente-six douzaines de cocardes républicaines pour être distribuées aux combattants ; il donne des instructions à des hommes pour le lendemain, les forme en décuries, centuries et légions de cinq cents, désigne les commandants » (53). D'autres sociétés prennent des dispositions semblables ; la Société gauloise, la Société Aide-toi, celle de l'Union, celle pour l'Instruction libre et gratuite du peuple et, bien sûr, la Société des amis du peuple. Chacune a son point de ralliement. Même l'artillerie de la garde nationale qui avait été dissoute en raison de ses opinions politiques va se retrouver en uniforme et armée sur la place du Palais-Royal. La famille a chargé Alexandre Dumas — du moins le dit-il — de désigner la place qu'occuperait précisément cette artillerie dans le cortège (49). La fièvre monte et les carlistes profiteraient bien de la situation ; les bonapartistes également. Mais l'opposition parlementaire ne suit pas. Malgré un texte violent inspiré par Odilon Barrot et signé chez Laffitte le 28 mai (« La Restauration et la Révolution sont en présence ; la vieille lutte que nous avons crue terminée recommence... »), les chefs se refusent à prendre la tête de l'insurrection (65). Carrel, directeur du *National*, ne veut pas soutenir l'émeute, et Cavaignac reste sur une réserve prudente. Bien plus, Laffitte, à qui l'on vient de proposer de se rendre à l'Hôtel de Ville avec La Fayette, repousse la proposition. Un autre gouvernement, soit ! mais pas un autre régime ! Il s'en va avertir le roi que l'explosion est proche, pour demain, et qu'il serait bon d'éviter les provocations (74).

Gouverner c'est prévoir, dit-on. Le gouvernement avait pressenti qu'à l'occasion du choléra une fermentation sociale attisée par les politiques de tous bords pouvait éclater ; il avait fait voter, dès le 8 avril, par la Chambre majoritaire, un crédit extraordinaire de « dépenses secrètes » de 1 500 000 francs. Ces fonds vont à présent se révéler utiles. Il y a aussi la garde nationale, toujours en alerte. Ces bourgeois en robe de chambre et chancelière n'attendent qu'une convocation pour endosser leur uniforme bleu et leur pantalon blanc, coiffer le bonnet d'ourson ou le shako et mettre la baïonnette au canon. Comme tous sont tenus de payer leur uniforme et leur armement, ce sont les plus riches qui font partie de la légion à cheval. Le service est bénévole et obligatoire, mais il est considéré comme un privilège, aussi personne ne rechigne. Ne peuvent entrer dans cette milice que les hommes imposés à la contribution personnelle : c'est assez dire que la garde nationale aura à cœur de défendre les intérêts de sa caste, la classe moyenne et, par là même, ceux de la monarchie de Juillet (37, 44). Seuls les plus hauts grades dépendent directement de la couronne ; pour les autres officiers et sous-officiers, ils sont élus par les soldats ; toutefois, si le roi n'intervient ni dans leur nomination ni dans leur avancement, il peut les suspendre (71).

Ainsi encadrée, la garde nationale va jouer, dans les deux jours qui viennent, un rôle de tout premier plan et le régime lui devra sans doute, pour une bonne part, d'avoir échappé à la déroute.

Dans la soirée du 4 juin, si l'effervescence est grande dans les rangs des républicains, elle ne l'est pas moins au ministère de l'Intérieur où Montalivet et Gisquet préparent eux aussi leur plan de bataille. Les régiments en garnison à Paris et en banlieue sont consignés ; la garde municipale occupe les points stratégiques et notamment le pont d'Austerlitz où les émeutiers ont prévu de dévier le char funèbre vers le Panthéon ; inspecteurs de police et sergents de ville occupent les rues latérales aux Boulevards et celles proches de la place Vendôme. Enfin le maréchal Lobau est averti d'avoir à diriger la garde nationale là où le besoin s'en ferait sentir (53).

Les adversaires sont prêts quand le matin du 5 juin se lève.

Obsèques de Lamarque. L'espoir des républicains *

Vers huit heures, on estime à plus de trois mille personnes la foule qui encombre les abords de la maison mortuaire, le long de la rue Saint-Honoré ; de minute en minute, elle s'enfle, déborde dans la rue de Rivoli et s'étale comme une marée sur la place de la Madeleine et la place de la Concorde. A onze heure, sur un roulement de tambour, voici qu'apparaît le cercueil sous le grand porche drapé de noir ; les éléments du cortège se mettent en place tandis que trente jeunes gens se saisissent des cordages destinés à tirer le catafalque. La chaleur est étouffante, de lourds nuages sombres roulent dans le ciel. Le convoi ne s'est pas ébranlé que déjà des sergents de ville, de faction aux alentours, sont prêts à partir et n'ont que le temps de se précipiter dans les Tuileries dont ils bouclent les grilles. Quatre escadrons de carabiniers surveillent la place de la Concorde où règne un calme relatif. Le gouvernement a pris ses précautions : à la place de la Bastille, le 12e léger attend le cortège ; la garde municipale protège le Jardin des plantes et est aussi échelonnée entre la préfecture de police et le Panthéon ; un escadron de dragons couvre la place de Grève et la caserne des Célestins est en alerte. Avec les 18 000 hommes de la ligne 4 400 cavaliers et 2 000 gardes municipaux, c'est à 24 000 hommes de troupe que les républicains vont lancer leur défi. Mais le temps n'en est pas encore venu. A onze heures trente, tiré à bras d'hommes, le corbillard s'ébranle.

Les cordons du poêle sont tenus par des amis ou sympathisants ; le vieux général La Fayette à qui vient en aide le bras d'un homme du peuple décoré de Juillet ; Laffitte, ex-président du Conseil, avec Châtelain du *Courrier français* (organe libéral) ; le maréchal comte Clauzel, dont les opinions sont orientées vers la gauche, avec le général Petit ;

* La plupart des fait rapportés dans ce chapitre et dans le suivant sont développés dans les *Mémoires* d'Alexandre Dumas, les *Mémoires* de Gisquet, l'*Histoire de dix ans* de Louis Blanc et *Le Journal des débats* de juin 1832.

enfin Manguin avec un élève de l'École polytechnique où règne l'idéal républicain.

L'orage éclate ; la pluie tombe à torrents et c'est une suite sans panache qui se met en route, uniformes détrempés, collés aux corps par l'averse, les pieds pataugeant dans la boue. En tête de la cohorte, à quelques pas derrière le catafalque, M. de Laborde, questeur de la Chambre, précédé de deux huissiers et accompagné de MM. Cabet et Laboissière, commissaires du convoi. Suivent des députés et des généraux parmi lesquels un Portugais et deux Polonais. Ils précèdent les proscrits de toutes nations que l'on reconnaît à leurs étendards. Cette partie du défilé est flanquée par deux bataillons qui avancent en file, le fusil renversé.

Malgré l'interdiction qui leur en avait été faite, six cents artilleurs de la garde nationale, vêtus de leur tenue sévère, armés jusqu'aux dents, forment la suite du cortège. Leur présence même et leur air farouche ont de quoi inquiéter. En contrepartie, les dix mille gardes nationaux qui suivent, sans leur fusil, portant seulement leur sabre, ont un aspect plus rassurant. Mais à nouveau, comme par une sorte d'alternance, voici la menace, les membres des sociétés secrètes, surtout ceux de la Société des amis du peuple et quelques individus qui crient « Vive la République ! A bas Louis-Philippe ! A bas la poire molle ! » Dans ce groupe, parsemé d'agitateurs, marchent aussi les ouvriers que l'on voit pour la première fois en corporation avec leurs bannières : « Les teinturiers au général Lamarque. Liberté, Ordre public » ; « Les imprimeurs au général Lamarque, défenseur de la liberté de la presse » ; puis la corporation des brasseurs et celle des chapeliers (50). Chacun répète le mot d'ordre : ne pas ouvrir le feu mais riposter si la troupe attaque. Avec un tel état d'esprit, la plus mince des provocations risque de déclencher un massacre.

Enfin, fermant la marche, trente à cinquante mille citoyens sont venus en curieux ou pour rendre un dernier hommage à celui qui, toujours, avait eu souci des plus démunis.

Par la rue Neuve-du-Luxembourg * on se dirige vers la Madeleine pour prendre ensuite les Boulevards. Nul brouhaha ; seulement le grincement des roues du char et le martèlement des pieds sur les pavés ; dans ce silence relatif, de temps en temps, sur un signal, un seul cri sorti de milliers de poitrines : « Honneur au général Lamarque » fait frissonner les badauds massés de chaque côté de la chaus-

* Actuellement rue Cambon.

sée. Paris regarde, poussé par la curiosité, mais il a peur : les magasins sont fermés et les volets sont clos ou à peine entrouverts. Spectacle formidable que celui de ce long défilé, hérissé de drapeaux, de branches de chêne et de laurier, de bannières, de banderoles, fouetté par les bouffées de pluie tiède, où, aux battements des tambours voilés répondent les grondements rapprochés du tonnerre.

Au bout de trois quarts d'heure, alors qu'on est à peine parvenu à l'entrée de la rue de la Paix, les jeunes gens qui tirent le corbillard l'entraînent vers la place Vendôme, itinéraire imprévu, et lui font faire trois fois le tour de la colonne, laquelle, surmontée d'une énorme fleur de lys, ne symbolise plus guère l'Empereur ni ses conquêtes. Mais les républicains n'y regardent pas de si près ; on mélange les régimes et on les accapare. On ne sait trop si l'on vient honorer Napoléon ou Lamarque, mais on contrarie le gouvernement et c'est bien l'essentiel. Au poste de garde de l'état-major, tous les militaires se sont enfermés en voyant arriver le flot, mais, sur les sommations hurlées de « Les honneurs au général Lamarque ! » le peloton s'empresse de sortir et vient présenter les armes. Le pire a été évité car les Tuileries sont proches. On regagne le boulevard des Italiens où tout se passe sans incident jusqu'à l'angle de la rue de Choiseul. Là, sur la terrasse du club des étrangers, les membres du cercle, gens courtois mais aussi impressionnés, retirent leur chapeau au passage du corbillard. Seul, le duc de Fitz-James reste couvert, ce qui provoque les imprécations de la foule ; aux injures succèdent des jets de pierres ; les chaises du café Tortoni volent dans les vitres ; des hommes pénètrent dans le club, brisent les glaces ; le duc parvient à s'échapper (19). On pensera plus tard que ce geste, apparemment incompréhensible de la part d'un personnage aussi civil, était un signal que devaient interpréter des partisans de la duchesse de Berry.

Pour le moment, le cortège, apaisé, repart ; il a cessé de pleuvoir mais le ciel reste chargé et il tonne toujours. Devant le théâtre de la Porte-Saint-Martin, un homme, s'avisant qu'une branche de saule, symbole de deuil, conviendrait mieux à la hampe que le coq gaulois qui la surmonte, renverse le drapeau qui traîne dans la fange et écrase le coq à coups de talon. Indigné, un sergent de ville se précipite ; une rixe s'engage ; il tire son épée et blesse l'homme à la gorge. C'est miracle si la foule ne l'écharpe pas car il parvient à se fondre dans les rangs des artilleurs. D'ailleurs, tout le long du trajet, les agents, placés dans les rues transversales pour arrêter la circulation des voitures, sont en butte à des attaques ; certains sont assommés ; beaucoup arrivent à la préfecture, blessés, les vêtements en lambeaux pour rendre compte. L'insurrection tâte le terrain sur les flancs. Au fur et à mesure que le convoi avance, l'atmosphère se fait plus lourde, les cris de « Honneur au général Lamarque » retentissent de plus en plus souvent, la dignité du deuil s'estompe et les funérailles tournent à la manifestation de masse. Au boulevard Saint-Antoine, une troupe de cinq à six cents hommes, aux manches retroussées, armés de gourdins, pénètre en force entre les réfugiés et l'artillerie. On arrache les tuteurs des arbres récemment replantés : ils pourront servir d'épieux.

Sur la place de la Bastille, le 12e de ligne sur lequel on comptait pour maintenir l'ordre dans ce secteur, passe, avec son capitaine, du côté des manifestants. « Honneur au général Lamarque ! » ; « La ligne est avec nous. » Les esprits s'enflamment : c'est comme si toutes les troupes avaient basculé, comme si le trône était déjà renversé. Et voici qu'arrive, en renfort, l'École polytechnique ou, tout au moins, soixante de ses élèves. Ils se jettent dans les bras des artilleurs. On s'embrasse, la *Marseillaise* éclate ! Dans le sillon du convoi beaucoup voient se lever l'espoir de la république et c'est aux accents du chant révolutionnaire que le char funèbre va parcourir le boulevard Bourdon pour parvenir au lieu de dispersion, c'est-à-dire à l'entrée du pont d'Austerlitz. Il doit, auparavant, au bout du boulevard Bourdon, prendre un petit pont étroit qui enjambe le canal Saint-Martin. C'est là que les émeutiers avaient prévu d'engager les hostilités mais la troupe, avertie, veille.

A trois heures de l'après-midi, tout le cortège est enfin rassemblé devant ce pont d'Austerlitz où se dresse une estrade. Lepelletier, ami du défunt, ouvre la série des éloges funèbres par un panégyrique mesuré ; La Fayette lui succède, puis Manguin, puis le maréchal Clauzel qui rappelle surtout la gloire militaire du défunt ; enfin les généraux étrangers Saldanha et Sercognani ajoutent quelques paroles d'adieu. Mais c'en est fini du silence respectueux de la matinée. L'assistance est houleuse ; bien peu écoutent les discours, trop occupés à tendre l'oreille aux rumeurs qui circulent : « On se bat à l'Hôtel de Ville ! Un général vient de se déclarer contre Louis-Philippe ! Les troupes sont soulevées ! On marche sur les Tuileries ! » Les réfugiés s'approchent du cercueil et le recouvrent de leurs bannières : voici Lamarque, général d'Empire, député français, enseveli sous les couleurs portugaises, polonaises et même sous l'emblème noir, rouge et or de l'Union allemande.

Tout à coup, écartant péniblement la cohue avec le poitrail de son cheval, surgit un jeune homme vêtu de noir et qui brandit un étendard rouge où se détachent en gros caractères ces mots : « La liberté ou la mort ». Un autre drapeau rouge surmonté d'un bonnet phrygien s'élève de la foule. Retrouvé, arrêté, l'homme, Jean-Baptiste Peyron, sera condamné à un mois de prison. Mais son apparition a, sans nul doute, desservi l'opposition. A peine l'a-t-il entrevu que le général Exelmans, d'une voix forte, s'écrie : « Pas de drapeau rouge ! C'est le drapeau de la terreur. Nous ne voulons que le drapeau tricolore : c'est celui de la gloire et de la liberté ! » Louis Blanc lui-même écrira, quelques années plus tard : « C'était le souvenir de 93 qu'on faisait revivre aux yeux de la bourgeoisie. L'indignation fut grande chez les républicains dont cette apparition effrayante tendait à calomnier les doctrines. » La garde nationale, les artilleurs exceptés, se trouve du même coup consolidée et ceux qui sympathisaient avec certaines idées de l'opposition retrouvent leur fermeté. Le ministre de l'Intérieur, Montalivet, sera écouté lorsqu'il lancera sa proclamation : « Habitants de Paris, vous vous souvenez de l'essai de république qui a décimé vos familles ; la république est restée la terreur des bons, parce qu'elle fut le signe des méchants... La révolte s'est montrée sous un emblème digne d'elle, sous un drapeau rouge, opposé à notre généreux drapeau tricolore. »

Alors qu'un étudiant profère une harangue enflammée, Arago s'élance sur l'estrade, lui coupe la parole et tente de reprendre en main ses partisans : « Assez de discours comme cela ! Quelques mots doivent suffire et les voici : c'est au cri de "Vive la république !" que le général Lamarque a commencé sa carrière militaire, c'est au cri de "Vive la république !" qu'il faut accompagner ses cendres... »

Au même moment, sur la demande de Gisquet, le colonel du 6e dragon, caserné aux Célestins, envoie une colonne forte de deux cents hommes sur le boulevard Bourdon. Les ordres sont de chevaucher sans hostilité, pistolets dans les fontes, fusils aux porte-crosses et de s'arrêter à deux cents pas de la cohorte. C'est à cet instant que La Fayette, plus mort que vif, est hissé dans un fiacre par des individus qui veulent l'entraîner de force à l'Hôtel de Ville ; on dételle les chevaux et c'est encore à bras d'hommes que la voiture est tirée ; les dragons s'écartent pour la laisser passer ; un des assaillants aurait alors proposé de jeter l'attelage dans la Seine pour faire croire à un crime des partisans du gouvernement : c'est du moins l'intéressé qui le dira plus tard. En fait on ne sait comment il réussira, rue d'Anjou-Saint-

Honoré, à fausser compagnie à ses zélateurs vraiment trop déguenillés pour faire de bons républicains.

Les dragons du boulevard Morland sont maintenant en fort mauvaise posture : devant eux, une barricade ; à leur gauche, une palissade qui longe les Greniers d'abondance et derrière laquelle partent des coups de fusil ; à leur droite, la Seine et les chantiers de l'île Louviers, garnis aussi d'attaquants. Dans la confusion, des hommes se glissent sous le ventre des chevaux qu'ils étripent d'un coup de surin. Un officier ainsi que plusieurs sous-officiers et soldats sont blessés, des chevaux agonisent ; malgré ces attaques et conformément aux ordres reçus, le commandant Dussolier conserve son sang-froid. Il s'avance seul au-devant des insurgés, au milieu des balles, pour parlementer. Des gens courageux s'interposent, parmi lesquels Larabit, député de l'opposition, homme loyal dont les efforts parviennent à éviter l'affrontement ; le calme revient pendant un court moment.

Cependant, à la caserne des Célestins, le colonel, averti de la fâcheuse tournure que prennent les événements, emmène le reste de ses troupes, mais musique en tête, pour affirmer ses intentions pacifiques. Le commandant Chollet, dirigeant mal sa monture, tourne à droite vers la Bastille ; il est alors entouré par une vingtaine d'individus qui le désarçonnent et le rouent de coups. Le commissaire Canler va se précipiter pour l'arracher des mains des émeutiers quand un gamin d'une douzaine d'années, armé d'un pistolet d'arçon, tire en pleine poitrine, presque à bout portant, sur le commandant qui mourra quelques heures plus tard (34).

Pendant ce temps, le gros du régiment qui vient de sortir se trouve aux prises avec les insurgés sur la place de l'Arsenal. Le lieutenant-colonel Grand a le bras gauche fracassé par une balle ; le capitaine Briqueville est mortellement blessé ; plusieurs dragons sont atteints. Cette fois, l'armée ne peut rester sans riposter ; les cavaliers chargent, emportent la barricade du bout du boulevard Bourdon et se replient par les rues de la Cerisaie et du Petit-Musc.

Pendant que ces faits se déroulent, le corbillard a franchi le pont d'Austerlitz ; pour réaliser leur dessein, les révoltés veulent l'entraîner au Panthéon. La garde municipale s'y oppose et, autour du cercueil, se heurte violemment aux républicains : le colonel Dulac, blessé, tombe de son cheval ; le capitaine Turpin est tué ; on voit s'écrouler aussi, çà et là, des sous-officiers, des gardes, mais, dans les rangs des agresseurs, l'hécatombe n'est pas moindre. Enfin, les forces de l'ordre ont le dessus ; le corps du général est prestement glissé dans une voiture de voyage ; une petite escorte l'accompagne jusqu'à la porte d'Enfer d'où il prendra la route pour les Landes ; sa dernière demeure l'attend à Saint-Sever.

Cependant l'insurrection est lancée. Sur la rive gauche, la caserne des Vétérans, près du Jardin des plantes, résiste mollement et c'est, pour l'émeute, une belle réserve d'armes qui tombe. Les quinze hommes qui tiennent la poudrière des Deux-Moulins ne sont qu'une bien maigre défense pour les barils de poudre dont la rébellion a vite fait de s'emparer. Le poste de garde municipale de la place Maubert perd des hommes ; le commandant Wolbert a l'épaule brisée mais les assauts sont repoussés. On se bat âprement autour de Sainte-Pélagie.

Sur la rive droite, l'effort des républicains est plus important : ils se rendent maîtres de l'Arsenal ainsi que des petits postes de garde du Marais ; la mairie du VIIIe, sur la place Royale *, est investie ; un poste à la place Saint-Antoine résiste vaillamment malgré les pertes. Rue Popincourt, on dévalise une fabrique d'armes : 1 500 fusils, voilà une belle prise ! Sur les Boulevards, le poste de la Galiote est enlevé, puis celui du Château-d'Eau, puis encore la caserne des pompiers de la rue Culture-Sainte-Catherine **. Des secteurs entiers sont aux mains de la révolution qui va les hérisser de barricades : le quartier des Arcis, celui des Lombards, les Halles ; le triangle formé par les rues Montorgueil, Montmartre et du Cadran *** se transforme en redoute. Dans cette dernière zone, va s'illustrer le passage du Saumon **** ; le poste de la Banque est pris. Mais c'est surtout dans la rue Saint-Martin et dans les rues voisines que s'organisera la résistance la plus farouche.

Dans la soirée, une foule de deux cents personnes brandissant des sabres, des fusils, des pistolets, s'attaque à l'hôtel des Postes soigneusement clos et essaie, en vain, d'enfoncer la grande porte de la rue Jean-Jacques Rousseau.

Les militaires qui gardent les barrières, souvent en trop petit nombre pour pouvoir être efficaces, sont obligés de se rendre ; les gens en profitent, pendant quelques heures, pour passer en fraude des marchandises taxées à l'octroi en temps normal.

En moins de deux heures, la moitié de Paris est occupée par les rebelles qui se sont saisis de plus de quarante mille fusils. Des corps de garde sont désarmés. La garde nationale ne peut réunir la totalité

* Actuellement, place des Vosges.

** Actuellement, rue Elzévir et rue de Sévigné.

*** Actuellement, rue Léopold-Bellan.

**** Actuellement, rue Bachaumont.

de ses effectifs : on tue les tambours qui battent le rappel ou on crève leur caisse. Combien de bourgeois sont restés chez eux sans oser endosser leur uniforme ou franchir isolés la porte de leur immeuble alors que les révolutionnaires couraient les rues ?

Rue du Croissant, au siège du *National*, l'émotion est à son comble mais le va-et-vient incessant de républicains de toutes tendances ne trouble pas son directeur, Carrel. A ceux qui lui demandent de se ranger aux côtés des insurgés il répond : « Je n'ai pas grande confiance dans la barricade ; nous avons réussi en 1830, c'est un accident. Que ceux qui sont d'un autre avis que moi remuent les pavés ; je ne les y engage pas, je ne les désapprouve pas ; seulement, en sauvant *Le National* et en l'empêchant de se compromettre comme journal, je leur garde un bouclier pour le lendemain. » Chez le banquier Laffitte, les têtes politiques, le maître de maison mis à part, sont indécises. La Fayette, jamais en retard d'une révolution, est évidemment conquis, malgré ses 72 ans : « Trouvez-moi un endroit où l'on puisse mettre une chaise, dit-il, et je m'y ferai tuer. » Mais qui d'autre accepterait d'engager sa réputation ou sa carrière ? Le maréchal Clauzel serait du complot si on l'assurait d'un régiment mais il est évident que si l'on était sûr même d'un seul régiment, on n'aurait pas besoin du maréchal. Si seulement Arago était là ! Oui, mais il n'y est pas. C'est un homme d'action : au lieu de perdre son temps en palabres, il court d'une barricade à l'autre.

A l'état-major, l'indécision n'est pas moindre, surtout du côté de Soult qui arbitre pourtant les débats. Son attitude, pendant cette journée, sera équivoque. Ses qualités éminentes cachent mal son ambition : après avoir servi Napoléon à qui il ne pardonnait pas de lui avoir refusé la couronne du Portugal, il était rentré en grâce auprès de Louis XVIII, puis de Charles X et le voici maintenant un des soutiens de Louis-Philippe. On se demande dans quelle mesure, si l'occasion s'en présentait et si la charge offerte en valait la peine, il ne basculerait pas du côté de l'opposition. Fait étonnant pour un homme de sa trempe, et qui le rend suspect, il envisagerait la retraite de toutes les troupes sur le Champ-de-Mars avant de réinvestir Paris. Il faut la ténacité de Gisquet pour se dresser contre une telle proposition et relancer immédiatement les combats. Le préfet de police a peut-être contribué aujourd'hui, pour une large part, à sauver le gouvernement en place et le régime. Quant au roi, dès qu'il eut appris la nouvelle en son château de Saint-Cloud, il réunit sa famille pour lui faire connaître sa décision de rentrer à Paris et la reine Amélie le suivit. Sans même attendre l'escorte, accompagné seulement de quelques officiers, il saute à cheval et gagne les Tuileries où, au débotté, il inspecte le poste de la garde, la ligne, et passe une revue sur le Carrousel. La situation ne va pas tarder à changer. En attendant, d'autres barricades se dressent : devant le petit pont de l'Hôtel-Dieu, on dételle une écossaise qui, les roues en l'air et entourée de quelques pavés, constituera un bon obstacle ; la garde municipale perd le contrôle du quai aux Fleurs ; les rues étroites de la Cité se ferment, la rue Planche-Mibray est obstruée, la place du Châtelet cernée, la préfecture de police complètement isolée.

C'est alors que le maréchal, comte de Lobau, prend les opérations en main : investi du commandement supérieur de toutes les troupes, il peut, dès à présent, obtenir plus de cohésion entre la garde nationale et la ligne. Il rappelle d'urgence un bataillon du 12e léger de Saint-Denis et le 14e de Courbevoie. La batterie de l'École militaire accourt au Carrousel.

Sur les Boulevards, un bataillon du 3e léger et un détachement de la 6e légion font place nette. Deux escadrons de carabiniers occupent la chaussée face au théâtre de la Porte-Saint-Martin. C'est là que Dumas, avec son uniforme d'artilleur de la garde nationale (laquelle, nous le savons, est passée dans le camp de la révolte), arrive innocemment devant une rangée de soldats et fait un signe de la main à un ancien artilleur : pour toute réponse amicale, il entend une balle siffler à ses oreilles et n'a que le temps de se jeter dans le théâtre. Là, Mlle George lui procure un costume civil grâce auquel, après être sorti par une porte dérobée, il peut gagner l'hôtel de Laffitte où les discussions se poursuivent.

Aux environs de dix-huit heures, le général Delessert nettoie la rue Neuve-des-Petits-Champs, libère des hommes enfermés dans le poste de la Banque et dégage les rues des Petits-Pères et de la Feuillade où, derrière des fiacres et des voitures de porteurs d'eau renversées, les rebelles défendent l'accès de la place des Victoires. Celle-ci est prise d'assaut ; les rues du Mail, Vide-Gousset, des Fossés-Montmartre sont nettoyées : place nette est ainsi faite dans le quartier de la Banque. On se bat aussi autour de l'hôtel des Postes ; cinq militaires tombent dans la rue Coquillière ; devant une porte barricadée érigée au carrefour des rues Montmartre, Tiquetonne et Jean-Jacques-Rousseau, un commissaire de police est mortellement blessé d'une balle tirée de la fenêtre d'un boulanger. Enfin, vers dix-neuf heures trente, les combats cessent, le courrier pourra repartir de l'hôtel des

Postes entre deux haies de gardes nationaux, mais seulement dans la soirée de demain, quand tout Paris sera libéré.

A peu près vers le même temps, des détachements de gardes municipaux déblaient la Cité et la rive gauche, notamment la place Maubert où la résistance est assez forte. Au corps de garde du Petit-Pont, le lieutenant Raffenel charge à la baïonnette, perd des hommes, mais, sur les dix-sept insurgés qui tenaient la position, quinze blessés ou morts sont jetés dans la Seine et deux sont égorgés dans les rues voisines : les journaux officiels parleront pudiquement de seize prisonniers. A neuf heures du soir, les révoltés ne tiennent plus qu'une partie de la rive droite mais ils sont solidement retranchés entre la rue Montmartre, la ligne des Boulevards, la moitié du faubourg Saint-Antoine et la Seine.

Au Rocher de Cancale, haut lieu de la gastronomie, sis à l'étage au coin des rues Mandar et Montorgueil, Thiers dîne ce soir de bon appétit sans se douter qu'à deux pas les républicains fortifient leur repaire ; ils n'auraient que quelques marches à gravir pour s'emparer d'un des plus fidèles partisans de Louis-Philippe. Le sort en décide autrement et Thiers, repu, s'en repart paisiblement pour assister, place Vendôme, à une réunion de l'état-major. Louis-Philippe, calme, sûr de lui, faisant preuve de ce tranquille courage que ses détracteurs ne pourront jamais lui nier, vient y donner ses directives.

Vers onze heures du soir, des commissaires de police reçoivent l'ordre, au mépris de la Constitution, de saisir les numéros du lendemain des journaux *La Tribune*, *Le National*, *La Quotidienne* et *Le Courrier de l'Europe* et d'apposer les scellés sur les presses. L'opération s'effectue pour trois des quatre quotidiens sans grandes difficultés mais soulève évidemment un concert de protestations. Le siège du *National* se trouve dans le triangle fortifié Cadran-Montmartre-Montorgueil : il n'est pas question d'y pénétrer sans de puissants renforts et la mesure judiciaire restera lettre morte pour ce seul journal.

Vers six heures du soir, on peut encore pénétrer dans ce triangle puisque Victor Hugo (64 e), voulant voir de près le théâtre des combats, s'engage dans le passage du Saumon ; mais, tout à coup, les grilles se ferment à chaque bout. D'un côté les émeutiers, de l'autre la troupe ; les tireurs échangent des balles d'une grille à l'autre. Les portes des boutiques sont fermées, le poète n'a que la ressource de s'aplatir derrière le renflement formé par les demi-colonnes qui séparent ces boutiques. Il restera une demi-heure dans une position inconfortable et dangereuse. Dans la nuit du 5 au 6, la violence de la lutte y devient terrible ; les insurgés tiennent tout le passage. Le lieutenant Hébert, à la tête d'un détachement de la 3e légion de grenadiers et de soldats du 4e léger, va tenter de les en déloger : il envoie, en reconnaissance, un porte-drapeau suivi d'un sergent et de quatre grenadiers. Les murs renvoient l'écho des « Vive la République ! » lancés derrière les barricades et par les fenêtres ; des coups de feu claquent ; deux grenadiers tombent. Le lieutenant Hébert s'élance à son tour, entraînant une quinzaine d'hommes. Sur les trois quarts de la longueur les révoltés sont repoussés mais le lieutenant est blessé à l'épaule, quatre grenadiers et trois soldats du 4e sont touchés. Le détachement recule, les rebelles sont à nouveau maîtres de la situation. Les combats reprennent peu de temps après, lorsque la compagnie Chéreau, de la 3e légion, arrive par les rues Neuve-Saint-Eustache et Montorgueil. Il s'agit d'abattre la barricade qui ferme le passage près de la rue Montmartre. Les émeutiers résistent vaillamment : vingt seulement s'opposent aux troupes depuis le début de la journée. Ils tendent des draps pour recevoir les cartouches qu'on leur jette des maisons. Le café de l'angle de la rue Montmartre sert d'ambulance. Après un ultime assaut, les soldats s'emparent du passage et y découvrent huit morts ; sept blessés gisent sur des lits au rez-de-chaussée du café ; un jeune polytechnicien, couvert de sang, expire sur un billard. Seuls quatre révoltés ont réussi à s'échapper.

Pendant qu'on se bat avec acharnement et que la bravoure est aussi éclatante dans un camp que dans l'autre, tandis que des hommes, par idéal ou par devoir, souffrent ou meurent, le thé et les brioches circulent à l'ambassade d'Autriche parmi les personnes de qualité, toutes titrées, qui « furent assez courageuses pour venir, non seulement du quartier, mais même de l'autre côté de la Seine ». A chacun son héroïsme. Entrouvrons les pages du carnet d'Apponyi afin de connaître quelles réflexions lui inspirent ces événements du 5 juin : « ... On courait aux croisées pour voir si l'on n'avait pas encore mis le feu aux quatre coins de Paris. Le canon grondait toujours et, malgré cela, la conversation fut encore assez animée. Voilà une belle journée ; j'en suis fatigué et, ne sachant pas trop si je ne me réveillerai pas avec la République, je prends, avant tout, le parti de me coucher » (19). Faites de beaux rêves, monsieur l'attaché d'ambassade !

6 juin : fin sanglante de l'espoir *

Le 6 juin au matin, sous les ordres du général Schramm, les colonels Fournier et Feisthamel ont mission de dégager la rue Saint-Antoine. Une longue barricade s'étend depuis l'Éléphant — ou du moins son projet en carton-pâte élevé au centre de la place de la Bastille — jusqu'au canal à droite. Une deuxième, immense, de plus de neuf pieds de haut, faite de pavés et de planches, ferme l'entrée de la rue du Faubourg-Saint-Antoine ; d'autres, plus petites, obstruent les débouchés des rues adjacentes. Le 16e de ligne et le colonel Fournier enlèvent sans dommage la première. Derrière la deuxième, des centaines d'insurgés, réfugiés dans les immeubles voisins, tirent sur la troupe. Quelques salves d'artillerie effondrent les obstacles, éventrent deux ou trois maisons et le 1er bataillon du 3e léger (colonel Fournier) charge au pas de course dans la rue du Faubourg-Saint-Antoine, bientôt aidé par quelques compagnies du 25e de ligne et un bataillon du 38e, arrivé par la rue de Charenton. L'affaire n'est pas très chaude et le quartier promptement dégagé.

A la porte Saint-Martin, une barricade a été dressée ; elle est défendue avec furie par des jeunes gens qui n'hésitent pas à se jeter littéralement sur les soldats de la garde nationale. Couvrant cette barricade, quatre révoltés, juchés sur la plate-forme même de la porte Saint-Martin, ouvrent un feu nourri sur la troupe. Le lieutenant de grenadiers Surville, du 2e bataillon de la 6e légion, parvient à les capturer. Dès lors, l'entrée de la rue Saint-Martin sera rapidement libérée.

Quant à la barricade de la rue de Ménilmontant, découverte de tous côtés, elle ne pouvait tenir longtemps et, au petit jour, ses défenseurs s'échappent par une ruelle voisine.

Les émeutiers ne tiennent plus qu'une partie de la rue Saint-Martin et le quartier Saint-Merri. Cette rue Saint-Martin débute au niveau du quai de Gesvres, face au pont Notre-Dame, par un segment rétréci, la rue Planche-Mibray qui, à partir de la rue de la Coutellerie, tout en restant aussi resserrée, devient rue des Arcis. Ce n'est qu'à partir du carrefour des rues de la Verrerie et des Lombards, à la hauteur de l'église Saint-Merri, qu'elle s'élargit un peu et prend véritablement le nom de rue Saint-Martin qu'elle conserve jusqu'aux Boulevards, c'est-à-dire jusqu'à la porte Saint-Martin. Chemin faisant,

* Aux références du chapitre précédent, il faut ajouter, pour celui-ci, *Le Cloître Saint-Merri* par Rey-Dusseuil (99).

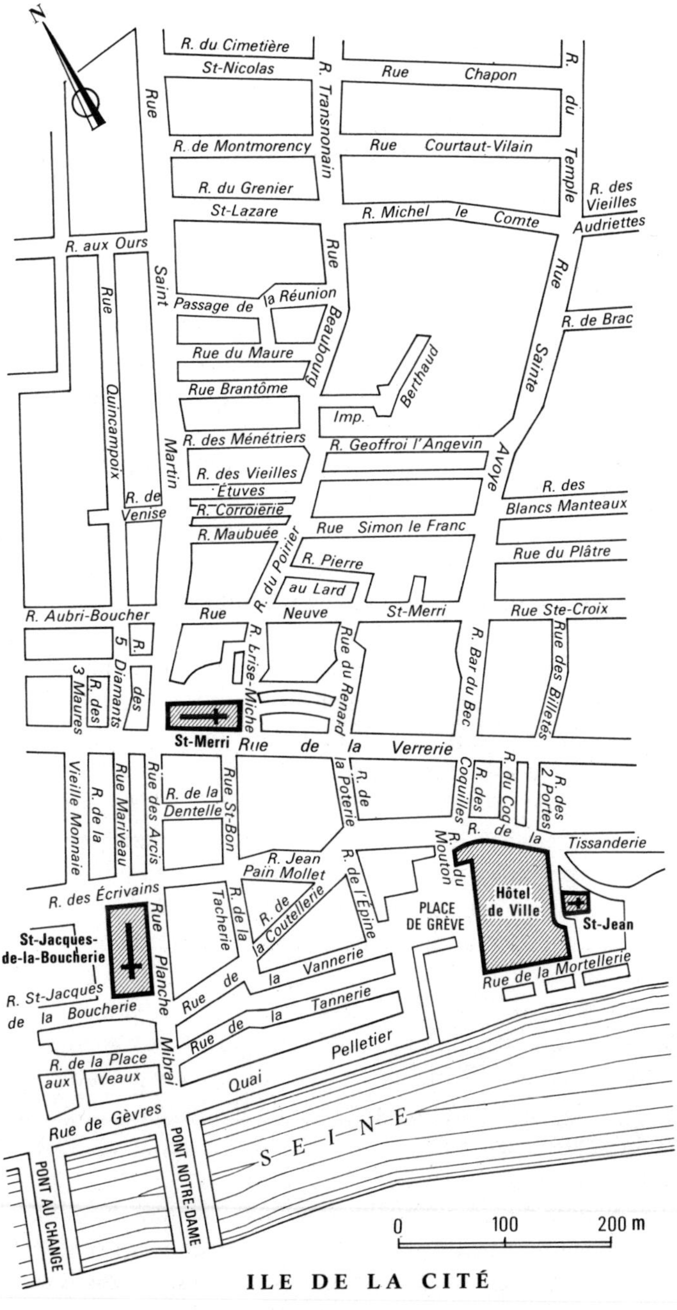

Le quartier des émeutes

elle est entrecoupée de nombreuses venelles. Parmi celles qui nous intéressent, la rue du Cloître-Saint-Merri, tout contre la façade nord de l'église ; un peu plus haut et face à face, à gauche la rue Neuve-Saint-Merri et à droite la rue Aubry-le-Boucher ; quelques mètres plus loin encore, et, sur la droite, la rue Maubuée ; à mi-chemin, non loin des Boulevards, l'église Saint-Nicolas. C'est dans ces rues que le choléra a frappé le plus durement ; c'est dans ce quartier que la misère est la plus grande ; c'est ici que se concentrent la haine et la révolte. La rencontre, en ce lieu, de tous ces facteurs, n'est pas une coïncidence. De Saint-Nicolas à la rue Planche-Mibray, les républicains ont dressé sept barricades ; les deux plus puissantes s'élèvent au niveau de la rue Maubuée et de la rue Saint-Merri : pour cette dernière, un amas hétéroclite d'objets s'appuie d'un côté contre le coin de la rue Aubry-le-Boucher et de l'autre contre la maison n° 30 de la rue Saint-Martin ; de là, un nommé Jeanne, décoré de Juillet, homme intrépide, de moralité discutable mais d'un courage certain, dirige la résistance du réduit. Entre les barricades ou dans les maisons d'appui, on compte, au matin, près de sept cents hommes ; bien peu tiendront jusqu'au bout puisque la dernière défense se réduira à soixante. La rue Beaubourg, parallèle à la rue Saint-Martin et qui aboutit à la rue Maubuée, permet aux amis des rebelles de leur apporter quelque ravitaillement. Elle sera très vite fermée. Dès lors, séparée des autres républicains qui assistent impuissants à leur résistance héroïque, une poignée d'hommes décidés va tenir tête, pendant de longues heures, à une troupe organisée. De tels combats ne se déroulent pas sans actes de cruauté et, parmi les révoltés, des gens douteux se sont glissés : rue Planche-Mibray, il s'est trouvé un individu assez misérable pour défenestrer un enfant dont les hurlements de peur le gênaient. Tous, heureusement, ne sont pas de cet acabit.

On répartit les tâches : quelques vieux soldats coulent des balles avec le plomb que de plus vaillants ont arraché aux gouttières ; les enfants lacèrent les affiches et en font de la bourre ; avec le linge trouvé dans les chambres, on prépare de la charpie. La providence avait établi, dans la cour du 30, une boutique d'armurier : fusils, poudre, cartouches, tout est distribué en un instant.

A deux heures trente du matin, une forte colonne du 42e de ligne attaque du côté de Saint-Merri mais doit reculer aussitôt ; des tuiles pleuvent des toits, des pavés tombent des fenêtres, des fusils apparaissent aux barricades et aux croisées ; le colonel Martin a son cheval tué sous lui. La garde nationale essaie de prendre le camp retranché à revers par Saint-Nicolas-des-Champs mais n'a pas plus de succès. Les assaillants laissent vingt morts sur le terrain ; Jeanne ordonne à ses hommes d'aller ramasser les blessés : dix-sept soldats sont ainsi conduits à l'ambulance de fortune où un jeune étudiant leur donne les premiers soins.

D'autres assauts vont se succéder : la maison de l'angle de la rue Planche-Mibray et du quai de Gesvres est enlevée et ses défenseurs exécutés sur-le-champ ou faits prisonniers. Mais les barricades restent infranchissables. A cinq heures, une nouvelle offensive échoue. Entre deux charges, les républicains franchissent les obstacles pour s'emparer, sur les morts et les blessés, des armes, de la poudre et des munitions. C'est ainsi que le petit Gavroche — ou son frère — frappé d'une balle ennemie, tombera le nez dans le ruisseau.

De huit heures à neuf heures, les gardes nationaux et la garde municipale sont repoussés à plusieurs reprises. Vers midi, Sebastiani va lui-même reconnaître les lieux avec deux cents hommes d'infanterie : les positions sont inexpugnables.

A la même heure, le roi, placide, sort des Tuileries, accompagné du duc de Nemours, des ministres de la Guerre, des Travaux publics et de l'Intérieur, escorté par la garde nationale à cheval et des détachements de tous les corps de cavalerie (73). Il passe en revue les troupes réunies sur la place du Carrousel, à la Concorde et sur les Champs-Élysées. Puis, par la rue Royale, il gagne les boulevards jusqu'à la place de la Bastille, monte à la barrière du Trône, revient par le faubourg Saint-Antoine, le pont d'Austerlitz et les quais. Une jolie promenade pour un jour de tumulte. En fait, le 6 juin vers midi, sur tout cet itinéraire, l'émeute ne crache plus son souffle brûlant que par la rue Planche-Mibray ; au passage du roi, quatre-vingts hommes de la garde nationale, à la tête du pont Notre-Dame, tiennent en joue l'enfilade de la rue avec ordre de tirer sur qui se montrerait. Louis-Philippe, avec tout de même quelque risque, peut alors se permettre l'élégance de s'arrêter un instant là où tant de soldats ont déjà trouvé la mort. Soixante mille défenseurs sont massés dans Paris ; soixante rebelles occupent encore le quartier Saint-Merri : leur fin est proche.

De retour aux Tuileries, vers quatorze heures, le roi reçoit Guizot. Personne n'assiste à l'entretien, mais le futur président du Conseil n'a sûrement pas donné des conseils de modération. A peine a-t-il quitté le palais que, comme au théâtre, et par une autre porte, arrive une députation de l'opposition composée de Laffitte, Odilon Barrot et François Arago. Ici, ce qui s'est dit a été rapporté par plusieurs témoins y compris Louis-Philippe lui-même *. Les versions diffèrent quant au dialogue mais le fond reste semblable : les députés prêchent la modération. Au moment où ils incitent le roi à céder et à rappeler ses troupes, on entend de fortes détonations : « C'est le canon, dit seulement Louis-Philippe, le canon qu'on fait avancer pour prendre, sans perdre trop de monde, le cloître Saint-Merri. » Une démarche pour rien mais qui permettra au roi de dire plus tard : « M. Barrot a été sentencieux, M. Laffitte solennel, M. Arago, extrêmement vif. »

Pendant ce temps, vers quatorze heures, la rue Saint-Martin est à nouveau attaquée par les boulevards ét par les quais. Sur la barricade de Saint-Merri, on peut voir, brève apparition, un vieillard chauve à la barbe grise brandir un drapeau rouge et s'affaisser criblé de balles ; un autre le relaie aussitôt. Le courage confine à la démence.

Depuis ce matin, le tocsin sonne à Saint-Merri, inquiétant. A quinze heures, des grondements font trembler les maisons jusque dans leurs bases ; les vitres tombent : deux pièces d'artillerie, devant Saint-Nicolas-des-Champs, tirent à boulets et à mitraille. Après une vingtaine de salves, le canon cesse ; la garde nationale de banlieue, infiltrée par la rue de la Verrerie, gagne la rue Saint-Martin, mais, par manque de cohésion du commandement, la mitraille recommence à pleuvoir, semant la panique dans les rangs de la banlieue. Cependant, dans le haut de la rue Saint-Martin, la troupe gagne du terrain, s'écarte pour faire place aux canons puis avance à nouveau. Des pans entiers de la barricade Maubuée tombent ; les pavés volent, éclatent sous l'impact des boulets en de multiples projectiles meurtriers. Vers le bas, les soldats sont maîtres de la rue des Arcis. Dans le réduit, on n'a plus qu'une centaine de cartouches à tirer. Et voici qu'une pièce de canon s'avance par la rue Aubry-le-Boucher et tire sur la maison n° 30.

Vers seize heures, l'assaut est donné : le colonel Hensh, avec son bataillon du 42e, débouche par la rue de la Verrerie pendant qu'une seconde colonne du même régiment arrive par la rue Saint-Merri. Venu des quais, le général Laydet, avec le 1er de ligne et quelques hommes de la nationale, monte la rue des Arcis et fait jonction avec les soldats de Hensh. Les barricades ouvertes par l'artillerie laissent passer la troupe. La plupart des républicains se replient en courant dans la bastide du n° 30 tandis qu'un petit nombre, sous la conduite de Jeanne, fait une percée en force par la rue Maubuée et peut

* Arch Nat. 300 A.P. III 32, d. 5.

s'échapper. De l'immeuble parviennent des cris ; on se bat au pistolet, à l'arme blanche ; pas de quartier ; les factieux sont poursuivis de chambre en chambre. On enfonce les portes à coups de botte, on larde à la baïonnette les derniers survivants, on jette les blessés par les ouvertures. Les résistants qui tenaient le troisième étage montent sur les toits mais, à bout de forces, certains perdent l'équilibre et s'écrasent dans la cour. Les plus chanceux arrivent à se glisser par une fenêtre du 48 mais on fouille toutes les maisons. Là, cependant, la présence du capitaine Billet fait cesser les massacres : « Faites des prisonniers, ordonne-t-il, et non des victimes. »

Les combats ont cessé et déjà la foule des curieux encombre la rue quand, tout à coup, des coups de feu partent d'une boucherie de la rue Saint-Merri, font refluer les soldats dans la rue Saint-Martin et s'enfuir les passants. Profitant de la cohue, cinq à six insurgés réussissent à se sauver par surprise. Cette fois, c'est vraiment fini : on trouvera bien encore, ici ou là, sous un lit ou dans un placard, un oublié que l'on conduira à la préfecture. Aux détonations succède la rumeur confuse des bavards. Il est six heures. La rue sent la poudre ; des flaques de sang commencent à sécher au pied des barricades ; on se montre du doigt l'église Saint-Merri à peine écornée par un boulet, les maisons défoncées, les murs criblés d'éclats et de balles, les vitres brisées, le pavé soulevé, la terre calcinée. La troupe regagne ses casernements alors que la nuit descend sur Paris meurtri.

Les salons des Tuileries, déserts ce matin, contiennent à peine à présent les visiteurs. On s'y bouscule jusqu'à une heure tardive et beaucoup tiennent à expliquer pourquoi ils ont été retenus à la campagne. Louis-Philippe sourit, comme en toute circonstance.

Alors que la République était passée si près de nous, Apponyi, incorrigible, note dans ses Mémoires : « Nous avions aujourd'hui quelques personnes à dîner ; dans le nombre se trouvent le duc et la duchesse de Noailles, le duc de Laval-Montmorency, le duc de Caraman, Maurice de Noailles, etc. Après dîner, il a été beaucoup moins question des événements de Paris que de ceux de la Vendée et de la malheureuse présence de Mme la duchesse de Berry dans ce pays... » (19).

Les théâtres ont joué tous les jours. Ce soir, le Français donne encore *Louis XI* ; demain, ce sera *Le Cid*.

Pour les généraux, voici venu le temps des rapports : ils passeront la nuit à les rédiger. Le général Gabriel Delessert n'omet pas de citer ses officiers : le colonel Loubens qui remporta la place des Victoires, le colonel Festhamel, le colonel Marmier et le commandant Josselin qui s'illustrèrent dans le triangle Montmartre-Montorgueil-Cadran et surtout au passage du Saumon. Le général Schramm, efficace mais brutal, raconte comment, avec le général Lavoëstine, il dégagea le faubourg Saint-Antoine. Il signale aussi son action dans la rue Planche-Mibray. Militaire de carrière, il semble ne pas avoir une excellente opinion de la garde nationale de banlieue commandée par le général Tourton : on sait cependant les lourdes pertes qu'elle a subies. Quant au général Tiburce Sebastiani, le plus humain, le plus ménager de ses hommes et de l'adversaire, il soutint, dans la rue Saint-Martin, les combats les plus durs, où se distinguèrent le colonel Hensh et le général Laydet. Personne n'est oublié ; aucun numéro de régiment ou de bataillon ne manque.

Ces trois rapports seront adressés au général Jacqueminot, chef d'état-major de la garde nationale, qui en fera pour le ministre de l'Intérieur une synthèse froide, objective, un document d'archives vidé des cris, de la peur et du sang.

La fête est finie. Il faut payer

L'insurrection est vaincue. Elle a déposé les armes devant un adversaire trop puissant pour elle. La bourgeoisie républicaine et les politiques de l'opposition de gauche n'ont pas fait preuve d'assez de conviction pour entraîner derrière eux toute la classe populaire qui, pourtant, était « aussi mécontente de l'orientation conservatrice du régime » (17).

Pour l'heure, les blessés affluent dans les hôpitaux, surtout à l'Hôtel-Dieu, le plus proche du lieu des combats, et à Saint-Antoine, à Saint-Louis, la Pitié, la Charité, aux Greniers d'abondance qu'on a rouverts pour la circonstance et en d'autres hôpitaux secondaires. On couche, dans des lits voisins, les insurgés et les défenseurs de l'ordre, des gardes municipaux, des gardes nationaux, des soldats de ligne et des ouvriers ou des étudiants : les passions sont tombées, les haines éteintes et les chirurgiens ne connaissent que des hommes blessés. Il y a même des non-combattants comme cet externe en médecine qui a reçu une balle dans la cuisse en circulant en cabriolet ou comme cet ouvrier paveur dont un dragon ouvrit le crâne d'un coup de sabre parce qu'il portait une pioche et qu'il l'avait pris pour un rebelle. Les chairs sont entamées par les armes blanches, sabre ou baïonnette, mais surtout criblées de coups de feu, certains tirés à bout portant, la plupart à distance. « Beaucoup ont eu le ventre, la poitrine et le cou traversés de part en part ; le plus grand nombre a eu ses blessures en devant ; quelques-uns présentent des blessures obliques de haut en bas, et paraissent avoir essuyé le feu d'un point élevé. L'état de ces malades est généralement fort grave. On compte déjà un grand nombre de morts *. »

C'est alors qu'éclate le scandale de ce qu'on appelle, dans les milieux intéressés, l'ordonnance Gisquet. Elle intime aux membres du corps médical l'ordre de dénoncer les blessés qui sont venus leur demander des soins, et l'on devine de quels blessés il s'agit. En voici le texte :

« Paris, le 9 juin 1832,

» Nous, conseiller d'État, préfet de police,

» Vu l'article 2 de l'arrêté des consuls du 14 messidor an 8 et l'ordonnance de police du 17 ventôse an 9, et celle du 25 août 1806,

» Avons ordonné ce qui suit :

» Art. 1er : tous les médecins, chirurgiens, officiers de santé et pharmaciens de Paris, et ceux des communes rurales du département de la Seine et celles de Sèvres, Saint-Cloud et Meudon qui auraient administré des secours à des blessés depuis le 4 de ce mois exclusivement, seront tenus d'en faire, dans les 24 heures, la déclaration aux commissaires de police de Paris et aux maires extra-muros, sous peine de 300 francs d'amende. (Édit de décembre 1666, et ordonnance de police du 4 novembre 1788).

» 2 : Cette déclaration contiendra les nom, prénom, profession et demeure de tous les individus qui auront fait appeler les médecins, chirurgiens, pharmaciens et officiers de santé, pour panser leurs blessures ou qui se seront fait transporter chez eux pour y être traités.

» Elle indiquera aussi la cause des blessures, leur gravité et les circonstances qui y auront donné lieu.

» 3 : Les administrateurs des hospices et hôpitaux du département de la Seine, les directeurs des maisons de santé, les logeurs en garni, feront la même déclaration pour tous les individus blessés qui auront été transportés dans leurs établissements.

» 4 : Les commissaires de police de Paris et les maires des communes rurales remettront immédiatement les procès verbaux de ces déclarations au préfet de police.

* *La Gazette médicale*, 7 juin 1832.

» 5 : Les contraventions seront constatées par procès verbaux et dénoncées aux tribunaux compétents.

» 6 : La présente ordonnance sera publiée et affichée. Les commissaires de police à Paris, les maires des communes rurales du département de la Seine et de celles de Sèvres, Saint-Cloud et Meudon, les officiers de paix et les préposés de la préfecture sont chargés, chacun en ce qui le concerne, de veiller à son exécution.

» Le conseiller d'État, préfet de police. Gisquet

» Approuvé. Le pair de France, ministre du Commerce et des Travaux publics.

» Comte d'Argout »

On lit les signatures des deux hommes au bas de cet inqualifiable document. Quel en est le véritable auteur ? Qui, au regard de l'histoire, en endossera la responsabilité ? En vérité, ni l'un ni l'autre : ce serait un troisième personnage, le docteur Gendrin, fort honorablement connu par ailleurs, qui aurait soufflé cette décision au préfet de police. Il s'en défendra toute sa vie mais cette suspicion fera tache sur sa carrière et, en 1840, sa candidature à une chaire n'obtiendra aucune voix.

On commence par faire des gorges chaudes de ce fameux édit du 11 décembre 1666, fait à Saint-Germain-en-Laye et qui ne fut pris que pour faire cesser les duels ; puis on invoque l'article 378 du code pénal qui prescrit le secret aux médecins sur tout ce qui leur aura été révélé dans l'exercice de leur profession ; il y a, toutefois, une restriction d'importance car cet article ajoute : « ... hors les cas où la loi les oblige à se porter dénonciateurs ». Adelon, professeur de médecine légale, est bien obligé de reconnaître que l'ordonnance est ainsi fondée en droit. Mais, sur le fond, il admet que la loi devrait être rayée de nos codes car elle n'est pas bonne. « Il y a immoralité, dit-il, à obliger un homme qui est appelé pour un ministère d'humanité de faire servir ce ministère à une dénonciation ; et toute loi immorale est toujours violée *. » Cependant, si le professeur de médecine légale apporte sa causion morale aux médecins privés, exerçant en cabinet, il est beaucoup plus embarrassé vis-à-vis des directeurs d'hôpitaux, d'hospices et de maisons de santé qui ont, en tout temps, l'obligation

* *La Gazette médicale*, 12 juin 1832.

de déclarer les malades qu'ils reçoivent afin que ces établissements ne deviennent pas des « lieux d'asile inviolables pour les criminels, les condamnés, les poursuivis, etc. »

Donc, dans les hôpitaux, les rebelles sont l'objet d'une surveillance policière de tous les instants : outre les piquets de garde aux portes d'entrée, des hommes sont en faction devant la chambre ; des vérifications de nuit s'assurent que des blessés ne se sont pas échappés. Sur l'ordre de d'Argout, aucun factieux, même rétabli, ne peut quitter l'hôpital où il a été soigné : ce à quoi les chefs de service répondent qu'ils ont l'habitude de signer le bulletin de sortie pour les sujets guéris et qu'ils continueront de le faire, laissant à d'autres le soin de se charger des basses besognes. Dupuytren s'indigne : « Depuis le 13 vendémiaire je suis attaché aux hôpitaux ; en aucun temps après une réaction quelconque, sous la République, sous l'Empire, sous la Restauration, jamais je n'ai vu mettre à l'index des blessés par le parti vainqueur... » Les journaux médicaux fulminent. *La Gazette des hôpitaux* titre en première page : « Attentat à la moralité médicale » (10). Les médecins, outrés, écrivent et font savoir de tous côtés que, quelles que soient leurs opinions politiques, ils ne sont pas disposés à appliquer l'ordonnance. Certains le proclament un peu trop fort et les grands journaux politiques reçoivent parfois de ces lettres où les signataires, après avoir exhalé leur vertueuse colère dans les plus beaux termes, finissent en général par informer le public de leur talent spécial et transcrivent en caractères très lisibles et soignés, le nom de la rue et le numéro de la maison qu'ils habitent.

Après l'épidémie, voici que l'émeute sert d'appât publicitaire. Mais, à part ces quelques charlatans, la fureur et le mépris sont sincèrement ressentis par tous. *La Mode* attaque le gouvernement : « Il faudra que le docteur jette le moribond entre les mains de la justice et du bourreau ! » Et Victor Hugo écrit : « Les blessés furent couverts et protégés par cette indignation. » Louis-Philippe lui-même s'émeut des mouvements suscités par la maladresse de son préfet de police (63). A l'Académie de médecine, chacun, y compris Marc, le médecin du roi, désapprouve les mesures ; cependant, le vote qui sera émis avec une prudence calculée, sera un vote d'abstention, déclarant qu'il est du ressort des académiciens de juger des questions scientifiques et non juridiques et qu'ils laissent à chaque médecin le soin d'agir selon sa conscience (10).

Quant à Gisquet, lorsqu'il écrira ses Mémoires, il reconnaîtra qu'il a fait un pas de clerc en édictant cette ordonnance : « Je conviens qu'elle n'était plus en harmonie avec nos mœurs nationales, avec les principes libéraux de notre gouvernement représentatif ; j'abandonne cette œuvre avortée aux critiques dont elle fut l'objet... » (53). En fait, le décret ne sera abrogé que le 1er janvier 1836. On sait que le 15 juillet, des soldats et des policiers vont et viennent encore dans les hôpitaux.

De temps en temps perce une nouvelle comme dans ce numéro du *Journal des débats* du 16 août : « M. le ministre de l'Intérieur a donné l'ordre de rendre à la liberté tous les blessés de juin recueillis dans les hôpitaux et qui, étant complètement guéris, ne se trouvaient pas sous le coup d'un mandat de M. le procureur du roi. Comme presque tous satisfaisaient à ces deux conditions, ils ont été relâchés de suite (*sic*). Il n'en reste plus qu'un très petit nombre dont l'état réclame encore des soins. »

Les blessés du régime ont droit, pour leur part, à des attentions toutes spéciales. Dès le 7 juin, la reine vient leur rendre visite et leur apporte des secours ; peu de temps après, le roi fait remettre à la disposition des ministres de l'Intérieur et de la Guerre une somme de 50 000 francs destinée à secourir ces victimes loyales.

Le calme est revenu : les magasins ont enlevé leurs volets, la circulation est rétablie, les marchés sont achalandés, les ouvriers vont à leur travail, du moins ceux qui en ont car, ce 7 juin, sur la place de l'Hôtel-de-Ville, sur 385 qui viennent chercher un emploi, 375 repartiront les mains vides (111) : la crise économique est toujours là. On repave les rues ; les barricades qui obstruaient les passages et les galeries marchandes sont détruites. La vie reprend son cours mais la détente n'est qu'apparente : sur les lieux des combats où les curieux défilent en grand nombre, des bataillons de ligne et des piquets de la garde nationale stationnent encore l'arme au pied ; on bivouaque sur les Champs-Élysées. Surtout, ici et là, on rencontre des détachements de la garde nationale encadrant des prisonniers qu'ils vont remettre aux autorités.

Hier, pendant les combats, plus de mille révoltés ont été mis sous les verrous. Ce sont, en quelque sorte, des prisonniers de guerre ; dans la hâte causée par la fureur des échauffourées, il n'était pas question de remplir, pour chaque homme, une fiche d'état civil ; pour beaucoup, on ne sait ni où ni comment ils ont été capturés, s'ils avaient ou non les armes à la main ; parfois même on ne connaît pas leur nom. Pour ces raisons, un bon nombre, au moment des procès, seront relaxés.

Aujourd'hui, c'est la délation, la dénonciation, la vindicte publique : des habitants chassés de leurs immeubles, des bourgeois terrés, à demi morts de peur pendant deux jours, des antirépublicains à tout crin, signalent à la police des insurgés qui avaient réussi à se soustraire aux recherches. S'il y a parmi eux quelques criminels, des égorgeurs, on arrête surtout des républicains sincères : on les voit se diriger en colonnes vers les commissariats ou la préfecture. Des personnes prévenues d'avoir commandé des bandes organisées sont également interpellées : M. Thibeaudeau fils, le général Ramorino, M. Deschapelles ; leur notoriété ou leurs appuis politiques leur valent d'être bientôt libérés. Les journalistes sont l'objet de poursuites dont Armand Carrel du *National* et Sarrut et Boussi de *La Tribune.* Des mandats sont lancés contre trois députés : Cabet, Garnier-Pagès et Laboissière.

Il est difficile de faire le compte exact des suspects arrêtés : on l'évalue entre mille deux cents et mille huit cents. Un mois plus tard, début juillet, il restera, dans les prisons, un millier d'individus parmi lesquels beaucoup d'artisans d'origine parisienne et d'ouvriers : graveurs, compositeurs en imprimerie, teinturiers, etc. Comme souvent en cas de sédition, un peu de xénophobie ne messied pas et l'on découvre que, parmi les rebelles incarcérés, se trouve une proportion inhabituelle de réfugiés étrangers.

Au rang des émeutiers figurent aussi des étudiants de disciplines variées. Ceux qui font leur droit ou la médecine obtiendront, le 13 juillet, après déclaration sur l'honneur de réintégrer leur cachot, l'autorisation d'aller prendre leurs inscriptions en temps voulu. Tous regagneront leur cellule.

Le 20 juin, à quatre heures du matin, le vicomte de Chateaubriand est arrêté à son tour ainsi que ses amis Hyde de Neuville et le duc de Fitz-James. Les événements des 5 et 6 juin ne sont pour rien dans cette affaire ; le procureur général Hello a trouvé ces trois noms mêlés au procès que l'on poursuit à Nantes contre Berryer. Après une brève détention, très confortable, dans les appartements de Gisquet lui-même, Chateaubriand sera promptement relâché ainsi que ses amis. Encore un coup maladroit qui profitera à l'opposition légitimiste.

Les arrestations sont doublées de perquisitions. On fouille de la cave au grenier toutes les maisons de la révolte et, notamment, celles des rues Saint-Martin et Beaubourg. C'est un véritable arsenal que les agents apportent à l'Hôtel de Ville : près de trois mille fusils, des pistolets, des sabres, des poignards, des lances, des drapeaux, de la poudre, des armes provenant de théâtres, du musée de l'artillerie, que personne ne pensait voir servir un jour, des pistolets de collection dérobés chez un armurier qui seront remis à leur propriétaire. Au cours de ces perquisitions, on bavarde ; les informations pleuvent et aboutissent à d'autres inculpations ; des témoignages nouveaux accablent un peu plus quelques-un des détenus déjà gravement compromis.

Il faut aussi songer aux morts. Aujourd'hui, 7 juin, une voiture escortée d'un piquet de la garde nationale à cheval vient de ramasser une vingtaine de corps qui gisaient encore dans les maisons des 30 et 32 de la rue Saint-Martin. Le fait n'est pas unique dans Paris et George Sand en est horrifié : « Voir écarter le foin qui recouvre à peine une lourde charrette, et apercevoir, sous ce grossier emballage, vingt, trente cadavres, ceux-ci en habit noir, ceux-là en veste de velours, tous déchirés, mutilés, noircis par la poudre, souillés de boue et de sang figé » (100). Des hommes, il en mourra encore dans les jours et les semaines qui viennent, des amputés qui n'auront pas survécu à leur mutilation, des blessés dont les plaies se seront infectées et que la septicémie emportera. Les journaux officiels citeront le nom des gradés ; des honneurs funèbres seront rendus à ceux qui sont tombés dans les rangs des gouvernementaux. Le conseil municipal de la Seine leur réservera même une place de choix dans le cimetière de l'Est, concession gratuite à perpétuité pour tous ceux que leur famille ne désirera pas faire inhumer en d'autres lieux. Mais pour les républicains, les anonymes, ceux qui sont morts de l'autre côté des barricades, les corps prennent la direction du quai du Marché-Neuf, dans l'île de la Cité, entre le Petit-Pont et le pont Saint-Michel. Ici se trouve la morgue où, pendant quelques jours, George Sand voit, devant les fenêtres, les têtes des cadavres amoncelés « comme un massif de hideuse maçonnerie » (101) ; au ras de l'eau, un sillon rouge ensanglante la base du bâtiment. On y entend, en passant, les cris des femmes qui reconnaissent là leurs maris, leurs enfants... (101). Pour ces veuves, pas de secours financier ou moral : la honte sera leur lot. Pour les familles des soldats ou des gardes nationaux tués ou blessés, les listes de souscriptions commencent à s'ouvrir. Dès le 6 juin, le troisième bataillon de la 10e légion de la garde nationale inaugure la série avec un versement de 737 francs ; chaque compagnie, chaque bataillon, chaque légion aura à cœur d'offrir son obole. Les officiers et sous-officiers du 1er de ligne cèderont un jour de solde, soit, au total, 360 francs, auxquels leur chef, le duc de Nemours, ajoutera 1 000 francs à titre personnel. Le 7 juin, la Chambre des avoués consacre 3 000 francs à cette œuvre ; huit jours après, peut-être pour compenser son retard, la Chambre des notaires verse 5 000 francs ; le 22 juin, le conseil général de la Banque met 12 000 francs à la disposition du préfet de la Seine. Les bourgeois sont tellement soulagés qu'ils donnent sans trop compter ; aux environs du 15 août, l'état-major de la garde nationale aura recueilli 49 265,75 francs ; vers le 1er septembre, la caisse du *Journal des débats* pourra allouer aux blessés, veuves et orphelins des soldats de ligne et gardes nationaux la somme de 105 256,91 francs.

Soudain, le 21 juin, une petite note retient l'attention. Voici une souscription d'un tout autre genre : « La 1re compagnie de chasseurs du 2e bataillon, 12e légion, capitaine Ruhierre, a fait, dans sa circonscription, une collecte en faveur de la femme Masson dont le mari, caporal de cette compagnie, est mort du choléra, laissant huit enfants dont il était l'unique soutien... » Avec tout ce remue-ménage, on avait oublié l'épidémie. Elle s'était bien apaisée mais on ne peut la dire tout à fait éteinte. Le 6 juin, au plus fort de la révolte, 12 malades en sont morts dans les hôpitaux et 9 à leur domicile. Pendant les trois premières semaines de juin, la mortalité quotidienne par le choléra tournera à Paris entre 15 et 20, certains jours un peu plus, d'autres un peu moins. Le 23 juin, le nombre s'élève à 43, en augmentation brusque de 13 sur la veille ; le 25 juin, on enregistre 62 décès : la moyenne, vers la fin du mois, se situera entre 40 et 50. Mais on ne parle plus guère de la maladie sinon dans les journaux de l'opposition pour monter en épingle le décès d'un prisonnier politique à Sainte-Pélagie le 21 juin.

Pour le moment, on est tout occupé dans les deux camps à faire le compte des morts et des blessés des journées de l'émeute. Il change d'un jour à l'autre. Le 13 juin, par exemple, on totalise 416 blessés dans les hôpitaux, le plus grand nombre ayant été conduit à l'Hôtel-Dieu, 152 ; à Saint-Louis, 113 ; et aux Greniers d'abondance, 58. Le bilan final se soldera ainsi : pour la garde nationale, 18 tués et 104 blessés ; pour la troupe de ligne, 132 morts, 170 blessés ; la garde municipale aura été proportionnellement la plus affectée avec 20 morts et 52 blessés. Parmi les insurgés on ne peut procéder qu'à une estimation car maintes déclarations ont été escamotées : on pense qu'ils ont eu approximativement 80 morts et au moins 200 blessés ; il y avait de nombreux inconnus parmi les victimes car, dans la soirée du 6 juin, sur les 60 cadavres de rebelles apportés à la morgue, 21 n'ont pas été réclamés. On a même recensé les chevaux ; 15 ont péri et 13 ont pu être sauvés.

Malgré les deuils, le roi et ses partisans ne peuvent s'empêcher d'exprimer leur satisfaction. Le 10 juin, une grande revue mobilise la garde nationale de Paris et de la banlieue : rangée sur deux files entre la barrière du Trône et l'arc de l'Étoile, elle acclame le roi qui passe à cheval, à la tête d'une suite de généraux et d'aides de camp. Les banquets se multiplient : le 8 juin, on se presse à l'Orangerie. Tout est prétexte à libations ; chaque soir, un bataillon fête sa victoire. Le 22, dans la salle des Vendanges de Bourgogne, c'est le 1er de la 4e légion de la garde nationale qui convie les officiers et soldats de la ligne : on porte des toasts au roi, à sa famille, au maréchal comte de Lobau, à chacun des officiers nommément, aux héros, aux blessés, à la mémoire des morts, au commerce, à la devise « Liberté, Ordre public »... Le communiqué ne fait aucun commentaire sur le nombre des convives en état de lever leur verre pour le dernier vœu.

L'ordre étant rétabli, il faut maintenant sévir et sans tarder. Les premières sanctions disciplinaires ne se font pas attendre. Par ordonnance du 6 juin, M. Marchand, maire du VIIe arrondissement de Paris, accusé d'avoir aidé les insurgés, est révoqué. Le 7 juin, on apprend que l'École polytechnique et l'École d'Alfort sont licenciées avant d'être réorganisées. Dès le 21, 207 polytechniciens qui n'avaient pris aucune part aux troubles sont réintégrés dans l'École ; 60 en sont définitivement exclus pour être sortis, malgré les consignes, avoir cherché à entraîner leurs camarades et tenté de leur enlever les armes de l'École ; quelques-uns sont même livrés à la justice pour avoir activement combattu. Dix élèves d'Alfort sont inculpés. Mais surtout le gouvernement, c'est-à-dire Louis-Philippe, sous la forme d'un décret signé par Montalivet, proclame l'état de siège dans la capitale dès le soir du 6 juin. On murmure qu'Adolphe Thiers serait le principal instigateur de cette disposition, ce qui s'inscrit bien dans le caractère du personnage. Carrel, vaincu, à qui il propose sa protection, refuse avec une certaine hauteur : « On m'a dit que vous étiez une des deux personnes qui aviez décidé la mise en état de siège et je vous jure que je suis affligé pour vous. Puissions-nous nous retrouver dans de meilleurs temps » (78).

Rien ne justifie cette mesure arbitraire : ni le transfert des responsabilités des tribunaux civils aux tribunaux militaires beaucoup plus lents et peu habitués aux procès qui vont suivre, ni l'effervescence populaire, d'ailleurs très limitée et dès à présent complètement étouffée, ni la satisfaction des vœux de la bourgeoisie qui n'a plus rien à craindre. Le ministère de l'Intérieur s'empresse d'ajouter : « L'état de siège ne changera rien à la juridiction ordinaire ni à la marche habituelle de l'administration pour tout ce qui sera étranger aux préparatifs et à l'exécution du complot. » Autrement dit, une mesure partielle, étriquée qui n'intimide personne et prête encore à la critique. Nous pouvons y voir trois applications. La plus importante est la création de ces conseils de guerre pour juger ceux qui ont préparé ou exécuté le complot ; une deuxième, obligeant les armuriers et fabricants d'armes de la ville de Paris à déclarer le matériel qu'ils possèdent et à le faire vérifier au 5, rue Neuve-du-Luxembourg ; l'arrêté s'applique également aux particuliers qui ne font pas partie de la garde nationale ; un troisième modifie le statut des étrangers et réfugiés dont les autorisations de séjour devront être renouvelées à la préfecture de police : quelques-uns d'entre eux seront expulsés.

De faux bruits commencent à courir et les feuilles de l'opposition, comme *Le Nouvelliste,* ne se font pas faute de les reproduire : on affirme que des accusés ont déjà été exécutés nuitamment dans les fossés de Vincennes et dans la plaine de Grenelle. En réalité, la justice suit son cours comme l'indique *La Gazette des tribunaux :* « Les deux conseils de guerre permanents de la première division à Paris ont reçu, le 10 au soir, les premières pièces relatives aux affaires des 5 et 6 juin et, depuis ce moment, de nombreux émissaires de l'état-major arrivent successivement à l'hôtel où ils siègent, porteurs de grosses liasses de papiers et de pièces à conviction. Les rapporteurs s'occupent avec la plus grande activité de la division des affaires et du classement des pièces qui ont rapport aux divers combats qui ont eu lieu dans la capitale ; ce travail ne sera probablement terminé que dans la journée d'aujourd'hui, et les premiers interrogatoires de 1 800 prisonniers commenceront mercredi. »

Les officiers ne tardent pas à s'apercevoir que la tâche qu'on leur a confiée est considérable et que la justice civile est mieux équipée qu'eux-mêmes pour en venir à bout. On se demande, dès les premiers jours, si cet état de siège n'a pas été déclaré avec précipitation. Le roi reçoit beaucoup la magistrature : le 8, il convie à dîner le procureur général Persil ; le 9, il travaille avec le garde des Sceaux.

Pendant ce temps, loin de faire fusiller les républicains après jugement sommaire, les tribunaux militaires commencent par faire relaxer quelques centaines d'individus sur lesquels ne pesaient quc des charges légères et ouvrent la série des procès le 16 juin en faisant comparaître Pépin et Wachaez : en dépit des preuves extrêmement lourdes accumulées contre eux, ils seront remis en liberté ; d'autres verdicts vont suivre qui témoigneront de la même mansuétude.

Cette extraordinaire clémence prend fin lors du procès du peintre Geoffroy qui s'entend condamner à mort. C'est alors que, arguant d'une petite phrase insérée dans l'organisation des conseils de guerre : « Les défenseurs auront le droit de plaider des moyens d'incompétence », Odilon Barrot obtient le renvoi de l'affaire devant la Cour de cassation. Par arrêt du 29 juin, celle-ci casse la sentence, « attendu que les tribunaux militaires, institués pour juger les crimes et les délits militaires seulement, ne peuvent connaître des crimes et délits commis par des particuliers, que le texte et l'esprit de la Charte s'y opposent... » Dès lors, l'état de siège n'a plus de raison d'être et, le 1er juillet, une ordonnance royale abroge cet épouvantail, détruit de lui-même par sa première sanction rigoureuse.

Les cours d'assises redeviennent compétentes pour juger les actes de rébellion et tous les jugements des cours militaires se trouvent annulés, à l'exception de ceux qui ont prononcé des mises en liberté : plus d'un accusé a dû se réjouir de cet admirable tour de passe-passe. D'autres aussi gagneront au change : ainsi le polytechnicien Hassenfratz, condamné à mort par le premier conseil de guerre, sauvera sa tête devant la cour d'assises de la Seine qui se contentera de lui infliger 10 ans de travaux forcés et la radiation des décorés de Juillet.

En définitive, Gisquet, qui a fait le bilan de ces procès, les résume ainsi : « Le jury a condamné 82 individus à diverses peines, savoir : 7 à mort : les sieurs Cuny, Lepage, Lecouvreur, Toupriant, Bainsse, Lacroix et Forthom ; tous ont vu commuer leur peine en celle de la déportation ; 4 à la déportation : les sieurs Colombat, Jeanne, O'Reilly, Saint-Étienne ; 4 aux travaux forcés à perpétuité ; 5 aux travaux forcés pour 10 ans, 1 pour 8 ans, 1 pour 7 ans, 1 pour 6 ans, 5 pour 5 ans. En général ces peines ont été commuées en détention pour la même durée. »

La justice a passé, mais, en regard des événements qui ont ébranlé Paris et qui auraient pu renverser le régime, reconnaissons qu'elle fut indulgente.

8.

La fin de l'épidémie

Le second souffle du choléra

Le bulletin officiel sanitaire de Paris en date du 7 mai était ainsi rédigé :

Décès dans les hôpitaux et hospices	:	18
Décès à domicile	:	17
total	:	35
Diminution sur le chiffre d'hier	:	15

Un commentaire optimiste le soulignait : « ... on peut assurer que, dans quelques jours, le choléra n'existera plus à Paris et, déjà, les symptômes que l'on observe sur les malades nouvellement admis dans les hôpitaux sont tellement atténués que les hommes de l'art se refusent à y voir les indices de la maladie qui régnait le mois passé * ». C'était tromper sciemment l'opinion publique car le rédacteur de ces quelques lignes ne pouvait ignorer le cours de l'épidémie tel qu'on l'avait observé à Saint-Pétersbourg, Varsovie, Vienne, Berlin, Dantzig, etc. Mme de Boigne, elle-même, qui, malgré sa culture, ne se piquait pas de connaissances médicales, savait que « ... partout il a augmenté pendant quatorze jours, est resté stationnaire trois ou quatre et en décroissance pendant trois semaines au bout desquelles la maladie avait changé de caractère et ne présentait plus que les symptômes de ce qu'on appela la cholérine. Elle était rarement mortelle. Puis venait le moment de la recrudescence qui, au bout de quatre mois, ramenait le choléra bleu et les trop justes terreurs » (29). Le délai de quatre mois est peut-être un peu long car, avec l'arrivée du mois de juillet, le

* *Le Journal des débats,* 8 mai 1832.

fléau reprend de l'ampleur. Le 9, Paris déplore 71 morts ; le 13, 88 ; le 14, 107 ; le 15, 128 ; le 16, 170. La panique gagne la population que l'on avait inconsidérément rassurée. Le 18 juillet, ce sont 225 malades qui disparaissent. On saura bientôt que le point culminant de la courbe de mortalité a été atteint ce jour-là. L'expérience de l'étranger a appris aux observateurs que la seconde vague est plus courte et moins meurtrière que la première. Les services de santé n'en prennent pas moins des dispositions telles que la réouverture des Greniers d'abondance où 500 lits sont immédiatement disponibles et 500 autres prêts à l'être dans les 24 heures. Les autres hospices temporaires sont mis en état d'alerte mais, pour le moment, l'Assistance publique dispose encore de 2 500 lits dans les hôpitaux permanents. Dans les arrondissements où l'épidémie renaît avec le plus d'intensité, les bureaux de secours ouvrent à nouveau leurs portes.

Les médecins de qui on s'était détourné et que l'on accusait même d'incompétence connaissent un regain d'estime avec le retour de la maladie. Leur thérapeutique n'a en rien progressé dans les dernières semaines ; du moins savent-ils reconnaître le choléra dans ses tout premiers symptômes, à la phase diarrhéique, et peuvent-ils, dans une faible mesure, grâce à des précautions diététiques, éviter une évolution désespérée. A dire vrai, si les livres de l'état civil vont enregistrer moins de décès lors de cette dernière poussée, cela tient sans doute plus au génie épidémique lui-même qu'aux soins prodigués. A sa première attaque, le mal avait atteint son maximum d'intensité en deux semaines ; il lui en a fallu quatre cette fois-ci, du 17 juin au 18 juillet. En règle générale, les symptômes sont plus atténués : la phase initiale, d'évacuation, est plus longue ; parfois même la phase algide est escamotée et le malade passe directement à la période de réaction. On a voulu attribuer cette explosion du choléra aux températures particulièrement élevées de ce juillet orageux ; en fait, elles n'ont rien eu d'excessif puisqu'elles n'ont pas dépassé 26°5 le II, 23° le 12, 25° le 13, 26°5 le 14 et que le 16 juillet, on n'a pas enregistré plus de 19°3 à midi. La consommation des glaces et des fruits a été aussi incriminée et, comme l'humour ne perd pas ses droits, on peut lire dans un « canard » : « Des cas de choléra grave s'observent en assez grand nombre depuis quelques jours. La chaleur extraordinaire que l'on éprouve doit rendre très circonspect sur l'usage immodéré des fruits et aliments qui demandent une digestion laborieuse car il est reconnu que la saison des fruits est la seule cause qui ait ramené le choléra... Un carliste et un républicain sont morts d'un débordement de bile à l'aspect des fruits que leur ont rapportés les journées des 5 et 6 juin... » (10 [2])

Les militaires sont sérieusement touchés par cette seconde vague : du 10 au 11 juillet, 3 meurent à l'hôpital du Gros-Caillou et un au Val-de-Grâce et les décès vont se succéder au rythme d'au moins un par jour jusqu'au début de septembre avec une interruption entre le 10 et le 20 août. Craignait-on le froid pour les soldats ? Ordre a été donné, en raison de la marche croissante de l'épidémie, de faire quitter la tenue d'été et de faire reprendre immédiatement le pantalon de drap à toutes les troupes, de services ou non * ! Il est des dispositions dont on cherche vainement les raisons.

Il paraît aussi, à en croire les journaux de l'opposition, que les détenus politiques meurent en grand nombre dans les prisons du régime, par manque de soins. L'inspecteur général des prisons de la Seine, Moreau-Christophe, doit faire une mise au point pour calmer les esprits : jusqu'au 4 juillet, à Sainte-Pélagie, à la Conciergerie et à la Force, il n'y a eu, parmi les sujets incarcérés par suite des événements des 5 et 6 juin, aucun cas de choléra **. Cependant, dans *La Tribune* du 8 juillet, plusieurs prisonniers signent une lettre dans laquelle ils accusent les employés de Sainte-Pélagie d'avoir laissé mourir un élève de Polytechnique : le choléra se serait déclaré à deux heures du matin et le malade n'aurait été transporté à l'hôpital qu'à midi. Le directeur, M. Prat, nie formellement les faits.

Comme si l'épidémie devait obligatoirement engendrer l'émeute, l'agitation républicaine renaît et l'on a vent d'un projet de mettre le feu aux chantiers de Paris ; des troubles seraient aussi prévus pour l'anniversaire des journées de Juillet. Il n'est donc pas question de démobiliser. Les 60 000 hommes de troupe qui occupent Paris vont recevoir des renforts. Une nouvelle stratégie est établie par un haut comité dirigé par le maréchal Soult. Les positions principales telles que l'Hôtel-de-Ville, le Louvre, les portes Saint-Martin et Saint-Dennis, la poudrière, ne seront plus défendues de l'intérieur mais à partir des maisons environnantes, ce qui aura pour effet d'élargir le rayon de la défense et d'empêcher les rebelles d'investir celles-ci. La cavalerie parcourra les rues et la garde nationale occupera les boulevards et les principales avenues afin d'éviter l'érection de barricades.

L'atmosphère sent à nouveau la poudre et le mal frappe toujours.

* *Id.,* 20 juillet 1832.
** *Id.,* 5 juillet 1832.

Le château de Saint-Cloud est en émoi. Bien qu'elle ait voulu qu'on ne l'annonçât point, le bruit se répand que Madame Adélaïde, sœur du roi, est en proie à une forte attaque de choléra ; plusieurs membres du personnel en sont également atteints, mais le château ne sera pas endeuillé.

La santé d'Orfila, doyen de la faculté de médecine, donne les plus grandes inquiétudes : victime du fléau vers la mi-juillet, il ne sera vraiment rétabli qu'à la fin août, pour apprendre sa nomination au Conseil général des hôpitaux, à la place laissée vacante par la mort de Chaptal.

Chaque jour, on communique la disparition d'une personnalité : le 1er août, M. Marron, président du Consistoire de l'Église réformée de Paris ; le 3, M. Henry, pharmacien en chef honoraire des hôpitaux, créateur de la pharmacie centrale ; le 7, M. Feval, doyen des conseillers, maître des comptes, réputé pour son immense générosité.

Comme il dînait un soir à sa table et que l'on y servait force vins et liqueurs, Appert rappelait les recommandations de sobriété des médecins à son ami le général Daumesnil, gouverneur du fort de Vincennes. Celui-ci, héros de la garde impériale, dix blessures, une jambe emportée à Wagram, lui répondit crânement : « Mon cher philanthrope, vous avez peur de mourir, venez passer quelques jours avec nous et vous serez plus fort que le choléra » (18). Hélas ! le fort de Vincennes qu'il avait défendu en 1814 contre les Alliés et en 1830 contre les révolutionnaires, ne put résister à l'épidémie ; Daumesnil, qui vécut toujours comme un soldat et rêvait sans doute d'une mort plus glorieuse, succombe misérablement en quelques heures, le 17 août ; il rend son dernier soupir, fait peu commun en ces temps d'incroyance, en serrant sur ses lèvres un christ d'ivoire que lui avait donné le pape Pie VII (91). Il aura droit aux dernières funérailles solennelles suscitées par l'épidémie dont c'est la dernière victime d'importance.

Le 27 août, disparaît le fils du général Carnot. Le 1er septembre, le comte Godefroy de la Tour d'Auvergne, qui avait accepté la fonction bénévole d'inspecteur à l'hôpital des Greniers d'abondance, meurt, victime de sa générosité. Le même jour, l'Académie des inscriptions et belles-lettres perd un de ses membres éminents en la personne de M. de Chézy, professeur de persan et de sanscrit et homme d'une rare bonté. Le 20 septembre, juste avant de s'éteindre, le mal emporte encore Mme de Coigny, une des femmes les plus spirituelles de son temps et dont le salon était fort couru ; elle était adorée de sa famille et de ses amis malgré son incroyable avarice qui lui faisait emporter dans son sac à ouvrage les reliefs des repas qu'elle prenait chez les autres ; elle laisse une fortune immense que l'on découvre petit à petit, sous forme de pièces d'or cousues dans les rideaux, dans son matelas, ses jupons ou glissées dans les lames du parquet. Une originale, certes, mais c'est aussi un témoin important de son époque qui s'en est allé (19).

Avec la recrudescence du fléau, le roi ne manque pas d'occasions pour faire à nouveau des largesses : vers la fin juillet, un simple citoyen nommé Raoult est frappé du choléra ; comme il l'avait contracté en étant de garde au palais du Louvre, Louis-Philippe envoie à sa veuve un secours de 200 francs. Aux Invalides, le 18 juillet, un certain Jouffroy d'Abbans meurt dans une misère profonde et son corps est jeté à la fosse commune. On l'appelait bien Jouffroy la Pompe mais personne ne savait plus qu'il était le véritable créateur de la navigation à vapeur (36).

Et combien d'anonymes grossissent encore le flot des victimes. Le 20 juillet, la maison royale de Saint-Denis, épargnée en avril, voit certains de ses élèves touchés par le fléau. Malgré les prières, la maladie fait des coupes sombres dans les communautés religieuses : la supérieure du couvent de la Madeleine, celle des Dames de la Congrégation ainsi que six sœurs et neuf filles de la Charité sont emportées. Le curé de Notre-Dame des Victoires, l'abbé Laurent Fernbach, rend aussi son âme à Dieu le 26 juillet. Quant à M. Evrat, il va pouvoir compter ses vrais amis car le 8 août, plusieurs journaux, mal informés, ont annoncé sa mort alors qu'il respire la santé.

Les affairistes sont aux aguets et suivent avec intérêt la remontée de la courbe de mortalité. Les compagnies d'assurances sur la vie font à nouveau du démarchage pour proposer des contrats mirifiques sans augmentation de prime. Maille, au 16 de la rue Saint-André-des-Arts, rappelle que son « vinaigre des quatre-voleurs » est souverain contre le choléra.

Les charlatans refont surface : Costel, pharmacien rue Amelot, prépare la fameuse Eau salutaire anticholérique dont on se souvient que Duboc est l'inventeur. Ne pouvant faire face à toutes les demandes venant de France et de l'étranger, ils ont fait appel à un troisième compère, un certain Dubourjal, pour gérer les dépôts hors Paris.

Le prix du pain baisse un peu : pour la première quinzaine d'août, il sera de 16 sous 2 liards. Le peuple s'en réjouit.

Le soir, la bourgeoisie oublie ses soucis : le 23 juillet, alors que l'épidémie inquiète encore avec sa centaine de morts par jour, on se rend à l'Opéra pour entendre *Guillaume Tell* ou, au Français, voir *Tartuffe* et *Les Fourberies*.

Ceux qui se sont battus avec fureur dans la nuit du 5 au 6 juin ne liront sans doute pas sans amertume l'affiche suivante : « Étude de Me Plé, avoué, rue du 29-Juillet, n° 3. Adjudication définitive aux criées du tribunal de la Seine, le 22 août 1832, en 18 lots, sauf réunion,

du passage du Saumon

et dépendances, sis à Paris, rue Montmartre et rue Montorgueil. Montant de l'estimation : 1 690 500 francs... Cette propriété, dans son état actuel, est susceptible d'un revenu de 165 811 francs qui doit encore s'accroître avec le temps ». Le placard ne dit pas l'importance des dégâts à réparer après les terribles combats ni le prix du souvenir de ceux qui sont tombés si nombreux ici. Qui eût dit, il y a quelques semaines, que le fameux passage du Saumon serait mis à l'encan.

Les saint-simoniens, en ce moment, amusent le peuple et taquinent le pouvoir. Héritiers de la doctrine de Saint-Simon qui se préoccupait moins de politique que de réformes sociales, ils en viennent à proposer une collectivisation des moyens de production, capitaux, terres, instruments de travail, et la répartition des revenus en fonction des efforts de chacun. Ce n'est pas « A chacun selon ses besoins » mais « A chacun selon ses capacités ». La bourgeoisie ne voyait pas d'un bon œil se développer ce mouvement d'allure socialiste qui s'exprimait ouvertement par l'intermédiaire d'un journal, *Le Globe*. Les adeptes se réunissaient rue Taitbout dans un local où les orateurs tenaient l'assistance en haleine. Un idéalisme flambait où venaient se brûler des esprits distingués : ingénieurs, artistes, médecins, avocats, tout un monde qui vivait en communauté, rue Monsigny, sous la férule des deux maîtres, Bazard et Enfantin. A l'aspect social du saint-simonisme se superposa bientôt un art de vivre et les deux papes se trouvèrent en désaccord sur le dogme de l'union libre et du mélange des couples que prônait Enfantin, fort et beau gaillard, tandis que Bazard, marié, refusait cette immoralité. Ce fut l'éclatement du groupe ; en avril 1832, le père Enfantin émigra, avec une soixantaine de fidèles, au 145 de la rue de Ménilmontant. Les membres de cette secte réduite adoptèrent des uniformes extravagants aux couleurs criardes, symboles de leur appartenance et de leur grade. La curiosité populaire tourna alors à la raillerie. On venait voir les originaux faire la cuisine, le ménage, jardiner et chanter des mélodies. L'exaltation de la chair surtout excitait le public. Parmi toutes les manifestations provocantes des saint-simoniens, les cortèges funèbres n'étaient pas les moins singulières. Déjà, fin avril, la mère d'Enfantin étant décédée du choléra, on l'avait enterrée en grande pompe au Père-Lachaise. La même cérémonie se renouvelle, le 18 juillet, pour les obsèques de l'apôtre Talabot, emporté lui aussi par l'épidémie (17). Le père Enfantin mène la suite des disciples vêtus de leur redingote bleue, courte et ajustée, de leur gilet agrafé par derrière et de leur pantalon blanc. Cela ressemble plus à une mascarade qu'à des funérailles. Le scandale dans la tenue, dans les opinions et dans les mœurs aboutira, au mois d'aôut, à la mise en accusation des principaux dirigeants.

Tandis que le choléra frappe les Parisiens par centaines et que l'on voit à nouveau les corbillards sillonner les rues, on prépare activement les réjouissances par lesquelles se doit célébrer l'anniversaire des journées de Juillet. Elles feront oublier au peuple sa misère et l'angoisse que le fléau recommence à susciter. En voici le programme détaillé :

1. Mariage de 16 jeunes filles (12 de Paris et 4 de banlieue) appartenant à des familles de combattants des journées de juillet 1830 ou de juin 1832.

2. Distribution de comestibles : le 27 juillet par MM. les maires de Paris avec le concours de MM. les administrateurs des bureaux de bienfaisance, en faveur des ménages inscrits dans les bureaux de charité des 12 arrondissements.

3. Réjouissances publiques. Le 28 juillet commenceront à midi et se prolongeront jusqu'à dix heures du soir :

— Champs-Élysées :

• Grand Carré : deux grands théâtres où seront alternativement représentées, d'heure en heure, des pantomimes militaires à grand spectacle.

• Un autre théâtre pour danses sur la corde, exercices de gymnastique et scènes comiques.

• Quatre orchestres de danse.

• Deux mâts de cocagne garnis chacun de 5 prix à savoir : une montre en or, une montre d'argent, un couvert d'argent, une timbale d'argent, une pipe d'argent.

• Dans la salle ronde contiguë au Grand Carré, il sera dressé un orchestre soigneusement décoré.

— Carré Marigny : un théâtre où s'exécuteront des danses et voltiges sur la corde tendue, des luttes, sauts périlleux et autres exercices d'agilité, deux orchestres de danse, un grand nombre d'harmonies, un mât de cocagne.

— Barrière du Trône : un théâtre d'acrobates, 4 orchestres de danse, un grand orchestre d'harmonie, un mât de cocagne.

— Champs de Mars : à 2 heures après-midi commenceront, dans le Champ-de-Mars, des courses de chevaux montés et de chevaux libres. Elles seront suivies de courses en char et de courses de cerfs. Les exercices du Champs-de-Mars seront terminés par des courses à pied qu'exécuteront les élèves du gymnase normal de M. le colonel Amoros et un peloton de militaire avec armes et bagages.

— Joutes : entre le pont Royal et le pont de la Concorde, il y aura une joute composée de quarante lanceurs choisis parmi les mariniers des divers points de la rivière.

— Illuminations : le Grand Carré, le Carré Marigny, la grande avenue des Champs-Élysées, la place de la Barrière-du-Trône et le jardin des Tuileries seront illuminés en ifs et en guirlandes.

4. Revue de la garde nationale et des troupes de la garnison. Le 29 juillet à ... heures, le roi arrivera à la barrière du Trône ; S.M. parcourra les lignes de la garde nationale et des troupes de la garnison, développées depuis cette barrière jusqu'à l'arc de l'Étoile, en passant par la rue du Faubourg-Saint-Antoine, les Boulevards, la rue Royale, la place de la Concorde et l'avenue des Champs-Élysées.

5. Spectacles gratuits. A 3 heures, il y aura spectacle sur tous les théâtres de la capitale ; des loges y seront réservées pour les épouses dotées de la veille par la Ville de Paris.

6. Feux d'artifice. Dans la soirée du 29, il sera tiré deux grands feux d'artifice : le premier sur le pont de la Concorde, le deuxième, à la barrière du Trône.

7. Illuminations. Le dôme du Panthéon et tous les édifices publics de la Ville de Paris seront illuminés.

Le 3 août, la liesse est plus mitigée, surtout du côté de la famille royale. C'est que la fille aînée de Louis-Philippe, Louise-Marie-Thérèse-Charlotte-Isabelle d'Orléans, épouse, pour des raisons d'État, Léopold de Saxe-Cobourg, devenu, il y a peu, Léopold Ier, roi des Belges. La veille du mariage, la princesse a éclaté en sanglots et le roi en a été si malheureux qu'il a failli renoncer à ce mariage : c'est avec un profond chagrin qu'il voit se faire cette union.

Mais août, c'est d'abord, pour le Parisien, la régression de l'épidémie. Déjà, vers la fin du mois de juillet, le nombre des morts allait en décroissant : 99 le 23, 54 le 26, 32 le 28, 27 le 31 ; le 1er septembre, on n'enregistre que 21 décès. Dès lors, la certitude est acquise que la maladie s'éteint : en août, le nombre quotidien des décès oscille entre 10 et 20 ; en septembre, entre 1 et 10. A partir du 25 septembre, les journaux cessent de publier le bulletin sanitaire ; le cauchemar est terminé. Pas tout à fait car, en octobre, s'il y a des jours sans victimes, le choléra en tue jusqu'à 6 certains autres. Ce n'est que très lentement qu'il va quitter le terrain : 62 décès en octobre, 33 en novembre, 105 en décembre. En janvier 1833, il fera encore 33 morts et 7 en février. En se retirant, le fléau aura emporté 714 Parisiens entre le mois d'octobre 1832 et le mois d'avril 1833, et 80 banlieusards.

Le décompte des morts *

L'épidémie terminée, on fait les comptes. Déjà Mme de Boigne (29) s'étonne des paradoxes du choléra : « [Il] a suivi la même marche partout où il s'est présenté, de quelque façon qu'il ait été traité, et il a parcouru toute l'Europe sans que la science ait découvert le moindre de ses secrets. Il a trompé toutes les conjonctures, déjoué tous les calculs. Il a sévi dans les lieux réputés les plus sains et s'est abstenu là où l'on redoutait ses effets les plus pernicieux.

» Les grands hôtels du faubourg Saint-Germain, peu habités et entourés de vastes jardins ont été décimés, tandis que la fourmilière du Palais-Royal était ménagée et qu'il n'y a pas eu un seul cas de choléra dans les passages vitrés, mal aérés et encombrés de population. » Au premier abord, les hygiénistes sont décontenancés.

Officiellement, l'épidémie aura duré 189 jours ou 27 semaines, du 26 mars au 29 septembre. Sa période de croissance a été de 15 jours tandis que sa période de défervescence, plus prolongée, s'est étendue sur 62 jours, ce qui a été le cas de plusieurs villes d'Europe qu'elle a dévastées. La malignité de la maladie s'est atténuée avec le temps et, tandis que les deux cinquièmes des sujets atteints mouraient initialement, cette proportion fut réduite de moitié à partir du 20 avril. Cha-

* L'essentiel de la documentation pour ce chapitre a été fournie par le « Rapport sur la marche et les effets du choléra-morbus dans Paris par la Commission préfectorale. Paris 1834 » et par l'exploitation qu'en ont faite des auteurs comme Chevalier (40) et Sellier (103) ainsi que par l'étude critique des statistiques de Piquemal (92).

que quartier de la ville a présenté un tableau complet de l'affection : les derniers touchés ont ainsi vu leur phase de plus haute mortalité retardée par rapport à ceux qui avaient été intéressés les premiers.

Le choléra a tué à Paris

— pendant la première période dite d'invasion :

en mars	90	personnes	13 901
en avril	12 733	”	
en mai	812	”	
en juin (jusqu'au 15)	266	”	

— Pendant la seconde période dite de recrudescence :

fin juin	602	”	4 501
juillet	2 573	”	
août	969	”	
septembre	357	”	
	soit au total		18 402

La mortalité ordinaire n'a pas été réduite pour autant car on compte, pour l'ensemble de 1832, 44 119 décès, déduction faite des corps déposés à la Morgue parmi lesquels ceux des émeutiers des 5 et 6 juin. Si l'on retranche les 18 402 morts de choléra, il reste 25 717 individus décédés pour d'autres raisons, maladies ou accidents, alors que la moyenne annuelle, sur les dix dernières années, était de 25 300. L'écart est de 417 : coïncidence, cholériques méconnus ou interaction entre le choléra et la pathologie courante ? La lecture de ces nombres est aride, mais, derrière eux, il faut imaginer, par exemple, l'état d'esprit d'une capitale qui voit disparaître, en un seul mois, 12 733 de ses habitants que rien ne promettait à une mort prochaine ; c'est un maigre sujet de consolation de comparer ce modeste record à celui qu'enregistra Constantinople au VIe siècle, si l'on en croit Procope : 10 000 morts chaque jour du fait de la peste, et pendant quatre mois (79).

Les démographes s'en donnent à cœur joie et vont, jusqu'en 1834, travailler sur le « Rapport » : voici venue l'heure des statistiques, celle des nombres que l'on triture, des relations que l'on cherche entre tous les facteurs possibles afin de déterminer, pour la postérité, ce qui a pu favoriser l'extension du fléau.

Et tout d'abord un pourcentage de référence qu'il ne faudra pas perdre de vue lorsqu'on tentera d'établir des comparaisons, celui de la mortalité cholérique entre mars et septembre : 23,42 pour mille habitants.

Si l'on range par tranches d'âge les 18 402 Parisiens décédés du choléra, on en trouve 1 311 de la naissance à 5 ans, ce qui représente, pour cette catégorie, un sixième de la mortalité ordinaire d'une année ; de 5 à 15 ans, 594, soit quatre dixièmes de la mortalité habituelle de cette tranche d'âge ; de 15 à 30 ans, 2 542, soit deux tiers ; de 30 à 60 ans, 8 411, soit la moitié en plus et de 60 à 100 ans, 5 444, soit neuf dixièmes; ce qui veut dire qu'il est mort deux fois plus de sujets de 60 ans qu'en temps normal.

Les femmes auraient été un peu plus atteintes que les hommes mais il est difficile de dire si le fait est dû « à la différence biologique des sexes ou, par exemple, à cette particularité de la division familiale du travail qui fait le plus souvent de la femme une "grande malade" » (92).

Écartons d'emblée le rôle que pourraient avoir joué, au sein de la capitale, les conditions climatiques et la situation géographique. Aucune relation n'a pu être établie avec certitude entre, d'une part, la mortalité cholérique et, de l'autre, l'altitude, l'humidité, la température ou le régime des vents. On a dit que l'exposition des logements au midi aurait augmenté les décès mais, avec beaucoup d'esprit critique, le « Rapport » remarque qu'« il était possible que, par goût, par une sorte d'instinct, par toute autre raison née de la disposition du local même, il y eût dans Paris plus de chambres à coucher au midi... [ce qui] prouvait, à n'en pas douter, que cet excédent de mortalité, loin d'être la conséquence d'aucun phénomène physique, était le simple résultat de la convenance ou de l'arrangement des lieux » (5).

Dès le mois de mai, on avait essayé de découvrir un lien entre l'activité professionnelle et le choléra. Sur 2 052 cholériques admis à l'Hôtel-Dieu, on avait été frappé par l'importance du nombre des maçons, 101, et celui des cordonniers, 80, et l'on s'étonnait que des métiers aussi différents aient pu favoriser l'implantation de la maladie : l'un fatigant, actif, s'exerce en plein air, l'autre sédentaire, aux gestes mesurés, se pratique en un local réduit. Un mode de vie commun avait, toutefois, retenu l'attention : maçons et cordonniers couchent, le plus souvent, réunis en trop grand nombre, dans des pièces étroites et malsaines.

La passion de la statistique est telle que le « Rapport » ne nécessite pas moins de vingt pages en caractères très serrés pour donner un aperçu de la mortalité cholérique en fonction des catégories de métiers. Celles-ci sont réparties en quatre classes.

La première classe représente les professions libérales ; on y inclut aussi les propriétaires, les employés et les commis. Elle a été moins frappée par le choléra que par la mortalité ordinaire : « D'après le chiffre des décès de 1831, elle aurait dû perdre par le choléra 2 651 personnes sur 14 592 ; 2 073 seulement ont succombé, la différence est donc au moins de 578 ou 218 millièmes. »

La deuxième, dite des professions commerciales, a payé un plus lourd tribut puisque « sa différence en plus est de 394 ou 207 millièmes. »

La troisième, celle des professions mécaniques, a été un peu moins touchée avec une différence en plus de 543 ou 77 millièmes.

La quatrième, les professions salariées, a eu la plus forte surmortalité : 727 en plus soit 211 millièmes.

Comme on le voit, cette étude se réfère uniquement à la mortalité antérieure, celle de 1831. Elle est certes complète : toutes les professions y sont passées en revue, depuis l'administrateur qui figure en première ligne jusqu'aux officiers généraux qui ferment la liste ; on y trouve la mortalité des mathématiciens, des pédicures, des peintres sur porcelaine, des passementiers, crieurs publics, cornacs, postillons, etc. On peut chercher le métier le plus saugrenu, il figure dans le catalogue. L'énumération en est fort curieuse mais le rapport à la mortalité antérieure est d'un intérêt infiniment moins grand que ne l'eût été une statistique préalable des professions. A quoi sert de savoir qu'il est mort du choléra 74 personnes exerçant le métier de charbonnier dont 45 hommes, 23 femmes et 6 enfants, si l'on ne connaît pas le nombre total des charbonniers de Paris. De plus, « il est des métiers passe-partout (par exemple chez les femmes, celui de couturière ou de blanchisseuse) qui peuvent recouvrir des activités assez diverses jusqu'à l'inactivité pure » (92). Cette étude des morts et des malades en fonction de leur travail est donc plus pittoresque que réellement utile.

Les militaires ont fait l'objet d'une analyse particulière et le dénombrement de ceux qui sont morts du choléra a été fait globalement pour le département de la Seine en raison de la situation périphérique de la plupart des casernes : la proportion de victimes, dans ce département, a été, parmi eux, de 25,66 pour mille contre 21,83 pour mille chez les civils.

Dans les hospices, il n'est pas mort plus de vieillards que dans la tranche de population au-delà de 60 ans et décédée chez elle : 64 pour mille.

Les autorités annoncent triomphalement que la proportion de détenus disparus du fait de l'épidémie a été moindre que celle de l'ensemble des Parisiens. En fait, les prisons ou les maisons de santé ont perdu 61 prisonniers sur 2 727, soit 22,38 pour mille contre 23,42 pour la capitale : la différence est faible mais il est déjà bien heureux qu'elle soit en moins car on s'attendait au pire à la Force ou à Sainte-Pélagie.

On semble attacher une grande importance au rôle favorisant joué par les facteurs moraux. Gisquet (53) décrit ainsi la victime désignée : « Une personne manquant de force morale, se livrant à des excès quelconques et parfois réduite à se priver d'aliments et de sommeil ; passant alternativement de l'oisiveté à un travail excessif et d'un état de tranquillité d'esprit à des impressions violentes. » Le « Rapport » remarque que « les excès auxquels se livre trop souvent le dimanche la population ouvrière de Paris paraissent avoir produit une augmentation de un huitième dans le nombre des entrées aux hôpitaux le lundi ». En fait, on peut trouver à ces entrées du lundi plusieurs autres explications : les ouvriers avaient pris l'habitude de remettre au lendemain leur hospitalisation prévue pour le dimanche ; d'autre part, il n'y a pas de consultation hospitalière ce jour-là et le Bureau central n'est ouvert que deux heures au lieu de cinq (92). On voit donc avec quelle précaution il faut interpréter des faits apparemment évidents.

Grossièrement, la carte de la mortalité cholérique se superpose à celle de la répartition des richesses. Qu'on se rappelle les grands axes de Paris : la Seine avec l'aisance sur la rive droite, la pauvreté sur la rive gauche ; la rue Saint-Denis avec les quartiers bourgeois à l'ouest, les quartiers ouvriers à l'est. La rive droite a vu mourir moins de cholériques, avec 18,7 pour mille que la rive gauche avec 28,7. L'ouest de la rive droite est très privilégié avec un taux de 12,4 pour mille par rapport à l'est avec 26 : deux fois plus de victimes, ici, chez les artisans et ouvriers que chez les bourgeois. C'est dans les secteurs surpeuplés du centre que le fléau a été le plus ressenti et de façon très supérieure à la moyenne. Sur la rive droite : 58 pour mille à l'Hôtel de Ville, 42 aux Arcis, 41 à l'Arsenal, 29 au Marché Saint-Jean, 27 au Louvre, 23 aux Lombards et à Sainte-Avoye ; sur la rive gauche : 36 à Saint-Jacques et 38 au Jardin des plantes ; dans les îles : 52 à la Cité et 32 à l'île Saint-Louis. En revanche, dans les quartiers riches de la nouvelle bourgeoisie comme celui de la Chaussé-d'Antin, on ne relève qu'un faible taux de 9,5 pour mille. Et, cependant, il est des anomalies qui prouvent que l'inégalité des revenus et des biens n'explique pas tout : le faubourg

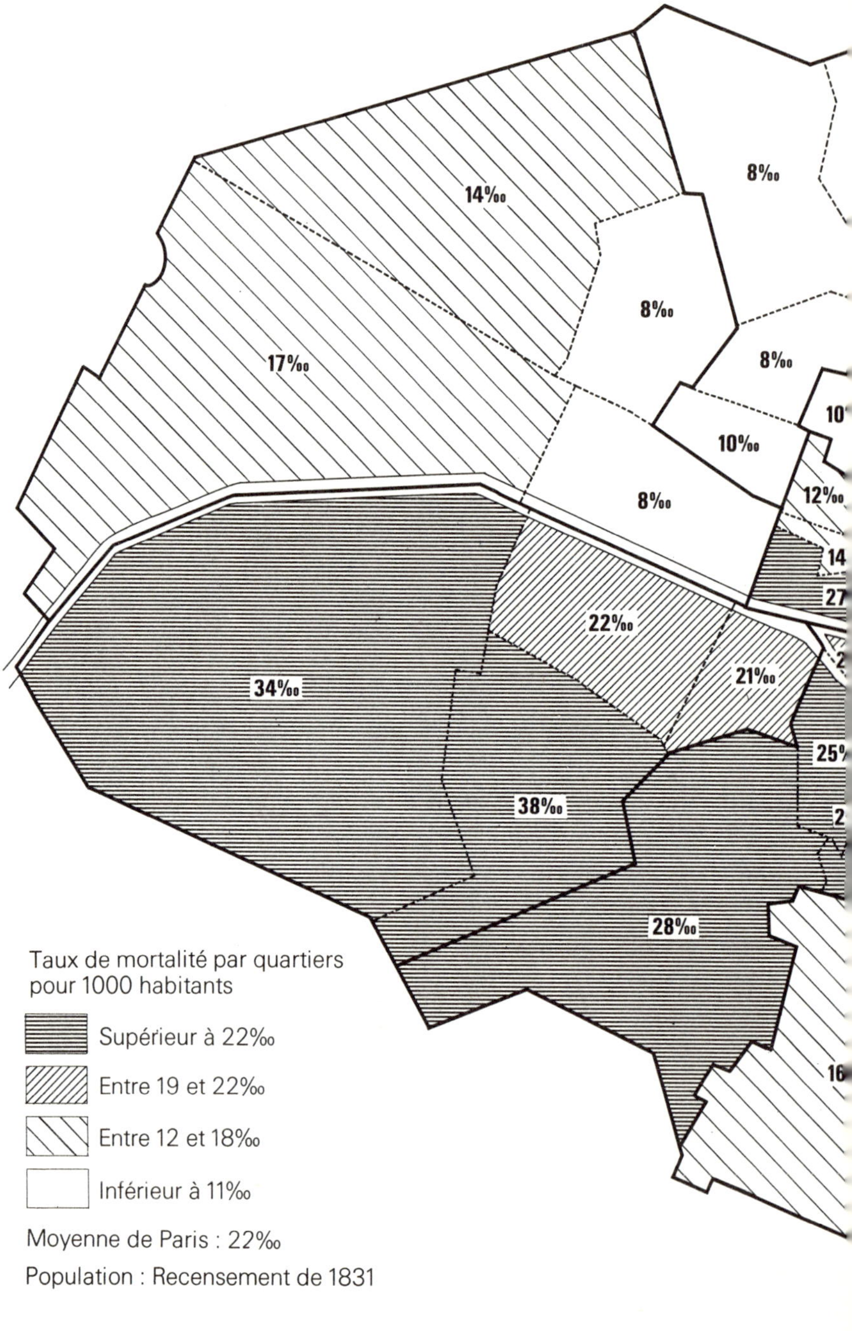
14‰
8‰
8‰
17‰
8‰
10‰
10‰
8‰
12‰
14
27
22‰
21‰
34‰
25‰
38‰
28‰
16
Taux de mortalité par quartiers
pour 1000 habitants
Supérieur à 22‰
Entre 19 et 22‰
Entre 12 et 18‰
Inférieur à 11‰
Moyenne de Paris : 22‰
Population : Recensement de 1831

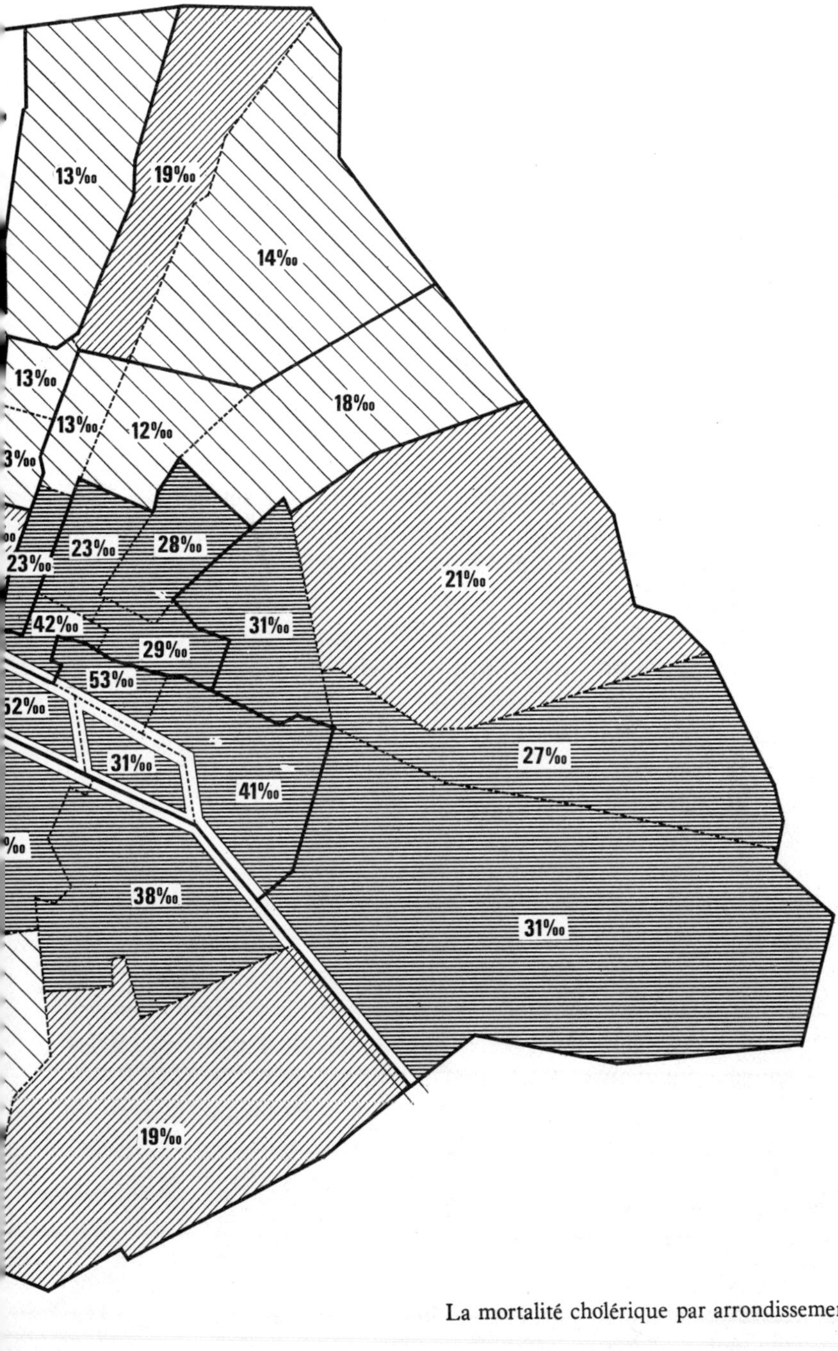

La mortalité cholérique par arrondissement

Saint-Germain, si cossu, et les parties environnantes du Xe ont vu disparaître 29 pour mille de leurs habitants ; le quartier des Invalides avec ses hôtels particuliers a été touché à 34 pour mille, presque autant que le Jardin des plantes. A l'opposé, des secteurs éminemment populaires comme Saint-Eustache et Montorgueil n'ont eu que des taux très bas de 12 et 8 pour mille.

N'ayant pas découvert de relations certaines entre choléra et arrondissements, le démographe s'est adressé à une plus petite échelle, celle de la rue. Ici encore une déception l'attendait : des rues saines et élégantes ont parfois été aussi atteintes par l'épidémie que les plus misérables. « Certes, il n'y a aucune comparaison à faire, aucune identité à établir sous le rapport de la salubrité, de la ventilation, des habitudes de la population, et de sa densité entre la rue Saint-Merri et la rue Guisarde : cependant la mortalité est la même pour toutes les deux ; entre la rue de la Roquette et la rue Saint-Jacques-la-Boucherie, et elles ont été également frappées ; entre la rue Cassette et la rue de la Verrerie qui ont eu chacune 39 décès sur mille ou la rue des Fossés-Saint-Victor qui n'en a eu que 35 ; entre la rue Saint-Dominique et la rue de la Harpe qui donnent, la première 38 et la seconde 20 décès seulement ; entre la rue Saint-Louis-en-l'Ile et la rue Mouffetard et cette dernière a été plus épargnée ; entre la rue des Marmousets et la rue du Bac et celle-ci a été plus maltraitée que celle-là. »

Descendant encore d'un échelon, le spécialiste en arrive à la maison et là, la relation avec le choléra lui apparaît éclatante. « Ce sont ces maisons, la plupart hautes de cinq étages, larges de 6 à 7 mètres de façade et n'ayant point de cour qui ont donné 4,6 et jusqu'à 10 et 11 décès. Ce sont enfin leurs habitants (146 000), le cinquième de la population, qui entrent à eux seuls pour le tiers de la mortalité cholérique (6 492 décès)... parce que nulle autre part l'espace n'est plus étroit, la population plus pressée, l'air plus malsain, l'habitation plus dangereuse et l'habitat plus misérable. » Ces immeubles meurtriers sont situés dans les ensembles les plus pauvres, ou les rues les plus mauvaises des beaux quartiers comme les rues Saint-Nicolas-d'Antin, des Jardins-Saint-Paul, Saint-Germain-l'Auxerrois, qui dépendent des quartiers de la Chaussée-d'Antin, de l'Arsenal et du Louvre ; ou bien ces maisons elles-mêmes offrent ce qu'il y a de pire parmi les habitations de Paris : ce sont celles de la Petite-Pologne , de l'Enclos-de-la-Foire-Saint-Laurent, des rues des Marmousets, Coquatrix, Geoffroy-Lasnier. Là, pressés, entassés dans des chambres étroites où, comme aux numéros 62, 38, 20 et 114 de la rue de la Mortellerie, ils ont à peine 3 m² d'espace pour chacun, aux numéros 24 et 26 de la rue des Marmousets, où ils en ont 2 ; au numéro 126 de la rue Saint-Lazare où 492 individus n'en ont pas un... Tous montreraient qu'à l'exception d'un petit nombre de cas..., là où une population misérable s'est trouvée encombrée dans des logements sales, étroits, là aussi l'épidémie a multiplié ses victimes ».

Ainsi, le bilan de l'épidémie tel que l'ont reconstitué les chercheurs entre 1832 et 1834 aboutit, faute de documents précis et par une exploitation encore sommaire de ces documents, à des conclusions qui manquent de rigueur. Très souvent, les comparaisons de groupes ont recours à des catégories de caractère qualificatif telles que l'insalubrité, la misère, le malsain là où il faudrait des données chiffrées. Il ressort cependant que l'indigence de la population et l'insuffisance des logements ont favorisé les taux élevés de mortalité cholérique comme ils étaient responsables aussi d'une mortalité courante supérieure à la normale.

La banlieue malade et la province

Il eût été incompréhensible que le fléau se fût limité à Paris et, selon toute logique, dès le 1er avril, on signale un cas à Puteaux, deux à Saint-Denis, un à Passy, un à la Villette et un à Charenton. Quarante-huit heures plus tard, c'est la proche banlieue dans son ensemble qui ceint la capitale d'une couronne morbide : quinze cas à Vaugirard, deux à Villejuif, deux à Arcueil. Le cercle s'élargit très rapidement et, le 10 avril, Nemours, Poissy, Mantes, Meaux, Saint-Germain, Melun, Compiègne, Versailles comptent leurs malades et déjà leurs morts.

On appelle au secours de tous les côtés. Desportes, Delessert et Valdruche, administrateurs des hôpitaux, font ouvrir des infirmeries. Le maire de la Villette crée un hôpital temporaire. Le doyen Orfila détache quinze étudiants parisiens à Puteaux et Clichy qui sont démunis de tout service médical. Louis-Philippe porte une attention particulière à Neuilly : une ambulance est installée face au château et c'est à qui, des habitants ou des autorités, fera preuve de plus de générosité ; le roi s'inscrit pour 1 000 francs et Madame Adélaïde pour 200.

Auteuil va être épargné par l'épidémie qui, partout ailleurs, suivra son cours classique ; c'est ainsi qu'à partir du début du mois de mai,

Neuilly respire car les chiffres de mortalité décroissent. Quant à la ville de Sèvres, si elle annonce, pour le dimanche 27 mai, la fête de la commune et la réouverture de la Manufacture royale de porcelaine, c'est sans doute que tout y va pour le mieux.

En Seine-et-Oise, selon les prévisions, le choléra a été très meurtrier dans les localités du bord de Seine et dans les sites humides : Sèvres, Le Pecq, Argenteuil auront beaucoup souffert. En revanche, il aura été peu agressif pour les lieux élevés comme Versailles, Saint-Germain, Ville-d'Avray, le haut Meudon, Cormeilles.

Cependant, les exceptions sont nombreuses : si des villages réputés pour leur salubrité comme Châtenay, Vitry, le Plessis-Piquet, Rosny, Sceaux, Châtillon n'ont que peu ou pas souffert, d'autres, tout aussi sains tels Saint-Ouen, Fontenay-sous-Bois, Asnières, Puteaux ont connu une mortalité de 35 à 55 pour mille (76). Passy, de même, malgré son exposition favorable, ensoleillée, avec ses maisons individuelles luxueuses, sa population riche, a subi un taux de mortalité de 26 pour mille, plus élevé qu'à Paris.

Mais c'est à Montfaucon, infecte vidange et clos d'équarrissage méphitique, que le choléra s'est révélé sous son aspect le plus déconcertant ; là et dans les communes environnantes de la Villette, Belleville, Pantin, du Pré-Saint-Gervais, de Noisy-le-Sec et de Romainville, on n'a compté que 16 morts sur mille habitants. Toutes les règles de l'hygiène ont été apparemment déjouées. Que l'on pénètre dans les différents chantiers de Montfaucon, l'étonnement ne fait que croître : « Pendant tout le temps qu'a duré l'épidémie, pas un équarrisseur n'est mort, bien plus, pas un n'a été indisposé. Pendant le même temps, sur 145 ouvriers (hommes et femmes) occupés à la préparation de la poudrette *, un seul homme est mort du choléra. Dix ouvriers pris parmi les hommes et les femmes ont été obligés de suspendre leurs travaux pendant quelques jours pour de simples indispositions, mais ils sont tous rentrés dans leurs ateliers.

Trente boyaudiers sont occupés, au milieu même du clos, dans des pièces fermées où l'air ne se renouvelle pas : sur ces trente, un ouvrier est mort du choléra, une femme a été indisposée. Trente autres boyaudiers travaillent à quelque distance, chez Mme Texada, qui nous a assuré que la santé de ses hommes a été aussi bonne pendant l'épidémie que dans toute autre circonstance... » (88).

La province ne tarde guère à être envahie à son tour. On peut dis-

* Engrais solide obtenu à partir des matières fécales humaines.

cerner trois grands axes de propagation du fléau en direction du nord, de l'est, sud-est et du sud-ouest *. En avril, en plus de la Seine, de la Seine-et-Oise et de la Seine-et-Marne, l'épidémie augmente de 50 % les décès, par rapport aux indices d'avril 1830 et 1831 dans l'Oise, la Somme et l'Aube : dans ce dernier département, le petit village de Courteron perdra 96 habitants sur 500, ce qui représente l'effarante proportion de 192 décès pour 1 000 âmes (76). En mai, le choléra s'étale sur une large zone de la Seine à la Marne, couvrant l'Aisne, la Meuse, le Pas-de-Calais, le Nord. Lille, au sous-sol marécageux, sillonnée de canaux envasés, humide, brumeuse, est frappée le 31 mai ; l'épidémie ne la quittera qu'en novembre après avoir atteint 1 619 de ses 70 000 habitants et en avoir tué 706, soit seulement 10,08 pour mille (40). En mai aussi, l'Yonne, la Nièvre, le Loiret, l'Eure-et-Loir, le Loir-et-Cher et la Loire-Inférieure sont attaqués.

En juin, il n'est pas un département situé entre le bassin parisien et les frontières du nord et du nord-est jusqu'à la Meurthe qui soit épargné. Vers le sud-ouest, le Maine-et-Loire et l'Indre sont envahis. George Sand tremble pour son ex-mari Casimir Dudevant et son fils Maurice qu'elle a laissés à Nohant : « Mercredi 13 juin — Mon ami, le choléra fait donc de grands progrès. Je suis horriblement inquiète. Autant j'étais tranquille pour Solange et pour moi quand le mal était ici, autant je suis effrayée pour Maurice et pour toi à présent que je suis loin de vous. Cependant, je n'ose pas aller vous rejoindre à cause de Solange que j'exposerais de nouveau à ce danger... Tu ferais peut-être bien de venir passer ici quelque temps avec Maurice en passant par Bourges. Mais si Nohant est déjà envahi par la maladie, il y a plus de danger à se déplacer qu'à rester... » (101).

Mais, dès juillet, malgré la recrudescence observée dans la Seine et dans l'Eure, la carte du choléra se rétrécit et surtout les taches sombres des départements à forte mortalité commencent à pâlir. A partir du mois d'août, la peau de chagrin se rétracte encore, malgré l'invasion tardive de Bordeaux où les mesures prises par la police sanitaire du port ont peut-être limité à 10 pour mille le nombre des décès cholériques en dépit des étroites relations maritimes avec les ports de la Baltique et de l'Angleterre (40). En octobre, le fléau ne revêt encore quelque importance que dans deux îlots : les Côtes-du-Nord et le Morbihan, la Somme et le Nord.

* La tache d'huile de l'épidémie peut être clairement suivie grâce à l'indice départemental mensuel de surmortalité pour lequel ont opté Bourdelais et Raulot (31).

Pendant toute cette période d'avril à octobre, et malgré ses besoins personnels, Paris a secouru la province dans la mesure de ses moyens. Il est peu de départements qui, par l'intermédiaire du ministère du Commerce, n'ait eu recours à la faculté de médecine de Paris, véritable centre de l'organisation sanitaire en France. De là sont partis nombre d'étudiants et de médecins dont quelques-uns connurent les mêmes vicissitudes que dans la capitale : accusations d'empoisonnement, attaques de la maladie, exercice de la profession dans des conditions inhumaines. Louis-Philippe, pendant ce temps, ouvrait sa cassette personnelle et distribuait aux communes la somme non négligeable de 527 000 francs. Ces aides morales, scientifiques, matérielles, n'empêchèrent pas la province de déplorer 94 666 morts sur 229 534 cholériques répartis dans 50 départements.

Il est des coupables tout désignés à l'extension de l'épidémie sur une grande étendue du territoire. Nous savons déjà que les maçons creusois y ont leur part, du moins dans l'expansion vers le sud-ouest *. Si l'on suit les déplacements des armées, on voit des foyers éclater tout le long de leur passage, particulièrement en direction du nord-est, et se multiplier dans la Meuse. Les échanges commerciaux, le retour des étudiants chez eux sont autant de facteurs susceptibles de disséminer la maladie. Les nourrices, à cet égard, sont des agents vecteurs plus redoutables qu'il n'y paraît. Cinquante pour cent des nourrissons parisiens, en temps ordinaire, sont confiés à leurs mains mercenaires et partent vers les villages proches de Paris, pour ceux des familles les plus aisées qui peuvent ainsi leur rendre visite, ou vers des campagnes lointaines pour ceux issus de milieux plus modestes. Le choléra ayant suscité l'inquiétude des parents qui désiraient éloigner leurs enfants de la contagion, les nourrices affluèrent de leurs provinces, répondant ainsi à une demande importante. Mais, avec le nourrisson, elles rapportaient le choléra dans leur village et l'on voyait, dans leur famille, puis dans leur entourage et enfin dans la contrée, éclore soudain un foyer épidémique. « Une carte de la répartition géographique de ces nourrissons parisiens se superposerait sans doute à celle de l'extension épidémique en mai ou en juin 1832 » (31). L'infrastructure des voies de communication ne peut être négligée lorsque l'on considère la distribution du fléau et ce n'est sans doute pas par hasard que la plus grande densité de la morbidité et de la léthalité sont rencontrés dans le nord et le nord-est où le réseau rou-

* Cf. *supra* : L'épidémie s'étend, peur et courage, p. 107.

tier est le plus dense et les voies navigables et les canaux les plus nombreux (31).

Enfin le mal quitte la France. Hormis quelques cas sporadiques, on l'estime éteint. Déjà le 6 juin, le ministère de l'Intérieur, en Russie, avait proclamé qu'il avait entièrement disparu sur toute l'étendue de l'Europe. Il avait quitté l'Europe centrale et l'Angleterre. Il s'élance maintenant à l'assaut du Canada où il débarque à Grosse Island et fait 1 000 morts. Le 23 juin, il est à New York ; le 5 juillet à Philadelphie ; en 1833, il gagnera le Mexique. Mais l'Europe n'est pas encore libérée ; au début de 1833, comme si l'on avait soufflé sur des braises, il réapparaît en Hongrie puis il se propage au Portugal et, malgré toutes les mesures qu'elle avait prises, l'Espagne est envahie au milieu de cette même année. On ne s'en inquiète guère en France. L'année se termine, 1834 se passe dans le calme quand, le 7 décembre, inopinément, alors qu'elle avait été miraculeusement épargnée en 1832, Marseille connaît son premier cas, vraisemblablement importé d'Oran. Lourdement frappée par la peste en 1720, elle n'a pas oublié le sens du mot « épidémie ». La population entassée autour du port, dans des maisons misérables, sales, sans la moindre hygiène, est saisie de frayeur. Le nombre des décès ne sera pas très élevé lors de l'invasion initiale : 788, mais augmentera fortement lors de la recrudescence : 2 470 soit, au total, pour une population de 145 215 habitants un taux de mortalité de 22,43 pour mille, très voisin de celui de Paris.

On n'ose plus crier victoire. Chacun retient son souffle dans l'attente d'un nouveau désastre mais, en fait, c'est bien fini. L'épidémie est terminée : l'Europe peut relâcher ses cordons sanitaires.

Les derniers remous de l'année

L'affaire des 5 et 6 juin à peine refroidie, le choléra avait fait sa rechute en juillet et déjà, comme si les républicains attendaient les signaux de la maladie, la fièvre renaît aux approches de l'anniversaire des Trois Glorieuses. Dans la nuit du 29 juillet, aux environs de onze heures, deux à trois cents jeunes gens qui reviennent d'un pèlerinage aux tombeaux de la fontaine des Innocents et du Louvre, se massent sur le pont d'Arcole et entonnent *La Parisienne* et *La Marseillaise.* Attirés par les chants révolutionnaires une vingtaine de sergents de ville apparaissent à l'entrée du pont du côté de la Cité tandis qu'à l'autre bout un piquet de la garde municipale vient fermer l'autre issue. A partir de ce moment, les versions diffèrent : *La Tribune* du 31 juillet raconte un épouvantable massacre perpétré par les forces de l'ordre : « ... il était minuit ; les coups furent portés dans l'ombre et sans bruit. Un nommé Perrot, bijoutier, qui se rendait tranquillement chez lui, rue des Ursins, n° 5, a reçu quatre coups d'épée à la tête et un autre, qu'il a paré avec la main, lui a coupé le doigt. Tombé sans connaissance, il a été laissé pour mort, gisant dans son sang. Quand il est revenu à la vie, il a aperçu une dizaine de jeunes gens qui se traînaient comme lui, tout ensanglantés. Il raconte avoir vu, au commencement de cet horrible carnage, plusieurs jeunes gens jetés à la Seine, les uns morts, les autres vivants... Aujourd'hui encore, le pont et le quai étaient rougis de longues traces de sang. » Le lendemain, la même feuille donne des renseignements complémentaires et rectifie les données : ce sont cent cinquante agents de la force publique qui se sont précipités sauvagement sur trente malheureux fuyards inoffensifs qui furent tous laissés pour morts ou jetés par-dessus le pont ; les bourreaux seraient même descendus sur les berges pour achever les agonisants. Pour la préfecture, ce sont les « individus » armés de bâtons qui se sont précipités sur la police qui n'a fait que se défendre. Il n'en est résulté, de part et d'autre, que quelques égratignures (53).

Une enquête judiciaire s'avère donc nécessaire qui en entraîne une seconde faite par des magistrats de la cour royale. En effet, pendant des mois, *La Tribune* ne cesse de revenir sur cette affaire et continue d'en appeler au meurtre. La justice, après audition des témoins et surtout après avoir constaté qu'il n'y avait eu que cinq blessés, si légers qu'ils se promenaient dans Paris dès les premiers jours du mois d'août, établit la preuve des excès de langage de l'opposition.

Le 19 novembre, alors que Louis-Philippe se rend à la Chambre des députés, au moment où il traverse à cheval le pont Royal, une détonation retentit : personne n'étant atteint, le cortège continue sa route, tandis que, sur la chaussée, les badauds font cercle autour de deux pistolets dont un fume encore. On arrête un nommé Bergeron qu'on relâchera quelques jours plus tard faute de preuves (76).

On profite de cet attentat pour donner des coups de sonde dans les milieux républicains, ce qui permet l'arrestation d'un bon nombre de suspects.

Le 24 novembre, la coterie de Victor Hugo applaudit à tout rompre *Le roi s'amuse* ; la pièce est tendancieuse, la salle vibre aux bonnes répliques, conspue le souverain et son fils le Grand Poulot ; des chants séditieux s'élèvent de toutes parts. Par ordre du gouvernement, la seconde représentation est interdite. Des émeutes avortées, une agression manquée, une répression sévère et efficace et voilà le parti républicain à genoux pour quelques années.

Du côté des bonapartistes, il n'y a pas grand-chose à craindre. L'opposition des partisans de l'empire est de peu d'ampleur et tiède, à commencer par les têtes, Jérôme et Louis ; quand au fils cadet de ce dernier, Louis-Napoléon, vivant en Suisse, il est considéré comme un rêveur. Ne parlons plus du duc de Reichstadt : l'Aiglon vient de mourir à Schoenbrunn le 22 juillet au petit jour. Il en a été pour lui comme pour toutes les personnalités de quelque envergure : les détails de son autopsie ont été publiés dans la presse du monde entier et l'on s'étonne encore qu'avec des lésions pulmonaires aussi considérables, la tuberculose ne l'ait pas emporté plus tôt. Les réactions sont minces à Paris. Le comte Apponyi se contente de noter dans ses carnets : « La nouvelle du décès du duc de Reichstadt nous a gâté le petit bal qui avait été arrangé comme surprise pour Rodolphe II qui atteint aujourd'hui l'âge de ses vingt ans » (19). L'Aiglon est mort ; on peut raviver sans danger le souvenir de la gloire du père et Louis-Philippe autorise le rétablissemnet du portrait de l'Empereur par Ingres dans la bibliothèque des Invalides (14).

Quant aux royalistes, ils ne sont pas mieux lotis. La duchesse de Berry, belle-fille de Charles X, en qui on mettait tous les espoirs d'une restauration par l'intermédiaire de son fils Henri, a essayé sans succès de soulever la Provence puis la Vendée. Le 7 novembre, sur dénonciation de Deutz, son propre filleul, elle est arrêtée près de Nantes et enfermée au château de Blaye. Prison pour satisfaire le peuple mais prison dorée pour ne pas mécontenter les gouvernements étrangers. Louis-Philippe ne sait que faire de cette captive encombrante quand surgit un dénouement inattendu : la duchesse, en qui certains voulaient voir la régente du royaume restauré, est enceinte des œuvres d'un certain comte Lucchesi-Palli. Celui-ci récuse d'ailleurs, sur le moment, cette paternité. Mais lui ou un autre, au point où ils en sont, les espoirs des légitimistes s'effondrent dans l'hilarité générale.

Toutes les classes politiques se trouvent maintenant réduites au silence. Le gouvernement y a veillé avec soin car la France est à nouveau, depuis le 11 octobre, sous la férule d'une direction ferme. Louis-Philippe, un peu contre son gré, a réalisé que les affaires ne pouvaient être menées par lui seul : il les a confiées à un triumvirat énergique, de Broglie, Guizot et Thiers avec, à la présidence du Conseil, le maréchal Soult.

Toutefois, une nouvelle opposition se fait jour, moins éclatante au début que celle des politiciens, mais peut-être plus efficace, l'opposition sociale. Le choléra, révélateur des inégalités, a suscité l'apparition de coalitions ouvrières où vont germer des mouvements revendicatifs. Ce n'est plus la révolte mais la contestation. Les charpentiers de Paris, dès le début du mois d'août, réclament un minimum de 3,50 francs pour une journée de dix heures. Certains entrepreneurs refusent ; les ouvriers s'opposent à l'ouverture de leurs chantiers et, comme on arrête quelques-uns d'entre eux, la Société des Compagnons passants charpentiers jette un interdit de cinq ans sur les entreprises récalcitrantes. Thiers, ministre de l'Intérieur, juge la situation assez grave pour s'entremettre et rendre justice aux travailleurs (50). L'inquiétude de la préfecture de police perce dans le bulletin du 7 novembre : « Il serait très malheureux que cette mutinerie fût de longue durée car la suspension des travaux de charpente arrête nécessairement les autres travaux de construction et il est à craindre que les ouvriers des autres classes se montrent à leur tour aussi exigeants, aussi insubordonnés que les charpentiers » (111). Bientôt, en effet, les tailleurs de Paris exigent aussi une augmentation de salaire, menacent de cesser le travail et obtiennent gain de cause ; puis vient le tour des serruriers, des doreurs qui font abolir le travail aux pièces comme dégradant. Le mouvement gagnera bientôt la province et 1833 verra éclore les premières unions nationales de métier. Née de la misère et de l'épidémie, proche parente des insurrections mais d'un caractère évidemment tout différent, cette révolution sociale, qui n'est pas encore la lutte des classes, s'annonce comme l'aube d'une nouvelle dimension prolétarienne.

La leçon inutile

La tourmente est passée. Malgré les anomalies constatées dans la répartition topographique du choléra qui a frappé des sites où on ne l'attendait pas et en a respecté d'autres qui semblaient faits pour l'accueillir, la Commission de salubrité recommande instamment que l'on rende « les rues plus propres, les maisons plus saines, l'existence de leurs habitants meilleure ». L'administration fait preuve de bonnes intentions ; on donne même à entendre qu'il serait sage de laisser subsister, dans le pays, une certaine peur, propre à faciliter l'application des mesures d'hygiène. Un mouvement d'opinion naît dans la population qui devrait inciter les autorités à assainir Paris mais les réalisations ne seront pas à la hauteur des besoins.

L'affaire de la rue de la Mortellerie est un exemple de la dérision des dispositions prises par la municipalité. Cette longue voie, parallèle à la Seine, en retrait du quai de la Grève, avait été ouverte en 1212 et ainsi dénommée parce qu'elle était habitée surtout par des morteliers, maçons et gâcheurs de mortier d'origine limousine. Étroite, malsaine, surpeuplée, elle avait connu, dans ce mois de malheur, un des taux de mortalité les plus élevés de la capitale : 300 personnes, soit 64 pour mille. Aussi, dès le calme revenu, les habitants du quartier, ignorant l'origine du nom de la rue et n'y voyant que le mot « mort », exigent-ils qu'on la débaptise. Il faudra attendre le 16 février 1835 pour qu'enfin un décret change le nom de Mortellerie en celui de rue de l'Hôtel-de-Ville : maigre satisfaction, car la prochaine épidémie n'y sera pas moins meurtrière.

On détruit bien quelques masures ici et là. Les bouges les plus infâmes de la Cité disparaissent avec le percement, en 1833, des rues d'Arcole et de Constantine, mais on laisse, dans son état, l'ignoble rue des Marmousets. Aux alentours de l'Hôtel de Ville, la création des rues Lobau et François-Miron n'est pas suffisante pour aérer ce quartier dense et vétuste. En 1838, le préfet Rambuteau donne les premiers coups de pioche pour ouvrir un axe de circulation qui portera son nom. Plus qu'un acte d'hygiène, c'est en fait une mesure économique destinée à faciliter le trafic dans le secteur commerçant de la rue Saint-Denis (103). Quant aux trottoirs, ils passeront de 16 à 260 kilomètres entre 1833 et 1848.

Mais les démolisseurs se heurtent aux intérêts privés qui opposent une puissante force d'inertie. La rénovation du quartier des Halles s'avérant être une tâche surhumaine, on envisagera de les déplacer ce qui va susciter un tollé général. « Les protestations des propriétaires et locataires des rues voisines des Halles dont le déplacement aboutirait à la dépréciation de la valeur foncière de certains arrondissements, l'intérêt des industriels et commerçants du quartier qui seraient ruinés en cas de transfert », influencent les édiles qui votent, à une quasi-unanimité, l'amélioration sur place (44). Pauvre programme face à la tâche à accomplir.

Le développement de l'hydraulique ne fait que des progrès apparents : les eaux de l'Ourcq que l'on prône tant et qui sont pourtant si médiocres empruntent 39 kilomètres de conduites en 1832, 134 en 1839 et 165 en 1842 ; cependant, si l'on tient compte de l'augmentation considérable du nombre des industries et de leurs besoins en eau, le Parisien de 1842 n'est guère plus avantagé que celui de 1832. Il gagnera toutefois d'attendre un peu moins longtemps pour remplir son broc puisque les bornes-fontaines seront passées de 217 à 1 158. Mais pour avoir une eau pure, vraiment propre à la consommation, il lui faudra laisser venir la seconde moitié du siècle : en avril 1854, au moment où le choléra se ranime pour la troisième fois, l'ingénieur Belgrand propose de dériver sur Paris les sources de la Dhuis et de la Vanne et d'y adjoindre les eaux filtrées de la Marne. Le projet ne sera adopté qu'en 1859.

Bien que sensibilisés aux précautions d'hygiène par les avertissements qui leur sont donnés de toutes parts, les gens du peuple ne se lavent pas davantage. Entre 1831 et 1840, 23 nouveaux établissements de bains voient le jour ce qui est proportionnellement insuffisant par rapport à l'augmentation régulière et rapide de la population.

Un décret-loi du 26 mars 1832 oblige les propriétaires à établir des branchements particuliers pour l'écoulement de leurs eaux ménagères dans les égouts (67). Mais où chercher ces égouts ? Un effort considérable est accompli dans ce domaine qui nécessiterait pourtant des investissements encore plus importants. Sur la base de 45 kilomètres en 1832, le réseau des égouts s'accroît de 62 682 mètres entre 1841 et 1847 et de 5 587 mètres de 1848 à 1850. Que l'on mette en regard le nombre des Parisiens nouvellement arrivés, de souche ou immigrés (aux 785 862 habitants de 1831, il faudra en ajouter 267 399 en 1851) et l'on comprendra que l'on s'essouffle dans les travaux d'amélioration de la ville qui ne parviennent pas à suivre sa croissance démesurée. La monarchie de Juillet se contentera d'étendre le système existant tandis que le Second Empire reconsidérera l'évacuation des eaux et construira enfin les égouts sur un nouveau tracé.

Montfaucon va disparaître. On déplace à Aubervilliers les chantiers d'équarrissage, au milieu de la plaine des Vertus, loin de toute habitation. La voirie des matières fécales est réorganisée. Dès 1837, les matières liquides sont dirigées par un conduit souterrain vers la forêt de Bondy où elles sont épurées de leurs sels ammoniacaux. Il faudra attendre 1849, avec la création au quai de Metz, sur le port de la Villette, des futurs bassins de vidange pour que Montfaucon ait cessé d'exister (103).

Si l'urbanisme va son train, la masse des indigents ne diminue guère. Quelques pourcentages montrent que la misère persiste : en 1832, 68 896 indigents ont été secourus, soit 8,6 % des Parisiens ; en

1841, 66 486 ; soit 7,1 %. Ce n'est qu'en 1853 que le taux baissera au-dessous de 7 % avec 65 264, soit 6,5 %.

L'élan épidémique était donné mais, avec les progrès de l'hygiène, on verra le fléau frapper avec de moins en moins de vigueur. Il fera encore 19 184 victimes à Paris en 1849, 7 801 en 1853-54 et 11 008 en 1865-66 puis ses deux dernières apparitions dans la capitale n'emporteront que 854 habitants en 1873 et 997 en 1884. Le souvenir de la première invasion restera cependant longtemps marqué dans les mémoires et aucune des épidémies successives ne déclenchera plus, du moins dans la région parisienne, une terreur comme celle qu'avait connue l'année 1832.

Bibliographie

Comme il serait difficile pour le lecteur et, au demeurant, sans intérêt majeur, de lire toute la presse française quotidienne de 1832, il pourra se limiter à consulter :
Le Journal des débats, organe gouvernemental du « juste milieu ».
Le Moniteur, organe officiel du gouvernement.
La Tribune, républicaine et violemment antigouvernementale.
Le National, journal d'opposition plus modéré, dirigé par Carrel.
La Mode, farouchement opposée à Louis-Philippe, légitimiste.

Parmi les journaux de la presse spécialisée, sont à retenir :
La Gazette médicale de Paris, sous-titrée, pendant la durée de l'épidémie, Journal spécial du Choléra-Morbus.
Les Annales d'hygiène publique et de médecine légale.

1. ANONYME : *Extrait d'un rapport fait par la Commission de salubrité du 12e arrondissement*, 1831.
   Annales d'hygiène publique et de médecine légale, 1832, t VII, pp. 201-203.
2. ANONYME : « La Force (par un prévenu) » in *Le Livre des Cent et Un*. t 9, Paris, 1832-1836.
3. ANONYME : *Extrait d'un rapport fait au nom de la Commission sanitaire du quartier des Plantes*, 18 nov 1831.
   Annales d'hygiène publique et de médecine légale, 1832, t VII, pp. 200-201.
4. ANONYME : *Instruction populaire sur les principaux moyens à employer pour se garantir du choléra-morbus et sur la conduite à

tenir lorsque cette maladie se déclare, Département de la Seine, Commission centrale de salubrité (1831).

5. ANONYME : *Rapport sur la marche et les effets du choléra-morbus dans Paris et les communes rurales du département de la Seine, année 1832, par la Commission nommée avec l'approbation de M. le ministre du Commerce et des Travaux publics et par MM. les préfets de la Seine et de Police*, 1834.
6. ANONYME : *Rapports généraux des travaux du Conseil de salubrité pendant les années 1829 à 1839 inclusivement (choléra-morbus asiatique. Mesures de précautions*, p. 75 sq. Paris. Imprimerie de Lottin de Saint-Germain, 1840, 1 vol., 268 p.
7. ANONYME : *Rapports généraux des travaux du Conseil de salubrité pendant les années 1829 à 1839 inclusivement* (Sur de nouveaux appareils employés dans la profession de vidangeur : p. 92 sq). Paris. Imprimerie de Lottin de Saint-Germain, 1840, 1 vol., 268 p.
8. ANONYME : « *Rapport fait au préfet de police sur une modification proposée dans le système des égouts de Paris* », *Annales d'hygiène publique et de médecine légale*, 1833, t. IX, pp 224-226.
9. ANONYME : « La caricature et le choléra », Le *Progrès médical* (supplément illustré), t. IX, n° 6, 1932, p. 93.
10. ANONYME : « Les blessés de juin 1832 et les médecins », *Le Progrès médical*, t. IX, n° 31, 1932.
11. ANONYME : « Frais d'établissement des petits métiers. Le chiffonnier. Le porteur d'eau », *Le Magasin pittoresque*, t. I, 1833, pp 19-21 et 69-71.
12. ANONYME : Catalogue de l'exposition : « Louis-Philippe, l'homme et le roi. 1773-1850 », Paris, Presses artistiques, 1974. 715 notices, illustrations.
13. ANONYME : Catalogue de l'exposition : « Le Parisien chez lui au XIXe siècle », Paris, Presses artistiques, 1976, 160 p., illustrations.
14. ANONYME : Catalogue de l'exposition : « Ingres », Petit Palais, 1967-1968, Paris, Réunion des musées nationaux, 1967, 1 vol. 264 notices, illustrations.
15. AGULHON (Maurice) : *Le Cercle dans la France bourgeoise 1810-1848*. Étude d'une mutation de sociabilité, Paris, A. Colin, 1977, 105 p.
16. ALMERAS (Henri d') : *La Vie parisienne sous Louis-Philippe*, Paris, Albin Michel, 1925, 506 p.

17. ALLEMAGNE (H.R. de) : *Les Saint-Simoniens*, 1827-1837, Paris, Gründ, 1930.
18. APPERT (B) : *Dix ans à la cour du roi Louis-Philippe et souvenirs du temps de l'Empire et de la Restauration.* Berlin, lib. Voss ; Paris, J. Renouard, 1846, t. III.
19. APPONYI (comte Rodolphe) : *Vingt-cinq ans à Paris. Journal du comte Rodolphe Apponyi, attaché à l'ambassade d'Autriche à Paris*, Paris, Plon, 1913, 4 vol., t II (1831-1834).
20. ARON (Jean-Paul) : *Le Mangeur du XIXe siècle*, Paris, R. Laffont, 1973, 1 vol.
21. AZRA (J.P.) et BOURGNE (R) : « Évariste Galois », in *Encyclopedia Universalis*, t. VII, p. 450.
22. BAEHREL (R) : « La Haine de classe en temps d'épidémie, *Annales* (Économies, Sociétés, Civilisations). VII, n° 3, 1952, pp. 351-360.
23. BALZAC (Honoré de), *La Fille aux yeux d'or*, t. I, p 974.
— *Correspondance* (lettre n° 58), t. XVI.
— *Le Paris de Balzac*, t. XVI, Paris, Club français du Livre, 1964-1965, 16 vol ill.
24. BARIÉTY (Maurice) et COURY (Charles) : « Le choléra asiatique depuis le XVIe siècle » in *Histoire de la médecine*, Paris, Fayard, 1963, 1 vol. 1 218 p.
25. BAZIN (André) : « Le choléra-morbus à Paris » in : *Le Livre des Cent et Un*, t. V, p. 349 sq.
26. BELLONCLE (Michel) : *La Ville et son eau. Paris et ses fontaines*, Paris, Serg, 1978, 1 vol., 287 p., ill.
27. BERTAUT (Jules) : *Louis-Philippe intime*, Paris, Livre Club du Libraire, 1 vol., 241 p.
28. BLONDEL (M.) : *Rapport sur les épidémies cholériques de 1832 et 1849 dans les Établissements dépendant de l'Administration générale de l'Assistance publique de la Ville de Paris*, Paris, P. Dupont, 1850.
29. BOIGNE (comtesse de) : *Récits d'une tante.* Mémoires de Mme de Boigne, Paris, 1922-1924, t. IV, pp. 116-127.
30. BORY (Jean-Louis) : *La Révolution de Juillet*, Paris, Gallimard, 1972, 1 vol., 736 pp.
31. BOURDELAIS (P.) et RAULOT (J.Y.) : « Le choléra en France au XIXe siècle, *Annales* (Économies, Sociétés, Civilisations), XXXIII, n° 1, 1978, pp. 125-142.

32. BROUSSAIS (F.V.) : *Le Choléra-morbus épidémique observé et traité selon la méthode physiologique*, Paris, 1832.
33. CABANÈS (Docteur) : *Mœurs intimes du passé.* Deuxième série, Paris, Albin Michel, 1926, p. 364 sq.
34. CANLER : *Mémoires de Canler, ancien chef du service de sûreté*, Paris, Mercure de France, 1968, 1 vol., 543 p.
35. CASTELLANE (Maréchal de) : *Journal*, Paris, Plon, 1895, t. II, pp. 498-503.
36. CASTELOT (André) : *L'Almanach de l'histoire*, Paris, Le Livre contemporain, 1959.
37. CHASTENET (Jacques) : *Une époque de contestation. La monarchie bourgeoise. 1830-1848*, Paris, A. Perrin, 1976, 1 vol., 279 pp. ill.
38. CHATEAUBRIAND (M. de) : *Courtes explications sur les 12 000 francs offerts par Madame la duchesse de Berry aux indigens attaqués de la contagion*, Paris, Le Normant, 1832, 1 vol., 59 pp.
39. CHATEAUBRIAND (François René, vicomte de) : *Mémoires d'outre-tombe.*
40. CHEVALIER (Louis) : *Le Choléra. La première épidémie du XIXe siècle*, La Roche-sur-Yon, Imprimerie centrale de l'Ouest, 1958, 1 vol., 188 p.
41. CHEVALIER (Louis) : *Classes laborieuses et classes dangereuses à Paris pendant la première moitié du XIXe siècle*, Paris, Plon, 1969, 1 vol. 561 p., cartes.
42. CHEVALLIER (A.) : « Examen de divers produits soupçonnés empoisonnés ou pouvant causer des empoisonnements », *Annales d'hygiène publique et de médecine légale*, t. VIII, 1832, pp. 311-324.
43. COLLING (Alfred) : *Louis-Philippe, homme d'argent*, Paris, A. Bonne, 1976, 1 vol., 197 p.
44. DAUMARD (Adeline) : *Le Bourgeois de Paris au XIXe siècle*, Paris, Flammarion, 1970, 1 vol., 382 p.
45. DAUMARD (Adeline) : *Maisons de Paris et propriétaires parisiens au XIXe siècle*, Paris, Cujas, 1965, 1 vol., 276 p. Cartes.
46. DODIN (A.) et FÉLIX (H.) : « *Du rôle de la sueur dans l'épidémiologie du choléra en pays sec* », *Bulletin de l'Académie de médecine*, 1972.
47. DELAUNAY (Docteur Paul) : « Le corps médical et le choléra en 1832 », *Médecine internationale illustrée*, octobre 1931-octobre 1933.

48. DROZ (Jacques), GENET (Lucien) et VIDALENC (Jean) : *L'Époque contemporaine I. Restauration et révolutions, 1815-1871*, 2e éd., Paris, P.U.F., 1963, 1 vol., 689 p.
49. DUMAS (Alexandre) : *Mes Mémoires*, Paris, Gallimard, 1968, t. V.
50. FESTY (O.) : *Le Mouvement ouvrier au début de la monarchie de Juillet*, Lyon, 1908, 1 vol., 359 p.
51. FOSSOYEUX (Marcel) : *Il y a cent ans. Paris médical en 1830*, Paris, Lefrançois, 1930, 1 vol., 102 p.
52. GIRARD (P.S.) : « Recherches sur les établissements de bains publics », *Annales d'hygiène publique et de médecine légale*, t. VII, 1832, pp. 5-59.
53. GISQUET (H.) : *Mémoires de M. Gisquet, ancien préfet de police, écrits par lui-même*, Paris, Marchant, 1840, 4 volumes.
54. GODLEWSKI (Guy) : « Des médecins et des hommes », *L'Expansion scientifique*, Paris, 1972, 1 vol., 389 p.
55. GRANDJONC (J.) : « Mémoires d'un artisan allemand à Paris (1830-1834). Contribution à l'histoire de l'Association patriotique allemande et de la Ligue des bannis », *Cahiers d'histoire*, 15, 1970, pp. 243-257.
56. GRENVILLE (vicomte E. de) : *Histoire du journal « La Mode »*, Paris, au bureau du journal *La Mode nouvelle*, 1861, 1 vol., 632 p.
57. GUÉRIN (Jules) : *Examen de la doctrine physiologique appliquée à l'étude et au traitement du choléra-morbus suivie de l'histoire de la maladie de M. Casimir Perier.* Par les rédacteurs principaux de La Gazette médicale de Paris, Paris, Gazette médicale, 1832, 1 vol., 288 p.
58. GUIRAL (Pierre) et THUILLIER (Guy) : *La Vie quotidienne des domestiques en France au XIXe siècle*, Paris, Hachette, 1978, 1 vol., 287 p.
59. HARRISON (T.R.) : *Principes de médecine interne*, t. I, Paris, Flammarion, 1973.
60. HARTMANN (G.) : *Les Ravages du choléra dans le quartier de l'Hôtel de Ville en 1832*, Paris, La Cité, 1933.
61. HEINE (Henri) : *De la France*, Paris, Renduel, 1833, 1 vol., 347 p.
62. HILLAIRET (Jacques) : *Dictionnaire historique des rues de Paris*, Paris, Les Éditions de minuit, 1963, 2 vol., 723 et 719 p.
63. HILLEMAND (P.) et GILBRIN (E.) : « Larrey et Dupuytren au

début de la monarchie de Juillet », *Histoire des sciences médicales*, 12, 1978, pp. 255-257.

64. HUGO (Victor) : Œuvres complètes, Paris, Club français du livre, 1969.
    a) Extrait du *Journal d'Antoine Fontaney.*
    b) *Feuilles paginées* (Guy Rosa), t. IV, p. 967.
    c) *Correspondance 1830-1833*, t. IV, p. 1 063 sq.
    d) *Victore Hugo raconté par un témoin de sa vie*, t. IV, p. 1 201 sq.
    e) *Les Misérables*, Quatrième partie : L'idylle de la rue Plumet et l'épopée rue Saint-Denis, t. XI, p. 747 sq.
65. JARDIN (André) et TUDESQ (André-Jean) : *La France des notables*, t. I : L'évolution générale : 1815-1848. T. II : La vie de la nation : 1815-1848. Paris, Le Seuil, 1973, 2 vol., 249 p. et 251 p.
66. JODIN (A.) : « Une découverte d'ossements à Paris », *La Nature*, 1895, t. I, p. 287-288.
67. KUNSTLER (Charles) : *Paris souterrain*, Paris, Flammarion, 1953, 1 vol., 253 p.
68. JANIN (Jules) : *Paris depuis la révolution de 1830*, Bruxelles, 1832, 1 vol., 187 p.
69. JANIN (J.) : « Les égouts », *Revue de Paris*, 34, 1836, pp. 225-254.
70. JANIN (J.) : « Les égouts. D'après l'ouvrage de Parent-Duchâtelet sur la prostitution », *Revue de Paris*, 35, 1836, pp. 153-203.
71. JULIEN-LAFERRIÈRE (François) : *Les Députés fonctionnaires sous la monarchie de Juillet*, Paris, P.U.F., 1970, 1 vol., 192 p.
72. KOESTLER (Arthur) : *La Treizième Tribu*, Paris, Calmann-Lévy, 1976.
73. LAUGIER (A.) et CARPENTIER : *Vie anecdotique de Louis-Philippe, roi des Français*, Paris, Desrez, 1837, 1 vol., 326 p.
74. LAFFITTE (Jacques) : *Mémoires (1767-1844)*, publiés par Paul Duchon, Paris, Firmin-Didot, 1932, 1 vol., 343 p.
75. LEMAIRE (J.F.) : « Scélérat-morbus à Paris », *Médecine de France*, novembre 1969, pp. 18-22 et 58-60.
76. LOUIS BLANC : *Histoire de dix ans, 1830-1840*, t. III, Paris, Pagnerre, 1843, 5 vol.
77. LUCAS-DUBRETON (J.) : *Louis-Philippe*, Paris, Arthème Fayard, 1941, 1 vol., 702 p.
78. LUCAS-DUBRETON (J.) : *Monsieur Thiers*, Paris, Arthème Fayard, 1948, 1 vol., 403 p.

79. MAC NEILL (William H.) : *Le Temps de la peste. Essai sur les épidémies dans l'histoire*, Paris, Hachette, 1978, 1 vol., 301 p.
80. MAGENDIE (François) : *Leçons sur le choléra-morbus faites au Collège de France*, Paris, 1832.
81. MARRAST (Armand) : « Sainte-Pélagie » in : *Paris ou le Livre des Cent et un*, t. IV, Paris, Ladvocat, 1832-1836, 14 volumes.
82. MARTIN NADAUD : *Mémoires de Léonard, ancien garçon maçon*, Paris, 1948.
83. MAUROIS (André) : *René ou la vie de Chateaubriand*, Paris, Grasset, 1938.
84. MONTALIVET (comte de) : *Fragments et souvenirs*, t. I, 1810-1832, Paris, Calmann-Lévy, 1899, 2 vol.
85. MONTORGUEIL (Georges) : *Les Eaux et les fontaines de Paris*, Paris, Payot, 1928, 1 vol.
86. MUSSET (Paul de) : *Biographie d'Alfred de Musset*, Paris, A. Lemerre, 1877, 1 vol., 361 p.
87. NERVAL (Gérard de) : *Œuvres*, t. I, Paris, Gallimard (La Pléiade), 1974.
88. PARENT-DUCHATELET : « *Des chantiers d'équarrissage de la ville de Paris* », *Annales d'hygiène publique et de médecine légale*, t. 8, 1832, pp. 5-153.
89. PARENT-DUCHATELET : « Influence des émanation putrides sur les aliments », *Annales d'hygiène publique et de médecine légale*, t. 5, 1831, pp. 5-55.
90. PARENT-DUCHATELET : *Rapport sur les améliorations à introduire dans les fosses d'aisances, leur mode de vidange et les voiries de la ville de Paris*, Paris, 1835, 1 vol., 75 p.
91. PETIT (G.) : « L'origine de la famille Daumesnil. La mort du général Daumesnil », *Bulletin de la Société des Amis de Vincennes*, n° I, mai 1933, pp. 17-21.
92. PIQUEMAL (J.) : « Le choléra de 1832, en France et la pensée médicale », *Thalès*, X, 1959, pp. 27-73.
93. POLLITZER (J.) : *Le Choléra*, Paris, OMS, 1960, 1 vol., 1 065 p.
94. PONTEIL (Félix) : *Les Institutions en France de 1814 à 1870*, Paris, P.U.F., 1966, 1 vol., 489 p.
95. POULET (J.) : « Épidémiologie, sociologie et démographie de la première épidémie parisienne du choléra », *Histoire des sciences médicales*, 4, 1970, pp. 145-159.
96. POUMIÈS de la SIBOUTIE (Docteur) : *Souvenirs d'un médecin de Paris*, Paris, Plon-Nourrit, 1910, 1 vol., 385 p.

97. QUÉLEN (Hyacinthe, Louis de, archevêque de Paris) : *Lettre pastorale de Monseigneur l'Archevêque de Paris au sujet des enfants orphelins par suite du choléra-morbus*, le 6 mai 1832, Paris, A. Le Clerc, 1832, 14 p.
98. RÉMUSAT (Charles de) : *Mémoires de ma vie*, t. II, 1820-1822, Paris, Plon, 1959.
99. REY-DUSSEUIL : Le Cloître Saint-Mery, Paris, Ambroise Dupont, 1832.
100. ROCH (E.) : *Paris malade*, Paris, 1832.
101. SAND (George) : *Correspondance*, t. II, 1832-juin 1835, Paris, Garnier, 1966.
102. SEGUIN (Jean-Pierre) : *Nouvelles à sensation, canards du XIXe siècle, Paris, Armand Colin (coll. Kiosque) 1959, 1 vol., 225 p.*
103. SELLIER (Jacques) : *Le Choléra à Paris au XIXe siècle. Essai de topographie biologique*. Thèse de médecine, Paris, 1973, 117 p., cartes.
104. SIEGFRIED (André) : *Itinéraires de contagion. Épidémies et idéologies*, Paris, Armand Colin, 1960, 1 vol, 165 p.
105. SOUBIRAN (André) : *Le Baron Larrey, chirurgien de Napoléon*, Paris, Fayard, 1966, 1 vol., 526 p.
106. SUE (Eugène) : *Le Juif errant*, t. I, Paris, Nouvelles Éditions Oswald, 1978, 2 vol.
107. SUE (Eugène) : *Les Mystères de Paris*, Paris, 1842-1843.
108. TATON (R.) : « Les mathématiques », in *Histoire de la Science*, Paris, Gallimard, (La Pléiade), 1957.
109. THUCYDIDE : *La Guerre du Péloponnèse*, Paris, Gallimard (La Pléiade), 1964.
110. TROLLOPE (Madame) : *Paris et les Parisiens en 1835*, Paris, H. Fournier, 1836, 3 vol.
111. TULARD (Jean) : *La Préfecture de police sous la monarchie de Juillet*, suivi d'un inventaire sommaire et d'extraits de rapports de la préfecture de police conservés aux Archives nationales, Paris, Imprimerie municipale. Hôtel de Ville, 1964, 1 vol. 177 p.
112. URBAIN (Achille) : *La Vie, la carrière et l'œuvre de Georges Cuvier (1769-1832)*, Les conférences du Palais de la Découverte, conférence faite le 26.2.1944.
113. VANIER (Henriette) : *La mode et ses métiers. Frivolités et luttes des classes. 1830-1870*, Paris, Armand Colin, (Collection Kiosque), 1960.

114. VÉRON (Docteur Louis) : *Mémoires d'un bourgeois de Paris*, Paris, Librairie Nouvelle, 1856, 5 vol.

115. VIDALENC (Jean) : *La Société française de 1815 à 1848*,
1. *Le Peuple des campagnes*, 1 vol., 401 p, cartes.
2. *Le Peuple des villes et des bourgs*, 1 vol., 543 p., cartes, Paris, M. Rivière, 1970. 2 vol.

116. VIÉNOT (J.) : *Georges Cuvier 1769-1832*, Paris, Fischbacher, 1832, 1 vol., 247 p.

117. VIGIER (Philippe) : *La monarchie de Juillet*, Paris, P.U.F. (Que Sais-je ?), 1962, 1 vol., 128 p.

118. VILLERMÉ, « Taille des conscrits », *Annales d'hygiène et de médecine légale*, 1829, t. I.

119. VIREY (J.-J.) : « Petit manuel d'hygiène prophylactique contre les épidémies ou de leurs meilleurs préservatifs », *Annales d'hygiène publique et de médecine légale*, t. I X, 1833, pp. 235-236.

Index des noms de personnes

Les noms des personnes n'ayant joué qu'un rôle très épisodique ou presque obscur, s'ils n'ont pas une dimension historique et s'ils n'ont été cités qu'en passant, ont été omis de cet index afin de ne pas l'alourdir inutilement.

Index des noms de lieux

Table

La composition
et l'impression de ce livre ont été effectuées
par l'Imprimerie Aubin à Ligugé
pour les Éditions Albin Michel

AM

Achevé d'imprimer en septembre 1982
N° d'édition 7620. N° d'impression L 14847
Dépôt légal octobre 1982

Imprimé en France